高职高专国际经济与贸易专业工学结合规划教材

U0738513

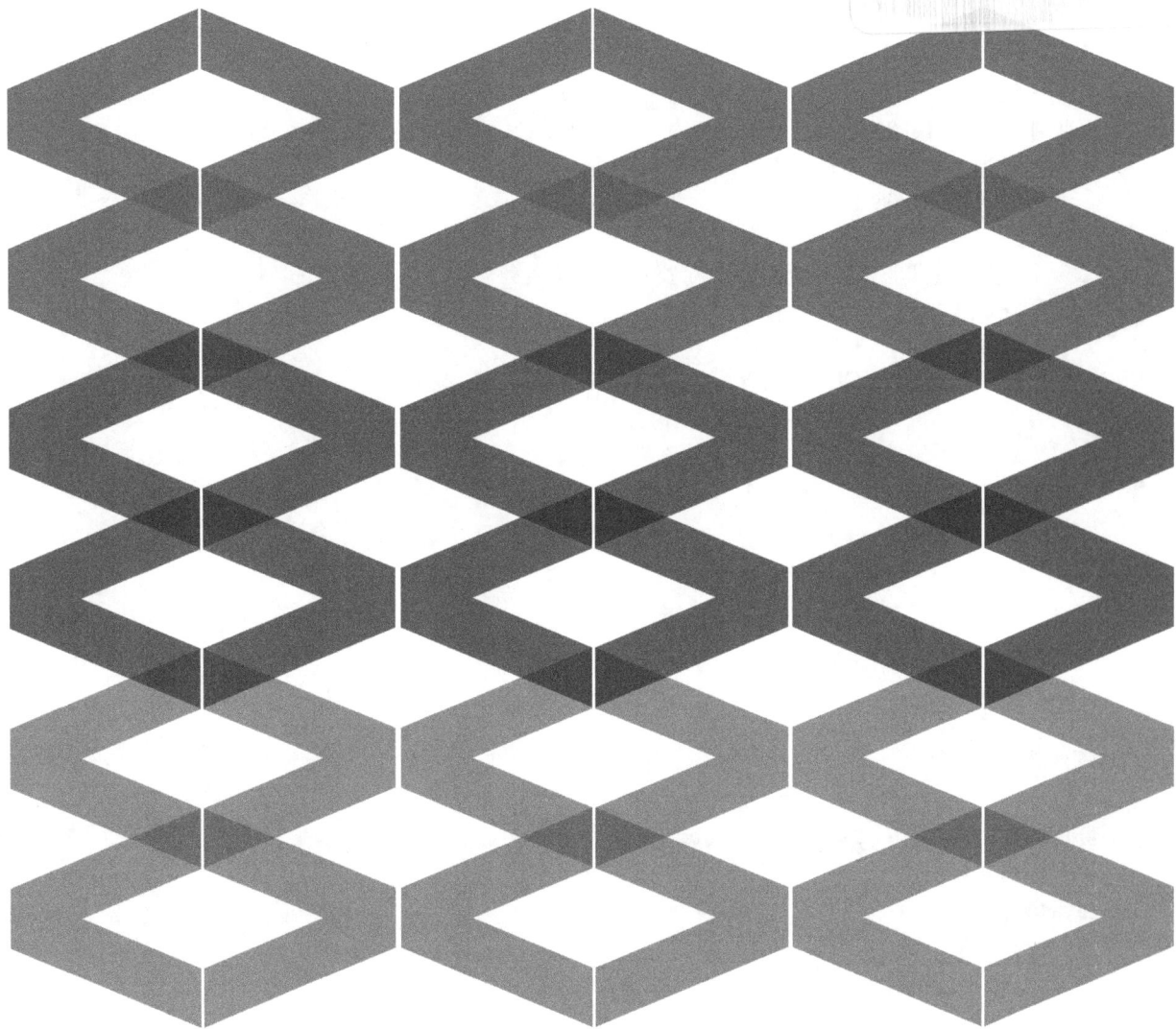

国际贸易实务

唐军荣　主编

ZHEJIANG UNIVERSITY PRESS
浙江大学出版社

图书在版编目（CIP）数据

国际贸易实务 / 唐军荣主编. —杭州：浙江大学
出版社，2015.11（2022.1重印）
高职高专国际贸易专业工学结合规划教材
ISBN 978-7-308-14892-4

Ⅰ.①国… Ⅱ.①唐… Ⅲ.①国际贸易—贸易实务—
高等学校—教材 Ⅳ.①F740.4

中国版本图书馆 CIP 数据核字（2015）第 162946 号

国际贸易实务

唐军荣　主编

责任编辑	曾　熙（zxpeggy@zju.edu.cn）	
责任校对	张一弛	
封面设计	周　灵	
出版发行	浙江大学出版社	
	（杭州市天目山路148号　邮政编码310007）	
	（网址：http://www.zjupress.com）	
排　版	浙江时代出版服务有限公司	
印　刷	广东虎彩云印刷有限公司绍兴分公司	
开　本	787mm×1092mm　1/16	
印　张	15.25	
字　数	334 千	
版印次	2015 年 11 月第 1 版　2022 年 1 月第 3 次印刷	
书　号	ISBN 978-7-308-14892-4	
定　价	42.00 元	

浙江大学出版社市场运营中心联系方式：（0571）88925591；http://zjdxcbs.tmall.com

前　言

　　国际贸易实务是国际商务、国际物流、国际航运、货代与报关等专业的一门核心专业课程。随着高职高专教学改革的深入,传统教材的知识体系结构和知识阐述方式已经不能适应教学的需要。为此,我们联合了高等职业院校具有长期外贸实践经验和丰富教学经验的教师,根据高职高专教育的特点,采用"项目导入、任务驱动"的先进教学理念,结合近年来国际贸易发展的实际情况编写了本教材。

　　本教材以工作过程为导向,在对外贸业务职业岗位进行分析的基础上,根据外贸业务的工作任务,工作流程中的知识、技能及态度等要求,构建了五个学习项目:认识国际贸易实务,国际贸易前的准备工作,进出口合同的洽商和订立,合同条款的拟定,合同的履行。每个项目又分解为若干任务,便于学生在执行任务的过程中不断学习、理解和运用所学的专业理论知识。和传统教材相比,本教材的编写体例和设计更加突出了学生对专业知识的运用,重点培养了学生的职业能力。

　　本书由湖北交通职业技术学院唐军荣担任主编并统稿,武汉工商学院邓雪菲,湖北工业大学商贸学院胡懿,湖北交通职业技术学院任翔、韩婷婷参与了编写。在本教材编写过程中,我们参阅、借鉴、吸收了不少专家学者的研究成果、著作、教材和文献,在此谨向各位表示衷心的感谢!

　　由于编者水平有限,书中难免存在不足和缺陷,敬请广大师生和读者提出宝贵意见并批评指正。

编者

2015 年 9 月 20 日

目　录

认识国际贸易实务

任务一　了解国际贸易实务

【知识目标】

了解国际贸易与国内贸易的含义。

了解国际贸易和国内贸易之间的相同点。

重点掌握国际贸易与国内贸易的异同点。

【技能目标】

懂得国际贸易的含义。

能进行国际贸易的国际性判断。

理解国际贸易和国内贸易的区别。

【引导案例】

美国某公司在阿根廷设立了一个分公司,阿根廷公司与美国总公司签订了一份来料加工合同,合同规定阿根廷公司从美国总公司购买机器设备,从美国分公司购得原材料并加工为成品,由美国分公司负责将加工后的成品回购再转卖给美国总公司,由总公司在国际市场销售。

请思考:这项涉外经贸活动中所包括的货物贸易是否具有"国际性"?

案例分析

《联合国国际货物销售合同公约》对货物贸易是否具有"国际性"采用了单一的"营业地标准",即以买卖双方的营业地处于不同国家为标准。本案例中,阿根廷公司从美国分公司购买原材料,美国分公司从阿根廷公司回购产成品的交易,两个公司营业地均在同一个国家——阿根廷,因而它们之间的贸易不具有国际性,属于国内贸易。阿根廷公司从美国总公司购买机器设备,美国分公司将回购的产品再卖给美国总公司的交易属于营业地不在同一国家的两家公司间的贸易,属于国际贸易。

一、国际贸易的含义

国际贸易又称世界贸易,是指世界各国、各地区之间所进行的商品交换活动。国际贸易有广义和狭义之分,广义上的国际贸易,既包括各种有形的、物质性的商品(如货物)贸易,还包括劳务、技术贸易以及其他相关的经济联系与往来。狭义的国际贸易是指国际货物贸易。国际贸易是各国之间分工的表现形式,反映了世界各国在经济上的相互依赖。

从一个国家或地区的角度来看,该国与世界上其他国家或地区之间所进行的商品交换活动就称为对外贸易。某些国家,如英国、日本等,也常常把对外贸易称为海外贸易。国际贸易与对外贸易是两个相互联系又有区别的概念,两者都是指跨国界的商品交换活动,但两者的角度和范围是不同的,是一般与个别的关系。

二、国际贸易和国内贸易的异同点

国际贸易与国内贸易既有一定的共同性,又存在着一定程度的差别。

(一)国际贸易和国内贸易的共同性

国际贸易和国内贸易的共同性主要表现在以下三个方面:

1. 在社会再生产中的地位相同

国际贸易是国家间商品和劳务的交换,国内贸易是国界内的商品和劳务的交换,虽然活动范围有所不同,但都是商业活动,都处在社会再生产过程中的交换环节,处于社会再生产过程中的中介地位。

2. 有共同的商品运动方式

国际贸易与国内贸易的交易过程大同小异,但商品流通运动的方式却完全一样,即:G—W—G′。商品经营的目的都是通过交换获得更多的经营利润。

3. 基本职能一样,都受商品经济规律的影响和制约

国际贸易与国内贸易的基本职能都是促成商品交换,即做买卖,其他活动如融资、储存、运输、报关都是为它服务的;同时,都必须遵循商品经济的基本规律,如价值规律、

供求规律、节约流通时间规律等。这些规律均会在一定时间和程度上影响国际和国内贸易。不管是从事国际贸易还是国内贸易,都必须遵循这些经济规律,不得违背。

(二)国际贸易和国内贸易的主要区别

国际贸易和国内贸易的主要区别表现在以下三个方面。

1. 国际贸易比国内贸易困难

(1)语言文字不同

在国际贸易中,目前大多数国家使用英语,也有国家使用其他语种,如日语、德语等。而英语又可分为英式英语和美式英语,发音不同,个别单词的意义和拼写也不同。例如"corn"一词,在英式英语中理解为小麦,在美式英语中则理解为玉米,若交易双方使用的英语国别不同则有可能产生争议。

(2)法律、风俗习惯不同

由于自然条件及社会文化等的不同,各国在法律、风俗习惯方面存在差异。例如,在中国人眼中"出淤泥而不染,濯清涟而不妖"的莲花,在日本一般仅在葬礼上使用,被视为不祥之物,因此中国产品销往日本时要慎用莲花作为商标或印刷在商品的包装上。

(3)贸易障碍多

例如,近几年来新出现的"绿色壁垒",某些国家就利用这一风行世界的"绿色浪潮"——环保之风,借着保护环境、保障人民生命安全的名义将大量的进口商品阻拦在国门之外。又如,美国曾与墨西哥发生了关于金枪鱼进口的贸易纠纷,美国借口墨西哥的渔民在捕捉金枪鱼的时候伤害了经常跟在金枪鱼鱼群之后的海豚,而拒绝墨西哥的金枪鱼进入美国市场。还有在使用电子数据交换(EDI,即 Electronic Data Interchange)之后,出现了带有歧视性通关秩序的安排,即优先安排利用 EDI 报关的西方发达国家商品的进出口,将未能广泛利用 EDI 的发展中国家的进出口商品滞后安排。这些新的壁垒给国际贸易造成了许多新的障碍。

(4)市场调查困难多

为了进行国际贸易,开拓国外市场,出口厂商必须随时掌握市场动态,进行市场调查和市场预测,更多了解贸易对象的资信状况。因国际市场大且多变,在国际贸易中收集和分析这些资料不如国内贸易来得容易。此外,开拓国外新市场、选择何种销售渠道进入、如何定价及选择贸易伙伴都有一定的难度。

(5)交易接洽困难多

交易磋商方面,与交易对方讨论接洽,最终签订贸易合同,不仅要熟悉和掌握各种国际条约和通行的国际贸易惯例,还要了解对方国家的各种贸易规定,以减少和避免贸易纠纷的发生。一旦某个环节有所疏漏,就可能造成巨大的经济损失。因此,在交易接洽时要考虑各种风险因素,有一定的难度。

2. 国际贸易比国内贸易复杂

(1)各国的货币与度量衡差别较大

各国使用的货币不一样,而且币值在不同时间不同地点差异较大。另外,各国使用的度量衡制度也不一样,不同的度量衡制度下表示的货物的数量差别较大。

（2）商业习惯复杂

各国各地市场商业习惯不同。在交易中双方怎样进行有效沟通？国际贸易中的规约与条例解释与本国习惯是否一致？国际贸易比国内贸易复杂，在处理时稍有不慎，便会影响整个贸易的进行。

（3）海关制度及相关贸易法规不同

各国都设有海关，对于货物进出口都有许多规定。就出入海关的手续而言，一般要向海关提交进口许可证、产地证明书、卫生检疫证、海运提货单、进口报关单、商业发票等，而且不同国家的海关所要求提交的海关文件也是不同的，如丹麦等国就要求提交特殊格式的海关文件。

（4）国际汇兑复杂

国际贸易货款的清偿多以外汇支付。不同国家有不同的货币和货币制度，每单位货币又有不同的名称，代表不同价值量，具有不同的购买力，而且一个国家的货币一般不能在另一个国家流通，因此，如何实行不同货币的计价和结算，如何选定合适的国际汇兑方法，用何种支付工具清偿国际的债权债务，都须细心考虑。且各国采取的汇率制度、外汇管理制度均不同，这就使得汇兑更复杂了。

（5）货物的运输与保险复杂

商品国际贸易运输，一要考虑选择适当的运输工具，二要考虑制定运输合同的条款、缴付运费及承运人与托运人的责任、风险的划分，还要办理装卸、提货手续，对于装卸费用，双方还要进行洽谈由谁承担和如何承担的问题。

国际贸易的货物运输过程一般较长，为避免国际贸易货物在运输途中的损失，还要给运输货物投放保险，选择何种保险，由何方办理保险并支付保费，也需进一步洽谈。

（6）经济环境与政治制度复杂

国内贸易面对的是相对稳定而又比较熟悉的国内经济环境，包括本国的经济制度、经济政策、市场规模、消费水平和基础设施等。相对于本国单一的经济环境，国际贸易所面对的则是立体的经济环境，比国内贸易更复杂多变。

3. 国际贸易风险大

（1）信用风险

在国际贸易中，自买卖双方接洽开始，要经过报价、还价、确认而后订约，直到履约等各个环节。由于资信调查上的困难，在交易进行的过程中，有可能会因一方违约而造成信用风险，进而带来另一方的经济损失。

（2）商业风险

在国际贸易中，因货样不符、交货期晚、单证不符等，进口商往往会拒收货物或拒绝支付货款，从而给出口商造成了商业风险。

（3）汇兑风险

在国际贸易中，交易双方必有一方要以外币计价。如果外汇汇率不断变化，信息不灵，措施不力，就会出现汇兑风险。在多种货币流通的国际贸易活动中，各国的货币制度、国际金融市场的动荡和所使用货币汇率的波动，都会对贸易当事人的经济利益造成影响。如果不能及时、全面地洞察经济形势及制度的变化,就会给贸易一方带来巨大的损失。

（4）运输风险

因国际贸易货物运输里程一般超过国内贸易,因而引起运输风险的概率明显高于国内贸易。

（5）价格风险

国际市场价格变幻莫测,贸易双方签订合同之后,货价可能上涨或下降,无论出现何种情况,都会给贸易一方造成经济损失,对外贸易多是大宗商品的交易,故价格风险更大。

（6）政治风险

在国际贸易活动中往往会受到所在国或有关国家政治因素的影响,特别是政府干预经济生活而产生的风险,而且一些国家的政局变动、政权更迭、民族纠纷、军事冲突、贸易政策法令不断修改,以及国际社会对某些国家实行的经济制裁,都会给国际贸易带来影响。

（三）国际贸易中"国际性"的判定标准

货物贸易是否具有"国际性",是区分国际贸易与国内贸易的一个重要标准。在货物贸易中,有时会发生一些争议或违约,解决争议或处理违约往往会涉及相关法律,而国际贸易和国内贸易所适用的法律是有所不同的,因此,明确贸易是否具有"国际性",具有很重要的实际意义。

何谓"国际性"（internationality)？许多国家的法律和国际条约对其界定采用了不同的标准,具体来说主要包括以下判定标准:①买卖双方当事人营业地处于不同的国家;②货物须由一国运往另一国;③订立合同的行为完成于不同的国家;④当事人具有不同的国籍。

对这些标准,有的国家采用其中一个来判定"国际性",有的国家采用多个来判定。例如,英国《1977 年不公平合同条款法》（*Unfair Contract Act*,1977)中规定,如合同当事人营业地处于不同的国家,且符合下列情况之一时,即认为具有"国际性":①货物将由一国领土运往另一国领土;或②构成要约和承诺的行为完成于不同国家的领土之内;或③合同所供应的货物须交付到完成上述行为的国家以外的其他国家。

《联合国国际货物销售合同公约》采用单一的"营业地标准",把合同当事人双方的营业地不同作为交易"国际性"的唯一标准。

三、国际贸易实务

国际贸易的内容总体上包括三个部分,即国际贸易理论、国际贸易政策和国际贸易实务,本教材属于第三部分的内容。

国际贸易实务是指国际商品交换或买卖的作业活动,包括进口和出口。交换的商品包括货物和服务两类,近年来又将技术贸易从服务类中分离了出来。本教材讨论的内容为国际货物交换实务。全书的框架主要由合同内容、交易与履约活动及各种贸易方式等构建而成。

四、国际贸易技术

国际贸易技术是指在经营和从事国际商品买卖中所必须具备的专门知识与实际应用技能,这种知识与技能作用于进出口贸易实际业务内容与操作过程中。国际贸易技术可以概括为三个方面:

1. 对国际买卖条件的把握与运用

主要包括品质、数量、包装、价格、交货、运输、保险、支付、检验等合同要素。

2. 整个贸易过程的操作方法

主要包括调研、交易洽商、签约、履约等技术技能与方法。

3. 防范与处理贸易纠纷的能力

主要包括洽商和签约过程中对贸易规则及相关法律约束的把握和履约时对贸易纠纷及索赔的恰当处理。

五、国际贸易中的买方、卖方及代理

一宗交易,必有一个买方和一个卖方。买方可能是一个消费者,也可能是批发商、零售商、出口商(在本地购进商品再行出口)或进口商(向外埠购入商品转售给本地市场);卖方可能是一个生产者,也可能是批发商、零售商、出口商或进口商。譬如,甲工厂将它的制成品售给乙工厂作加工原料,甲工厂是卖方,乙工厂是买方;进口商将它从海外购得的商品转售给批发商,进口商是卖方,批发商是买方。这里的甲工厂和乙工厂,进口商和批发商的关系是直接买卖的关系。

但有时在买、卖双方之间也有一个至两个居间人,这就是买方或卖方的代理人(Agent),由这些代理人代表买方或卖方签订合同。但实际上履行合同的责任还是在买方和卖方。买方或卖方可以随自己的意愿定价买卖;代理人则不能,只可以根据买方或卖方所定的价格购进或卖出,由买方或卖方给予一定的佣金作酬。

在一些三边的交易中,居间人看似代理实为经销,是直接的买方和卖方。比如,甲向乙购进商品,转售给丙,购销合同用甲的名义签订的话,甲对乙来说是直接的买方;对丙来说是直接的卖方。无论甲方在这宗交易中是赚取佣金还是从价格中赚取利润,乙、丙双方都是没有关系的。代理人在签订合同时,应该明确自己在交易中的地位(代理或经销),才能知己知彼。例如,买方代理人的购买合同可作如下措辞:"我公司代表××公司(下称买方)同意向××公司购买下列商品……"卖方代理人的销售合同亦可同样处理。

很多厂商都喜欢进行直接交易。直接出口,必须有一批具有出口业务常识的从业人员,并设置专事处理出口工作的部门。这不是规模较小的厂商可以做到的。因此,"装运代理"(shipping agent 或 forwarding agent)就应运而生。这种代理替客人处理商品装运、制作装运单据、投购保险、代客洽兑汇票等一切出口手续,向托运商品的客人收取手续费用。

六、国际贸易中买卖双方的业务特征

（一）卖方的业务特征

在国际贸易中，出口主要是指将本国的产品或服务出售给别的国家或地区。出口商是和远离出口国的外国进口商进行买卖的，因此，国际信息交流就要靠信函、电报、电传、传真、互联网或互访来完成。由于国与国之间在商业惯例、法律法规以及宗教信仰上存在差异，因此，在出口贸易上要求做到：①订立正式的书面合同；②合同术语规范化、标准化；③对信用证（L/C）、承兑交单（D/A）或付款交单（D/P）等支付方式，要做出特殊的安排；④订出解决争端的合同条款。

由于客户身在国外，这就使出口业务具有了一些特殊性。为了赢得出口销售的客户，兜揽生意的联系函必须写好，而且要有效地分发出去，同时要通过一些有影响的人物、厂家或银行的介绍取得与客户的联系；任何洽商都应具有说服力，出口业务更要在语言上畅通无阻；时间性也是非常重要的，特别是季节性的商品，竞争更加激烈，时间就显得尤为重要，如果商品卖不出去，很可能导致合同中止，因此，出口商不能一门心思只靠合同；为了保证支付，对不可撤销的信用证或其他适当的支付手段必须做出安排。总之，对于卖方而言，一要找到买主，二要确保安全收汇。

（二）买方的业务特征

上述关于出口的重点，也适用于进口。但对进口商来说，最重要的是合同商品的质量和对方按期交货。信用证不可能满足这方面的要求。如果有必要，进口商应派遣自己的雇员检查商品质量，或者组成检查团体去做这项工作。

任务二 了解与国际贸易有关的法律与惯例

【知识目标】

了解国际贸易适用的法律与惯例。

【技能目标】

能用相关的法律和惯例来指导国际贸易实务操作。

【引导案例】

有一美国商人出售一批医疗器械给中国香港商人，按 CIF 香港条件成交，合同在美国签订，后双方在执行合同的过程中，对合同的形式及合同有关条款的解释产生了争议。

请分析解决此项纠纷适用中国香港法律还是美国法律？

案例分析

> 　　应适用美国法律。
> 　　理由:合同与美国关系最密切。因为订约地和履约地都在美国。在按 CIF 香港条件成交的合同中,出口方在出口国装运港履行交货义务,所以履约地在美国装运港,而非目的地中国香港。

在国际货物贸易中,买卖双方订立、履行合同和处理争议时,都应遵循相关的法律和惯例。由于交易双方分处不同国家,其所在国对外签署的国际条约以及对国际贸易惯例的选用也都存在差异,因此履行合同和处理争议所适用的法律与惯例就互有差异。概括起来,国际贸易所适用的法律与惯例,一般有下列三种类型:

一、与合同有关国相关的国内法律(Domestic Law)

国内法是由某一国家制定或认可并在本国主权范围内生效的法律。国际货物买卖合同当事人要分别遵循各自所在国国内的有关法律。由于从事国际贸易的当事人地处不同的国度,身处不同的法律制度环境,一旦发生合同争议引起诉讼时,就会产生究竟应适用何国法律的问题。为了解决这种法律冲突,一般在国内法中规定了对冲突规范的办法。

例如,《中华人民共和国合同法》第 126 条中规定:"涉外合同的当事人可以选择处理合同争议所适用的法律,但法律另有规定的除外。涉外合同的当事人没有选择的,适用与合同有最密切联系的国家的法律。"据此,我国贸易商对外签订的进出口合同中,除法律另有规定外,交易双方可协商约定处理合同争议适用的法律法规。若买卖双方未在合同中做出选择,则当发生争议时,由受理合同争议的法院或仲裁机构依照"与合同有最密切关系的国家"的法律进行处理。

二、国际贸易惯例(International Trade Practice)

国际贸易惯例一般是指在长期国际贸易实践中,逐渐形成和发展,并经过国际组织加以解释和编纂的一些行为规范和习惯做法。

(一)构成国际贸易惯例的条件

构成国际贸易惯例一般应具备以下三个条件:

(1)国际贸易惯例应是在一定范围内的人们经长期反复实践而形成的某种商业方法、通例或行为规范。

(2)国际贸易惯例的内容必须是明确肯定的,并被许多国家和地区所认可。

(3)国际贸易惯例必须是在一定范围内众所周知的,被从事该行业的人们认为是具有普遍约束力的。

(二)国际贸易惯例的作用

国际贸易惯例的作用主要表现在以下几方面：

(1)国际贸易惯例有利于买卖合同的顺利磋商和订立。因为国际贸易惯例可以简化进出口交易的相关手续，节省费用开支，缩短商务谈判的时间，从而在国际贸易的发展方面发挥重要的作用。

(2)通过理解和掌握国际贸易惯例，可以帮助解决合同履行中的争议与纠纷。某些国际贸易合同订立时，考虑不严谨，法律适用不明确，会使履约中的争议与纠纷不能依照合同的规定得到很好的解决，此时，当事人可以援引国际贸易惯例来处理，争取到有利的地位，从而将损失降到最低。

(3)国际贸易惯例的运用，有利于国际贸易中的各个环节相互衔接，帮助银行、船舶公司、保险公司、海关、商检等机构开展业务和处理进出口业务实践中所遇到各种问题。

(三)国际贸易惯例的适用

国际贸易惯例是在国际贸易长期实践的基础上逐渐形成和发展起来的，是人们从事国际贸易货物买卖活动的行为规范和应当遵守的准则，也是国际贸易法律制定的重要渊源之一。

在我国的一些商业法律中，对国际贸易惯例的适用均作了相应的规定。例如，《中华人民共和国民法通则》和《中华人民共和国海商法》都规定："中华人民共和国法律和中华人民共和国缔结或者参加的国际条约没有规定的，可以适用国际惯例。"

应该指出，法律与国际贸易惯例是有本质不同的。国际贸易惯例的效力低于合同和公约的法律效力。国际贸易惯例本身不是法律，其适用是以当事人的意思自治为基础的，因此，国际贸易惯例对国际贸易双方当事人来说不具有强制性的约束力。但如果买卖双方在合同中约定采用某种惯例，该惯例就成为合同的一部分，具有法律的强制性。当合同中做出与惯例相抵触的规定时，本着法律优先于惯例的原则，应以买卖合同为准。

(四)涉及国际贸易的惯例

在当前国际货物贸易中，影响较大且适用范围广泛的国际贸易惯例主要有：

(1)国际商会 2010 年修订的《2010 年国际贸易术语解释通则》。

(2)《跟单信用证统一惯例》UCP 600(2007 年修订本，国际商会第 600 号出版物)，即 *Uniform Customs and Practice for Documentary Credits*，2007 Revision，ICC Publication No.600。

(3)《托收统一规则》URC522(1995 年修订本，国际商会第 522 号出版物)，即 *Uniform Rules for Collections*，1995 Revision，ICC Publication No.522。

三、国际条约或协定(International Treaty or Agreement)

在国际贸易中，由于各国国内法的规定差异较大，因此单靠某一国家的国内法已经不足以解决各国的国际贸易争议。为此，各国政府和一些国际组织为消除国际贸易障碍和解决争议,相继缔结了一些双边或多边的国际条约。

国际条约是指两个或两个以上的主权国家为确定彼此的政治、经济、贸易、文化、军事等方面的关系、权利和义务而缔结的诸如公约、协定、议定书等各种协议的总称。

国际条约依法缔结生效后,即对当事各方具有拘束力,必须由当事各方善意地履行。对此,国际法上有一项"条约必须遵守"的基本原则,即缔结条约以后,各方必须按照条约规定,行使自己的权利,履行自己的义务,不得违反。因此,国际条约是国际贸易所应遵守的重要法律之一。

在国际法中,按照缔约方的数目,国际条约可划分为双边条约和多边条约(又称公约)。我国缔结或参加的涉及国际货物贸易的国际条约颇多,其中对我国国际贸易影响最大的是 WTO 协定及其附件所包括的各种协议。另外,《联合国国际货物销售合同公约》(以下简称《公约》)是迄今为止关于国际货物买卖的一个最重要的国际条约,于 1988 年 1 月 1 日正式生效。我国在 1986 年 12 月 11 日向联合国递交了《公约》核准书,但对《公约》提出了两点保留意见:一是我国不同意扩大《公约》的适用范围。对我国贸易商来说,只同意该公约的适用范围限于营业地分处于不同缔约国的当事人之间所订立的买卖合同。因此,如果合同争议双方同属缔约国,则解决其争议所适用法律就以该公约的规定为准。二是对《公约》第 11 条、第 29 条及有关规定提出保留。即我国企业对外订立、修改协议,终止合同应采用书面形式。

关于国际条约、国际惯例和国内立法的关系,不同法律制度有不同的规定。一般地,在许多国家,国际条约有自动生效和非自动生效之分。

自动生效的国际条约,一经该国批准,自动产生效力,当事人可直接援引;对于非自动生效的国际条约,即使该国批准,也不对其居民产生直接约束力,只有经该国立法机关制定了有关实施该条约的法律后,才对其居民具有约束力。

任务三　了解国际贸易方式

【知识目标】

了解国际贸易的基本方式和灵活运作的方式。
掌握各种贸易方式的内容、运行过程及其适用条件。

【技能目标】

明确各种方式的特点和异同,并能处理相应的协议与条款。

【引导案例】

德克罗·沃尔公司将装饰用花砖在英国的独家销售权授予马克丁公司。但该合同没有订明多长期限,而是凭合理的通知予以确定。在合同订立两年以后,德克罗·沃尔的商品在英国的销售点达 780 个。马克丁公司花在该产品上的广告费达到 3 万英镑，又额外雇用了 6 个专门的销售员。但是，由于马克丁公司付款稍迟，故在其提出新订单时，遭到德克罗·沃尔公司的拒绝。与此同时，德克罗·沃尔公司把该产品的专销权授予另一家公司，并指控马克丁公司因拖延付款违反了合同，要求法院宣布马克丁公司不再是该产品的包销人。但马克丁公司向法院提出反诉。经法院判决，马克丁公司胜诉。

根据合同的规定，该项包销合同只有通过合理的通知才能终止，这种通知的合理期限应为 12 个月。因此，马克丁公司稍迟付款，虽属违约行为，但只需赔偿卖方因迟收款而遭受的利息损失，不应承担被终止合同的责任。

案例分析

上例是一桩经销合同的纠纷案。经销是国际贸易中重要的贸易方式，但不是唯一的方式，国际贸易方式有逐笔售定、经销、代理、招标与投标、寄售、拍卖、对销贸易、加工贸易和商品期货交易等，每一种方式都有其特定含义和做法。

国际贸易方式是指国际贸易中所采用的各种具体交易办法的总称，即通过什么渠道、途径、方法和形式，迅速有效地将商品销售出去，或买进合适的商品。随着国际贸易的发展，贸易方式也日趋多样化，除逐笔销售外，还有经销、代理、寄售、招标、投标、拍卖、对销贸易、加工贸易和商品期货交易等。

一、经销、代理与寄售

(一)经销

1. 经销的含义及其种类

在国际贸易往来中，经销(Distribution)是指进口商与国外出口商订立经销协议(Distributorship Agreement)，承担在规定的期限和地域内购销指定商品义务的一种方式。

经销方式：一种是独立经销(Sole Distribution)，也称包销(Exclusive Sale)，指在协议规定的期限和地域内，对指定商品享有独家专营权的经销方式。另一种是一般经销，也称定销，指经销商不享有独家专营权，供货商可在同一时间、同一地区内，确定几个商家经销同类商品。

2. 经销的特点

经销业务中的经销商是买方，供货商是卖方，二者是买卖关系。供货人供应指定商品，经销人以自己的名义买进，自行销售，自负盈亏。经销人转售商品时，也以自己的名义进行。

3. 经销协议

经销协议(Distributorship Agreement)是经销商和供货商规定双方权利和义务、确立双方法律关系的契约。

经销协议一般包括：①商品范围；②区域；③数量和金额；④作价方法；⑤经销期限和终止；⑥经销商的其他义务，如广告宣传、市场调研和维护供货人权益等。此外，还规定不可抗力及仲裁等交易条件。经销协议也有定销和包销两种，具体要求视情况而定。

【小资料 1-3-1】

独家经销的缺陷：①如市场情况发生变化，或独家经销商资信不佳和经营能力有限，就可能出现"包而不销"的情况，从而给出口商带来不利的影响。②独家经销商有可能凭借其独家经营的地位，操纵和垄断市场，甚至对出口商供应的商品故意挑剔或进行压价。③出口商一般只能同独家经销商打交道，而不能同其他客户普遍联系成交，因而缺乏机动灵活性。

(二)代理

1. 代理的含义及其种类

代理（Agency）是指代理人（Agent）按照委托人（Principal）的授权，代表委托人与第三人订立合同或实施其他法律行为，而由委托人负责由此产生的权利与义务的贸易方式。

国际贸易中的代理按委托人授权的大小分为总代理、独家代理和一般代理。

代理按照行业性质不同可分为销售代理、购货代理、运输代理、广告代理、诉讼代理、仲裁代理、银行代理和保险代理等。国际贸易中的代理主要指的是销售代理。

2. 销售代理的特点

代理人接受委托指示行事；代理人有推销商品的义务，但没有必须购买商品的责任；代理人居间介绍，赚取佣金，不负盈亏责任。

3. 销售代理协议

销售代理协议（Selling Agent Agreement）是明确规定委托人和代理人之间权利与义务的法律文件。其内容包括：①订约双方名称、地址及订约的时间、地点。②商品种类、地区范围以及商标等。③代理的委任、受任及法律关系。④委托人的权利与义务。接受和拒绝订货的权利；维护代理人权益的义务；向代理人提供广告资料（样品、样本、目录等）；保证向代理人支付佣金等。⑤代理人的权利与义务。代理人的权利范围；代理人积极促销的义务；代理人保护委托人财产、权利的义务；代理人的推销组织方式；代理人对客户资信进行调查的义务；代理人提供售后服务的义务；代理人向委托人汇报市场情况的义务；保密问题等。⑥佣金支付。佣金率、佣金的计算基础、佣金支付时间和方法等。⑦协议的期限和终止。⑧不可抗力和仲裁。

【小思考 1-3-1】

在经销与代理两种方式中，当事人双方的关系有什么区别？

【微型案例 1-3-1】

我国 A 公司与美国 B 公司签订"一份独家代理协议"，A 公司把该公司经营的皮革制品在美国的独家代理权授予 B 公司，期限为一年。一年来，由于 B 公司销售不力，致使 A 公司蒙受很大损失。

试分析 A 公司蒙受损失的原因。

（三）寄售

1. 寄售的含义及性质

寄售（Consignment）是一种委托代售的贸易方式，指寄售人（Consignor）将准备销售的货物运往国外寄售地，委托当地代销人（Consignee）按照寄售协议代为销售后，再由代销人向货主结算货款。

在寄售方式中，寄售人和代销人之间是委托与受托关系，而非买卖关系。与代理人可以用委托人名义、也可用自己的名义从事授权事宜有所不同，代销人只能用自己的名义处理寄售协议中规定的事务，而且代销人同第三方所进行的法律行为不能直接对寄售人发生效力。

2. 寄售的特点及利弊

（1）寄售的特点：它是凭实物进行的现货交易；商品售出前所有权属寄售人；代销人不承担任何风险和费用，只收取佣金作为报酬。

（2）寄售的优点：现货交易，有利于把握市场机会，节约交易成本，有利于调动代销人的积极性。

（3）寄售的缺点：主要是寄售人承担的贸易风险大，资金周转期长，收汇很不安全。一旦代销人不遵守协议，寄售人可能遭受货、款两空的危险。

3. 寄售协议

寄售协议（Agreement of Consignment）是寄售人和代销人之间就有关权利、义务及有关寄售条件和具体做法而签订的书面协议。协议的重点是商品价格的确定、各种费用的负担和安全收汇三个问题。协议一般包括下列内容：

（1）协议名称及双方权利与义务。

（2）寄售区域及寄售商品。

（3）定价方法。一般有三种方法，即由寄售人规定最低售价、随行就市以及在销售前逐笔征得寄售人同意。

（4）佣金。一般应规定佣金的计算基础、佣金率以及佣金的支付时间和方法等。

（5）付款。商品售出后的货款，一般由代销人扣除佣金及代垫费用后汇付给寄售人。为保证收汇安全，以利资金周转，协议中应明确规定汇付货款的时间和方式。

此外，还应规定货物保险、各种费用的负担等预防性条款。为减少风险，也有必要规定由代销人提供银行保函或备用信用证等。

二、招标与投标

招标、投标常用在国家政府机构、国有企业或公用事业单位采购物资、器材或设备的交易中，也多用于国际承包工程。目前，国际政府贷款项目和国际金融机构贷款项目往往在贷款协议中规定，接受贷款方必须采用国际竞争性招标采购项目物资或发包工程。这里主要介绍货物买卖中的招标与投标。

【小资料1-3-2】

世界银行贷款规定，每份超过300万美元金额的采购合同，必须采取国际竞争性招标。

(一)招标与投标的含义及特点

1. 招标与投标的含义

招标(Invitation to Tender)是指招标人(买方)发出招标通知,说明拟采购的商品名称、规格、数量及其他条件,邀请投标人(卖方)在规定的时间、地点按照一定的程序进行投标的行为。

投标(Submission of Tender)是指投标人(卖方)应招标人(买方)的邀请,按照招标的要求和条件,在规定的时间内向招标人递价,争取中标的行为。

由此可见,招标与投标是一种竞卖的方式,是一种贸易方式的两个方面。

2. 招标与投标的特征

招标、投标与其他贸易方式相比有以下特征:

(1)招标的组织性。即有固定的招标组织机构、招标场所。

(2)招标、投标的公开性。招标机构要通过招标公告广泛通告有兴趣、有能力投标的供货商或承包商,并向投标人说明交易规则和条件,以及招标的最后结果。

(3)投标的一次性。投标人只能应邀作一次性投标,没有讨价还价的权利。标书在投递之后,一般不得撤回或修改。

(4)招标、投标的公平性。在招标公告发出后,任何有能力履行合同的卖方都可以参加投标。招标机构在最后取舍投标人时,要完全按照预定的招标规则进行。招标所具有的组织性和公开性,也是招标、投标公平和合理的有效保证。

(二)国际招标的方式

目前,国际上采用的招标方式归纳起来有以下几种:

(1)国际竞争性招标(International Competitive Bidding)。指招标人邀请几个乃至几十个国内外企业参加竞标,从中选择最优投标人的方式。

(2)谈判招标(Negotiated Bidding)。又称议标,是由招标人直接同卖方谈判,确定标价,达成交易。

(3)两段招标(Two-Stage Bidding)。又称两步招标,适宜采购复杂的货物,因事先不能准备完整的技术规格而采用的招标方法。第一步,邀请投标人提出不含报价的技术投标;第二步,邀请投标人提出价格投标。

(三)招标与投标的基本程序

世界各国由于法令和习惯的差异,招标的条件不同,但基本程序相似,主要包括以下几个环节:

1. 招标

一项理想的国际招标,其成败的关键往往在此环节。招标主要包括发布招标通告、预审投标资格、编制招标文件(Bidding Documents)。

2. 投标

参加投标要做好以下工作:

(1)投标的准备工作。投标人在慎重研究标书后,一旦决定参加投标,就要根据招标文件的规定编制和填报投标文件。

（2）确定适当的价格。

（3）提供投标保证金。一般为总价的 3％～10％，未中标的退回。为防止投标人在中标后不与招标人签约，招标人通常要求投标人提供投标保证金或银行投标保函。

（4）制作投标文件。

（5）递送投标文件。投标人将投标文件在投标截止日前送达招标人处，逾期失效。

3. 开标与评标

开标指招标人在指定日期、时间和地点将寄来的投标书进行综合比较，择优选定中标人的做法。开票日期、时间和地点通常在招标文件中予以规定。根据投标人是否监视开标，开标有公开开标与秘密开标两种方式。公开开标是按照招标人规定的时间、地点，在投标人或其代理出席的情况下，当众拆开密封的投标文件，宣读文件内容。秘密开标是没有投标人参加，由招标人自行开标选定中标人的开标方法。

评标是指招标人开标后，进行评审、比较，选择最佳投标人的过程。参加评标的人员原则上要坚持评标工作的准确性、公开性和保密性。评标后决标，最终选定中标人。

4. 签订协议

中标是从若干投标人中选定交易对象。中标者必须与招标人签约，否则保证金予以没收。为了确保中标人签约后履约，招标人应要求中标人缴纳履约保证金或出具银行履约保函。

三、拍卖

（一）拍卖的含义及特点

1. 拍卖的含义

拍卖（Auction）是由拍卖行接受货主委托，在一定的地点和时间，按照一定的章程和规则，以公开叫价竞购的方法，把货物卖给出价最高的买主的一种现货交易方式。

2. 拍卖的特点

（1）拍卖是在一定的机构内有组织地进行的。拍卖机构可以是由公司或行业协会组成的专业拍卖行，也可以是由货主临时组织的拍卖会。

（2）拍卖遵循专门的法律和规章。许多国家对拍卖业务有专门的规定，各个拍卖机构也订立了自己的章程和规则。

（3）拍卖是一种公开竞买的现货交易方式。拍卖采用事先看货，当场叫价，落槌成交的做法。成交后，买主即可付款提货。

（4）参与拍卖的买主，通常须向拍卖机构缴存一定数额的履约保证金。买主在叫价中，若落槌成交，就必须付款提货。如不付款提货，拍卖机构则没收其保证金。

（5）拍卖机构为交易的达成提供服务，它要收取一定的报酬，通常称作佣金或经纪费。

【微型案例 1-3-2】

美国 A 公司参与中国 B 公司一批烟草的拍卖，以 2000 万美元成交，但当 A 公司准备付款提货时发现烟草品级不理想，遂以货物品质不合格为由拒绝付款。

试分析以上案例。

(二)拍卖的出价方法

拍卖的出价方法有以下三种：

1. 增价拍卖

也称淘汰式拍卖。拍卖时，由拍卖人宣布预定的最低价格，然后由竞买者相继叫价，直到没有人再出更高的价格时，则拍卖人用击槌动作表示竞买结束，将这批商品卖给最后出价最高的人。

2. 减价拍卖

又称荷兰式拍卖。这种方法先由拍卖人喊出最高价格，然后逐渐减低叫价，直到竞买者认为已经低到可以接受的价格，表示买进为止。

3. 密封递价拍卖

又称招标式拍卖。采用这种方法时，先由拍卖人公布每批商品的具体情况和拍卖条件等，然后由各竞买者在规定时间内将自己的出价密封递交拍卖人，以供拍卖人进行审查比较，决定将该货物卖给哪一位竞买者。这种方法不是公开竞买，拍卖人有时要考虑价格以外的其他因素。

(三)拍卖的一般程序

拍卖一般可分为三个阶段：

1. 准备

参加拍卖的货主把货物运到拍卖地点，存入仓库，然后委托拍卖行进行挑选、分类、分级，并按货物的种类和品级分成若干批次。在规定时间内，允许参加拍卖的买主到仓库查看货物。

2. 正式拍卖

拍卖在规定的时间和地点开始，并按照拍卖目录规定的先后顺序进行。按照拍卖业务的惯例，在拍卖人的木槌落下之前，买主可以撤回其出价；货主在货物出售之前也可以撤回其要拍卖的货物。

3. 成交与交货

拍卖成交后，拍卖行的工作人员即交给买方一份成交确认书，由买方填写并签字，表明交易正式达成。在买方付清货款后，买方凭拍卖行开出的提货单到指定的仓库提货。提货必须在规定的期限内进行。

【小思考 1-3-2】

以拍卖为交易方式的国际贸易商品有哪些特点？试举例说明。

四、对销贸易

(一)对销贸易的含义

对销贸易(Counter Trade),又称返销贸易、抵偿贸易、对等贸易、互抵贸易或反向贸易,也有人把它笼统地称作"易货"。它是指在互惠的基础上,交易双方互为进口人或出口人,把进口和出口有机地结合起来,双方都以自己的出口来全部抵偿或部分抵偿从对方的进口。

这种贸易方式的特点是:进出口直接挂钩,贸易双方有进有出,贸易品种相当,对等交换,进出口平衡,不使用外汇进行结算。有人把对销贸易理解为包括易货、记账贸易、互购、产品回购、转手贸易等货物买卖范畴,以进出结合、出口抵补进口为共同特征的各种贸易方式的总称。

对销贸易在全世界被广泛采用并得到迅速发展是在第二次世界大战以后,这是因为战后贸易保护主义盛行,某些国家国际收支恶化,进口苦于无外汇,出口又少渠道,所以不得不寄希望于进口与出口相结合的对销贸易。其历史可追溯到20世纪30年代至40年代盛行于欧洲的易货贸易、清算协定贸易。60年代末和70年代初,在世界经济危机、货币金融危机和石油危机的影响下,对销贸易有所发展,并相继出现了许多新形式和新做法。80年代后,对销贸易又有了进一步发展,参加的国家越来越多,交易量也越来越大。

(二)对销贸易的作用

对销贸易是通过以进带出的做法,来弥补贸易逆差和克服外汇不足的困难,促进贸易发展的一种贸易方式。这种贸易方式,对交易双方都有好处,它在双方的贸易当中起到了一定的推动作用。主要表现在:

1. 有利于节省外汇

通过对销贸易可以使参与国在不动用外汇的情况下,进口它们在发展国民经济中所需的各种货物和技术,而且在某种条件下,还可以贸易的方式取得国外的信贷。

2. 促进出口的扩大

通过对销贸易以进带出,有利于开发国际销售渠道,使得一些本来不容易出口的产品顺利进入国际市场,从而促进出口的扩大。

3. 获得稳定的外汇收入

在国际对销贸易中,通过双方建立在比较长期、稳定基础上的贸易关系,促进了双方对外贸易量的扩大,从而有利于双方对外经济关系的发展和出口创汇的稳定增长。

4. 有利于提高本国出口竞争力

随着双方国际贸易的发展,特别是随着先进的技术的引入和设备的投产,有利于贸易参与国生产水平的提高,进而增强产品的国际竞争力。

(三)对销贸易的种类

对销贸易方式以货物互换为基础,具体实施中包括多种不同的形式。在我国外贸实务中使用较多的主要有易货贸易、回购贸易、互购贸易和补偿贸易等。

1. 易货贸易

易货贸易(Barter Trade)的原义是以物易物,它本是一种非常古老的贸易方式,是把进口与出口结合起来组成相互联系的整体交易。在目前的国际贸易中,易货有狭义易货和广义易货两种方式。

狭义易货是严格意义上的易货,易货的双方交换的货物价值相等,交货时间相同,因此双方无须动用货币支付。有时为了业务上的方便,双方可选定某种货币作为易货的结算单位,但它只是结算的符号,不作流通使用。货运单据通过双方银行交换。如果双方货值存在一些差额,也可以用货币支付。

狭义的易货要求双方同时交货,因而常在相邻国家的边境贸易中出现。在过去一段时间里,我国同朝鲜和苏联等一些国家的边贸活动中,易货贸易占了相当大的比重。对于不相邻国家间的易货贸易,由于运输方面的限制,无法实现同时交货,于是常采取对开信用证的方式来保证易货合同的履行。

广义的易货比狭义的易货灵活,它既可以用某一种出口货物交换另一种进口货物,货款逐步平衡;也可以双方签订易货协议或总合同,规定在一定时期内,用几种出口货物交换几种进口货物,货款分别结算,最后综合平衡。

广义易货一般采取记账结汇和双边结算的方式进行。两国政府分别在银行开立贸易账户,在一定时期内(通常为一年),两国的贸易公司根据两国贸易协定的规定向对方国家出口相应的商品,在贸易账户上记账,在一定时期内通过账户冲抵达到平衡或基本平衡。余额用现汇或商品支付。在一些易货贸易协定中还规定一个幅度,当差额在该幅度内时,顺差方不得要求对方用现汇支付。

易货贸易这种交易方式,在使用中有它的优点。由于交易过程中,交易双方不使用外汇或很少使用外汇,所以,它可以促进外汇支付能力差的国家或企业的贸易往来;由于进口和出口同时进行,双方不仅能取得贸易额的大体平衡,而且在购入国内急需物资的同时,可以带出部分国内滞销的物资;同时,由于易货贸易不使用货币,它可以避免汇率变动所带来的风险;当本国对另一国商品有需求时,采用易货贸易可以在进口和出口双向获得利润。

易货贸易也存在着明显的不足。易货贸易要求双方的货值相等。由于需求的多样性和交易渠道的有限性,易货贸易需要长时期的谈判,且不易成功;由于易货的双方都怕承担对方不交货的风险,因此往往都提出对方先交货的条件,容易造成矛盾;由于通过记账方式进行易货,当发生不平衡时,顺差的一方相当于向对方提供无息贷款,容易挫伤其积极性;同时,易货贸易还受两国产业结构的制约,如两国产业结构相似,则很难达成易货贸易。

由此可见,易货贸易是一种低效率的经济贸易活动。在企业进入国际市场的种种贸易方式中,易货贸易是初期较容易实现的一种,虽然有不足和风险,但只要运用得当,采取必要的辅助措施,仍可以促进企业国际市场营销的展开和深入。

【小思考 1-3-3】

分析中国和美国易货贸易的可能性。

2. 回购贸易

所谓回购贸易（Buy-back Trade），是指出口一方同意从进口一方买回由其出口的机器设备所生产制造的产品。它与补偿贸易有很多相同之处，但二者的区别主要是出口方回购的产品仅限于由出口的机器设备所生产的产品。

（1）回购贸易的发展

回购贸易最早产生在能源与原材料部门的生产技术、设备的交易中。早年东欧各国从西方国家进口生产技术、设备等，先不支付现汇，而用这些生产技术、设备生产出来的产品回销抵偿对方的价款，分期偿付。之后，随着这种贸易形式不断扩大，一些机器制造业和其他产业部门也采用了这种方式，但是逐渐改变了原来回购贸易的概念，特别是在回购产品方面，发生了很大变化，由原来的直接产品偿付，发展到以其他产品（间接产品）或部分直接产品和部分间接产品结合偿还。由于回购贸易做法的变化，在实际业务中，它与补偿贸易就没有区别了。有人认为它是补偿贸易的一种形式。

（2）回购贸易的作用

回购贸易的作用主要体现在：①对出口方来说，可以利用直接补偿贸易来推销闲置设备，解决库存积压；②对于进口方来说，可以在不支付或少支付外汇的情况下得到设备，提高生产能力，改进商品质量，并扩大向对方市场的出口。因此回购方式对贸易双方都很有利。

3. 互购贸易

互购贸易（Counter Purchase），又称互惠贸易（Reciprocal Trade）和平行贸易（Parallel Trade），是指出口的一方向进口的一方购买相当于他出口货值一定比例的产品。即双方签订两份既独立又有联系的合同：一份是约定先由进口的一方用现汇购买对方的货物；另一份则由先出口的一方承诺在一定期限内购买对方的货物。

（1）互购的流程

互购是指交易双方互相购买对方的产品。互购贸易涉及两个既独立而又相互联系的合同；交易双方先签订一个合同，约定由先进口国（往往是发展中国家）用现汇购买对方的货物（如机器、设备等），并由先出口国（通常是发达国家）在此合同中承诺在一定时期内买回头货；之后，双方还需签订一个合同，具体约定由先出口国用所得货款的一部分或全部从先进口国购买商定的回头货。互购不是单纯的以货换货，而是现汇交易，而且不要求等值交换。

（2）互购的风险

互购贸易与补偿贸易的差别是两笔交易都用现汇，一般是通过即期信用证或即期付款交单，有时也可采用远期信用证付款。因此，先出口的一方除非是接受远期信用证，否则不会出现垫付资金的问题，相反还可以在收到出口货款到支付回头货款这段时间内，利用对方的资金。这种方式，一般先由发达国家提供设备，这对进口国家来说，不但得不到资金方面的好处，还要先付一笔资金，这样必定要承担一定汇率变动的风险，唯一可取的地方是可以带动本国货物的出口。

（3）互购贸易和回购贸易的区别

互购和回购的重要区别首先在于，在回购贸易中购回的货物和劳务与原出口的商品有直接的联系，而在互购中两者却没有联系。另一重要区别为回购交易一般比互购贸易花费的时间长。

4. 补偿贸易

补偿贸易（Compensation Trade），是第二次世界大战以后发展起来的国际贸易方式，其基本原则是买方以贷款形式购进机器设备、技术知识和专利等，对原有生产规模进行改建、扩建或建立一个新的企业，尽快形成经济规模，产品达到一定的质量档次。买方的货款不以现汇交付卖方，而是在商订的期限内（一般为10～20年或更长一些），逐年以所生产的全部或部分产品或双方商定的其他产品或劳务偿还贷款本息。

补偿贸易不同于普通的国际商品贸易。补偿贸易成交时，买方购买设备不用支付现汇，不同于用现金交易的一般国际贸易；补偿贸易一般使用进口设备生产的产品或双方商定的其他产品或劳务偿还设备贷款，不同于使用现汇延期付款的国际贸易；在补偿贸易中，买方对购进的机器设备、技术知识等，拥有完全的所有权和使用权，卖方在买方的工厂中也不占有股份，不同于各种合营企业和加工贸易；补偿贸易偿付进口设备货款，是用产品分期多次支付，这也不同于用产品一次性交换的易货贸易，而且，易货贸易交换的产品一般相互没有联系，而补偿贸易偿还设备货款的产品，一般是由引进设备生产的。

（1）补偿贸易的主要形式

补偿贸易的形式和做法不一，就我国当前进行的补偿贸易而言，补偿的形式有以下几种：

① 直接产品偿付

直接产品偿付，又称产品返销，是补偿贸易最基本的形式，它是在信贷基础上，从国外进口机器设备用来开发天然资源或兴建生产企业，然后再用这些项目生产的产品来偿还贷款本息。

②间接产品偿付

又叫回购或互购。即购进设备技术的一方（买方），在偿还卖方技术和设备货款时，不是用该项进口技术设备直接生产的产品，而是用双方约定的其他产品偿还供方的货款。这种方式表面看比较灵活，实施余地大，但实际上不如前一种方式简单易行。因为当事双方往往在商品品种、质量、价格等方面有各自的切身利益或条件限制，双方难以达成协议。

③货币收入偿付

即接受设备、技术的一方，用项目建成后的收入分期偿付给提供方。这种方式一般适用于项目产品难以作为支付手段的情况，如建造桥梁、旅游宾馆、电厂、道路等。这种方式不涉及产品返销，只要双方议价合情合理，比较容易达成协议。

④综合补偿

即将以上三种方式综合运用，对引进的设备、技术议价，一部分用产品偿付，一部分用货币偿付。产品可以是直接产品也可以是间接产品。这是补偿贸易发展得更灵活的方式。

以上各种方式各有特点,在实际谈判中可根据不同的对象、不同的需要和条件,以及自身的条件,灵活地选择各种方式。

(2)补偿贸易中应注意的问题

由于补偿贸易内容复杂,难度较大,涉及面广,所以采用这种方式时,应注意下列事项:

①要根据生产建设的需要和产品出口的可能,正确选择补偿贸易的项目,同时要做好可行性研究,并不是任何项目都适合采用补偿贸易的方式。

②通过补偿贸易进口的设备,一般并不很先进,而且价格较高,所以,洽谈时要特别注意其质量的可靠性、性能的稳定性及价格的合理性。

③要正确确定返销或回购产品的品种、数量和质量,既要防止不切实际的规定,又要防止冲击正常的贸易。

④要订好补偿贸易协议,在协议中要合理确定偿还期限,并选择适当的定价货币,以避免汇率变动的风险。

【微型案例 1-3-3】

非洲某国 A 公司与我国 B 公司双方签订协议,我国 B 公司以补偿贸易方式向 A 公司出口一条纺织机械生产线,A 公司须在投入生产后补偿给 B 公司 30 吨毛线制品。但是当生产线开工后,国际市场毛线制品价格直线上升,在这种情况下,A 公司拒绝补偿 B 公司 30 吨毛线,只愿意支付生产线的市场价格。

试对以上案例进行分析。

五、加工贸易

(一)加工贸易的含义

加工贸易(Processing Trade)是普遍采用的一种贸易方式,尤其是在一些劳动力资源比较丰富的国家。加工贸易往往在国际贸易中占据着重要的地位。

加工贸易是指一国的企业利用自己的设备和生产能力,对国外的原材料、零部件或元器件进行加工、制造或装配,然后再将产品销往国外的贸易方式。实际上就是从境外保税进口全部或部分原辅材料、零部件、元器件、包装物料,经境内企业加工或装配后,将制成品再行出口的经营活动。它是以加工为特征、以商品为载体的劳务出口。

(二)加工贸易的方式

我国的加工贸易主要有对外加工装配和进料加工两种方式。二者的共同点是"两头在外",即原材料来自国外,成品又销往国外。

1. 对外加工装配贸易

对外加工装配贸易是指在外商提供原材料、零部件、元器件和技术等基础上,用我国劳动力和设备进行加工装配,成品出口,我方收取工缴费的一种贸易方式。对外加工装配是来料加工和来件装配的统称。来料加工是指外商提供原材料、辅料和包装物料等，由国内的承接方按外商提出的要求加工成成品并提交给对方，按双方约定的标准收取加工费的一种贸易方式。来件装配是指由外商提供零部件、包装物料等，由国内承接方按外商要求装配成成品提交给对方，并按双方的约定收取加工费的一种贸易方式。

对外加工装配的基本做法：就承接机构而言，主要有三种形式。一是外贸（工贸）企业直接对外承接业务，然后由本企业加工装配生产；二是外贸企业对外承接来料来件加工装配业务，对内提供料、件委托工厂加工装配；三是接受加工装配的工厂参加对外谈判，同外贸公司一起对外签订合同，工厂直接承担交货责任，外贸公司收取手续费。从用料比重看，有两种做法：全部来料来件的纯加工装配业务；部分来料来件，部分采用国产料件。

在来料来件作价方面有两种做法：一种是来料来件和加工成品均不作价，只收取加工装配的工缴费；另一种是来料来件和加工成品分别作价。

对外加工装配贸易的性质：对外加工装配贸易是一种委托加工的方式。外商将原材料、零部件等运交国内承接方，并未发生所有权转移。承接方只是作为受托人按照外商的要求，将原材料或零部件加工为成品。加工过程中，承接方付出劳动，获取的加工费用是劳动的报酬。因此，可以说对外加工装配贸易是劳务贸易的一种形式，它是以商品为载体的劳务出口。

2. 进料加工贸易

进料加工贸易是指从国外购进原料，加工生产成品再销往国外的一种贸易方式。进料加工的具体做法有三种：①先签订进口原料的合同，加工出成品后再寻找市场和买主；②先签订出口合同，再根据买方要求从国外购进原料，加工生产，这种做法包括来样进料加工；③对口合同方式，即与对方签订进口原料合同的同时签订出口成品的合同。

3. 对外加工装配贸易与进料加工贸易的区别

对外加工装配贸易与从国外进口原材料加工成成品再出口的进料加工贸易方式有相似之处，因为它们都是利用国内劳动力和技术设备，属于"两头在外"的加工贸易方式。但是，对外加工装配贸易与进料加工贸易又有明显的区别，主要表现在：

(1)在进料加工贸易中，原材料进口和成品出口是两笔不同的交易，均发生了所有权的转移，而且原材料供应者和成品购买者之间没有必然的联系。在对外加工装配贸易中，原材料运进和成品运出均未发生所有权的转移，它们均属于一笔交易，有关事项在同一个合同中加以规定。由于对外加工装配贸易属于委托加工，所以原材料供应者又是成品接受者。

(2)在进料加工贸易中，国内承接方从国外购进原材料，由国内工厂加工成成品，使价值增值，再销往国外市场赚取由原材料加工为成品的附加价值，国内承接方要承担国际市场销售的风险。在对外加工装配贸易中，由于成品交给外商自己销售，国内承接方无须承担风险，但是所能得到的也仅是一部分劳动力的报酬。因此，对外加工装配贸易的创汇一般低于进料加工贸易。

(三)加工贸易的作用

开展加工贸易,无论是对国内承接方还是对委托方(外商),均有积极的作用。对承接方而言,加工贸易能解决本国生产能力有余而原材料不足的矛盾,为国家增加外汇收入;有利于开发劳动力资源,增加就业机会,并繁荣地方经济;有利于引进国外先进的技术和管理经验,促进外向型经济的发展。

对委托方而言,加工贸易能降低产品的成本,可以增强其产品在国际市场上的竞争力;有利于委托方所在国的产业结构调整,主要是指一些工业发达国家通过委托加工方式,将一些劳动密集型产品的生产转移到发展中国家。

(四)开展加工贸易应注意的事项

开展加工贸易已成为我国对外经济贸易合作的重要形式,开展这项业务,需要注意下列事项:

(1)在开展这项业务时,必须要有全局观点,注意处理好与正常出口的关系,避免出现恶性竞争的局面。

(2)要加强经济核算,注意经济效益。在决定加工费水平时,不仅要考虑本单位是否合算,同时要参照国际市场加工费水准进行核算,讲求效益,力求使我国企业的加工费标准既具有竞争性,又能为国家多创外汇。

六、商品期货交易

(一)期货交易的含义和特点

1. 期货交易的含义

期货交易(Futures Trade),又称期货合同交易,是一种在特定类型的固定市场,即期货市场(Futures Market)或称商品交易所(Commodity Exchange),按照严格的程序和规则,通过公开喊价的方式,买进或卖出某种商品期货合同的交易。

期货合同是由交易所拟定的标准化的受法律约束并规定在将来某一特定时间和地点收付货款、交付某一指定商品的合同。每份期货合同的商品数量、品质规格、包装要求、交割地点等都是统一的,唯一的变量是价格。

期货合同交易是期货交易所的主要业务,期货交易的商品主要是大宗的金属及农产品,商品交易所的价格对该商品国际市场价格产生重要的影响。交易合同的履行,并不一定交割实物,在多数情况下,只收付价格差额的货币。

2. 期货交易的特点

(1)以标准期货合同作为交易标的

期货交易与现货交易有明显区别:现货交易双方必须交付实际货物,转移货物所有权;而期货交易买卖的是标准期货合同,必须在商品交易所内进行,不涉及货物的实际交割,只需在期货合同到期前平仓。平仓,也称对冲,是指在期货合同到期前,交易者做一笔方向相反、交割月份和数量相同的期货交易,从而解除其实物交割的义务。

标准合同是由各商品交易所制定的。商品的品质、规格、数量以及其他交易条件都是统一拟定的,买卖双方只需洽定价格、交货期和合同数目。

(2)特殊的清算制度

商品交易所内买卖的期货合同由清算所进行统一交割、对冲和结算。清算所既是所有期货合同的买方,也是所有期货合同的卖方。交易双方分别与清算所建立法律关系。

(3)严格的保证金制度

清算所要求每个会员必须开立一个保证金账户,在开始建立期货交易时,按交易金额的一定百分比交纳初始保证金。以后每天交易结束后,清算所按当日结算价格核算盈亏,如果亏损超过规定的百分比,清算所即向会员要求追加保证金。该会员须在次日交易开盘前交纳追加保证金,否则清算所有权停止该会员的交易。

【小资料 1-3-3】

世界主要期货交易所:美国芝加哥期货交易所(CBOT)、美国芝加哥商品交易所(CME)、伦敦国际金融期货及期权交易所(LIFFE)、英国伦敦金属交易所(LME)、德国期货交易所(DTB)、法国期货交易所(MATIF)、日本东京谷物交易所(TGE)、香港期货交易所(HKFE)得。

(二)期货交易的做法

期货交易的做法有多种,最常见的是套期保值和投机交易。

1. 套期保值

套期保值(Hedging)又称对冲交易。它是在买进(或卖出)实货的同时,在期货交易所卖出(或买进)相等数量的合同作为保值。由于期货市场和实货市场的价格趋势一般来说是一致的,涨时同涨,跌时俱跌,所以实货市场的盈(亏),可从期货市场的盈(亏)得到弥补或抵消。套期保值分为卖期保值(Selling Hedging)和买期保值(Buying Hedging)。

(1)卖期保值。一些手头持有实货的个人或企业,担心新货登场价格可能下跌而蒙受损失,便在期货市场卖出期货合同达到保值的目的。

(2)买期保值。一些将来持有某种实货商品的个人或企业,在他们出售将来交付的实际货物时,担心日后价格上涨而受到损失,因而在期货市场上买进期货合同达到保值的目的。

【微型案例 1-3-4】

某大豆加工商按目前价格水平与某食品生产商达成协议,在6个月后出售豆油给食品生产商。由于加工商手头尚无加工豆油的原料,因而担心如果豆价上涨,其豆油销售利润将会减少。在这种情况下,他应该怎么做才能回避风险?

2. 投机交易

(1)买空和卖空

投机交易与套期保值转移价格风险的目的不同,它是要承担风险,追求利润。其基本原则是低价购进,高价抛出,以获取两次交易的差价。期货市场上主要的投机交易活动是买空和卖空。

①买空(Bull,Long)。买空又称多头,指投机商在预计价格将上涨时先买进期货合同,使自己处于多头部位(Long Position),等到价格上涨后再卖出对冲,从中获利。

②卖空(Bear,Short)。卖空又称空头,指投机商估计行市看跌,便先抛出期货合约,使自己处于空头部位(Short Position),等价格下跌后再补进对冲,同样赚取差价。

【小思考1-3-4】

5月10日,芝加哥谷物交易所的小麦7月份期货为每蒲式耳3.75美元。由于当时气候反常,生产前景暗淡,市价看好,在这种情况下,投机商在期货市场上应该买进还是卖出小麦?

(2)期货市场主要的投机方式

投机商是在他们各自对期货市场价格走向进行预测的基础上来决定是买空或卖空的,能否获利主要取决于他们对行情预测的准确程度。商品交易所的投机方式多种多样,其做法也比套期保值交易要复杂得多,其主要方式有以下几种:

①利用价格差投机。这是最通常的投机方法。投机者利用对市场价格趋势的预测,看涨时买进期货或看跌时卖出期货,然后等待有利时机再对冲。

②利用期间差价投机。指投机商在同一市场利用同一商品不同交货月份的期货价格变动趋势,同时买进或卖出期货合约以牟取价格差额利润。

③利用现货和期货差价投机。由于市场供求关系的变化,商品交易所的现货价与期货价之间有时会发生价差的转变,当市场供过于求时,该商品的期货价常高于现货价格,此种差额称为"期货升水",当市场近期货物供不应求时,现货价有时高于期货价,此种差额称为"现货升水"。在商品交易所的实际价格变化中,这两种情况经常相互转换,投机者可以利用这种价差的变化进行投机套利,在"现货升水"时,投机者估计近期供应会增加,"现货升水"将会转变为"期货升水",于是就可以进行投机套利。

国际贸易前的准备工作

任务一　　出口交易前的准备工作

【知识目标】

了解出口交易前的准备工作。

【技能目标】

会进行出口交易前的准备工作。

【引导案例】

内地某出口公司与香港 AC 公司签订一笔总值 25 万美元猪肉销售的合同,价格 FOB 青岛,目的港是韩国釜山(因香港公司将货物转卖给韩国商人),付款方式为 D/A 远期 120 天办理托收。该出口公司按规定的装运期装运货物后,通过中国银行办理托收手续。中国银行委托香港南洋商业银行为代收行向香港 AC 公司收款。单据到香港后,香港 AC 公司即承兑赎单,又以原提单向韩国收货人收取了货款。

香港南洋商业银行在汇票到期时向香港 AC 公司催促付款,但此时该公司已经宣布破产。经调查香港 AC 公司在当地注册资本仅 15 万港元,其财产远远不够抵偿该公司的欠款,而且香港 AC 公司又是有限责任公司。因此,该内地出口公司遭受重大经济损失。

请问:内地出口公司遭受重大经济损失的原因是什么?

案例分析

该出口公司之所以遭受重大经济损失是由于在此次交易前缺乏对客户的调查研究工作。

经事后了解和分析,该出口公司对香港 AC 公司资信根本没有进行全面细致的调查,注册资本才 15 万港元,怎么能签订 25 万美元的贸易合同？另外,支付方式还采用的是 D/A 托收方式。按国际惯例,D/A 的买方可以不先付款即可提取货运单据,并进行取货和转让,货权先转移到买方手中,以后买方是否付款,卖方已失去控制能力,而且其远期付款的期限太长(120 天)。

所以,这次事件对该公司的教训:一是今后一定要做好对客户的资信调研工作;二是选择支付方式一定要慎重,以尽量避免风险;三是要建立健全管理制度,实行问责制,"学费"不能白交,谁做错了事谁负责。

交易前的准备主要是指买卖双方在交易合同签订之前进行的一系列准备活动的总称。在进出口贸易的各项工作环节中,交易前的准备是一项最基础的前期工作。不论是出口贸易还是进口贸易,准备工作是否充分细致,将直接影响到国际贸易的进程和效益。

出口商在进行出口交易磋商前,应着手进行以下几项工作:

一、取得出口经营权

出口商要想从事出口贸易,首先必须到商务部备案,取得出口经营权方能从事出口贸易工作。取得出口经营权后,还要到外汇、银行、税务、检验检疫及海关等部门办理开展对外贸易所需的各种手续。

二、选择目标市场

在对外洽商交易之前,企业要想实现出口商品的顺利销售,还必须广泛收集国外市场资料,进行深入的市场调研。

(一)国际市场调研的主要内容

从国际贸易商品进出口角度看,国际市场调研主要包括:国际市场环境调研、国际市场商品情况调研、国际市场营销情况调研、国外客户情况调研等。

1. 国际市场环境调研

企业开展国际商务,进行商品进出口,如同军队作战首先需分析地形、了解作战环境一样,要先了解商务市场环境,做到知己知彼,百战不殆。企业对国际市场环境调研的主要内容有:

(1)国外经济环境。包括一国的经济结构、经济发展水平、经济发展前景、就业、收入分配、消费者的购买能力与消费习惯、消费水平等。

(2)国外政治和法律环境。包括政府制定的重要经济政策,政府对贸易实行的鼓励、限制措施,特别是有关外贸方面的法律法规,如关税、配额、国内税收、外汇限制、卫生检疫、安全条例等。

(3)国外文化环境。包括使用的语言、教育水平、宗教、风俗习惯、价值观念等。

(4)其他。包括国外人口、交通、地理等情况。

2. 国际市场商品情况调研

企业要把产品打入国际市场或从国际市场进口产品,除需了解国际市场环境外,还需了解国际商品市场情况,主要有:

(1)国际市场商品的供给情况。包括商品供应的渠道、来源,国外生产厂家、生产能力、数量及库存情况等。

(2)国际市场商品需求情况。包括国际市场对商品需求的品种、数量、质量要求等。

(3)国际市场商品价格情况。包括国际市场商品的价格、价格与供求变动的关系等。

3. 国际市场营销情况调研

国际市场营销情况调研是对国际市场营销组合情况的调研,除上述已经提到的商品及价格外,一般还应包括:

(1)商品销售渠道。包括销售网络设立,批零商的经营能力、经营利润,消费者对批零商的印象,售后服务等。

(2)广告宣传。包括消费者购买动机、广告内容、广告时间、方式、效果等。

(3)竞争分析。包括竞争者产品质量、价格、政策、广告、分销路线、市场占有率等。

4. 国外客户情况调研

由于交易对象关系到贸易合同能否顺利履行,所以在具体进行交易磋商前,一定要选择合适的交易对象。每个商品都有自己的销售(进货)渠道。销售(进货)渠道是由不同客户组成的。企业进出口商品必须选择合适的销售(进货)渠道与客户,做好对国外客户的调查研究。

(1)选择国外客户

①利用互联网搜索

a. 利用搜索引擎和门户网站

http://www.google.com

http://www.yahoo.com

http://www.baidu.com

http://www.sina.com

http://www.sohu.com

b. 利用外贸专业网站

http://www.mofcom.gov.cn(中华人民共和国商务部)

http://www.cnpfsc.com(中国商品交易市场信息网)

http://www.cantonfair.org.cn(中国进出口商品交易会)

http://www.alibaba.com

http://www.meetchina.com(美商网)

http://cn.kompass.com（康帕斯企业名录）

http://www.b2b.globalsources.com.cn（环球资源供应商服务网站）

http://www.huaxiadnb.com（邓白氏国际信息咨询上海有限公司）

②利用其他渠道

在国际贸易中，除利用互联网外，还可以利用以下渠道来搜索客户信息：

a. 出国访问。

b. 根据各种进口商名录和出版物中的"贸易机会"，直接以函电接洽。

c. 邀请外国进出口同业公会、商会或有关贸易促进机构代为介绍。

d. 请国内外的银行、本国驻外国使馆经商处代为介绍。

e. 委托外国驻本国的使领馆代为介绍。

f. 在国外刊登广告。

g. 参加各种机构举办的商展。

h. 到国外设立办事处或分（子）公司。

③利用电子交易平台或建立自己的网站

（2）对客户进行调查研究

通过上述渠道获得客户之后，还必须对客户进行调查研究。一般说来，商务企业对国外客户的调查研究主要包括以下内容：

①客户政治情况。主要了解客户的政治背景、与政界的关系、公司企业负责人参加的党派及对我国的政治态度。

②国外企业的组织机构情况。包括企业的性质、创建历史、内部组织机构、主要负责人及担任的职务、分支机构等。

③客户经营业务范围。主要是指企业生产或经营商品的品种、业务范围、经营的性质，以及是否与我国企业有过业务往来。

④客户资信情况。包括客户拥有的资本和信誉两个方面。资本指企业的注册资本、实有资本、公积金、其他财产以及资产负债等情况。信誉指企业的经营作风。

⑤客户经营能力。主要包括客户每年的营业额、销售渠道、经营方式以及在当地和国际市场上的贸易关系等。

出口商可以通过与客户的直接接触，或通过政府机构、银行、商会、咨询公司等多种渠道全面了解客户的政治情况、资信状况及其经营范围、经营能力、经营作风等，从而选择政治上友好、资信状况良好、经营能力较强的客户作为交易对象并与之建立稳定的贸易关系。另外，出口商还要注意不断扩大客户的范围，尽量避免因对少数客户的过分依赖而使自己陷入被动。

（二）国际市场调研信息的收集途径

国际市场调研是复杂细致的工作，须有严格、科学的程序和方法。企业对国际市场调研获取的资料，按其取得的途径不同，一般分为两类：一类是通过自己亲自观察、询问、登记取得的，称为原始资料；另一类是别人搜集到的，调查者根据自己研究的需要，将其取来为己所用，称为二手资料。人们称这两类资料的获取方法为案头调研法和实地调研法。

1. 案头调研法

案头调研法就是第二手资料调研或文献调研,它是以在室内查阅的方式搜集与研究项目有关资料的过程。第二手资料的信息来源渠道很多,如企业内部有关资料、本国或外国政府及研究机构的资料、国际组织出版的国际市场资料、国际商会和行业协会提供的资料等等。

2. 实地调研法

实地调研法是国际市场调研人员采用实际调研的方式直接到国际市场上搜集情报信息的方法。采用这种方法搜集到的资料是第一手资料,也称为原始资料。实地调研常用的调研方法有三种:询问法、观察法和实验法。

比如,企业进行国外市场环境、商品及营销情况调查,一般可通过如下渠道、方法进行:

①派出国推销小组深入国外市场,以销售、问卷、谈话等形式进行调查(一手资料)。

②通过各种媒体(报纸、杂志、新闻广播、计算机数据库等)寻找信息资料(二手资料)。

③委托国外驻华或我国驻外商务机构进行调查。

通过以上调查,企业基本上可以解决应选择哪个国家或地区为自己的目标市场、企业应该出口(进口)哪些产品,以及以什么样的价格或方法进出口等问题。

(三)进行国际市场细分

所谓国际市场细分,是指企业按照一定的细分标准,把整个国际市场细分为若干个需求不同的子市场,其中任何一个子市场中的消费者都具有相同或相似的需求特征,企业可以在这些子市场中选择一个或多个作为其国际目标市场。

世界上有众多的国家,企业究竟进入哪个(或哪些)国家的市场最有利,这就需要根据某种标准(如经济、文化、地理等)把整个市场分为若干子市场,每一个子市场具有基本相同的营销环境。企业可以选择某一个或某几个国家作为目标市场。这种意义上的国际市场细分称为宏观细分。宏观细分是微观细分的基础,因为企业首先确定进入哪个或哪些国家,然后才能进一步在某国进行一国之内的市场细分。国际市场宏观细分的标准有地理标准、经济标准、文化标准和组合法等。

国际市场的宏观细分是整个国际市场细分过程中的第一步,因为只有在宏观细分的基础之上,才能进行下一步一国之内的微观细分。企业进入某一国外市场后,由于该国的顾客需求也是千差万别的,企业不可能满足该国所有顾客的需求,而只能将其细分为若干个子市场,满足一个或几个子市场的需求,这种含义上的国际市场细分叫作微观细分。微观细分类似于国内市场细分,即当企业决定进入某一国外市场后,它会发现当地市场顾客需求仍有差异,需进一步细分成若干市场,以期选择其中之一或几个子市场为目标市场。这种一国之内的细分标准即是国内市场细分标准,例如消费品市场有地理环境、人口状况、消费者心理、购买情况四大标准;工业品市场有地理环境、用户状况、需求特点和购买行为四大标准。

(四)进行国际市场选择

在市场细分的基础上,企业要对有可能成为目标市场的国家和地区,结合企业自身

的市场进入能力进行再评估,可围绕以下几方面来考虑:

1. 企业拥有的产品情况

市场竞争的主要表现之一是产品竞争,如果企业拥有了某种适销对路的优良产品,也就拥有了进入某一国家或地区市场的基本条件。这就要求企业所研制、开发、生产和推销的产品要与所选择的目标市场国家的发展阶段相一致,从而保证该产品在该国市场的销售潜力,保证企业的赢利能力。

2. 企业具备的竞争实力

企业要在目标市场上获得成功,就必须拥有与竞争对手相抗衡的实力。这除了产品因素外,还包括营销组合的其他因素,如价格、分销渠道和促销能力等。国际市场营销活动是企业总体竞争实力的相互较量。

3. 企业相应的财力资源

相对充裕的资金供应是企业开展国际营销活动的保证。资金运用范围包括将产品从本国运至国际市场的运输费及其他开支、延期付款的风险、保险费用和新的投资追加等。在不同国家开展营销活动时,所需要的财力支持的力度是不同的,资金应用范围也有差异。

4. 企业特有的生产能力

企业在选择目标市场时,需考虑本企业是否具有目标市场所需产品的生产能力;所生产的产品是否符合国际目标市场所要求的技术标准;对不同目标市场的生产活动能否给予有效的协调等。对这些问题都要给予应有的考虑。

5. 企业可选择的分销渠道

在影响企业的国际市场营销活动各因素中,各国不同的分销渠道模式的作用是显著的。美国、日本及一些发展中国家的渠道结构表现出很大的差异,而企业能否用好这些国家的营销渠道,也是企业在选择目标市场时所必须顾及的一个重要方面。

通过对以上几个方面的综合分析与评估,企业可进行目标市场的选择与淘汰,最终确定一个或若干个目标市场来开展其国际营销活动。

三、制定出口商品经营方案

出口商品经营方案是出口商对外洽商交易的依据,它实际上就是出口商在一定时期内对外推销某种或某类商品的具体安排。出口商品经营方案的主要内容包括国内货源情况,国外市场情况,有关国家或地区的进口管制和关税情况,对其他国家和地区出口计划的初步安排,对客户、贸易方式、运输方式、收汇方式的选择,对价格与佣金的掌握以及对出口经济效益的核算,另外还要对出口过程中可能遇到的问题作出估计,并提出解决关键问题的方法。

在出口商品经营方案中一定要尽可能地对商品出口的经济效益进行核算。各种经济效益指标有助于出口商判断出口是否有利,从而决定是否出口、出口多少以及如何掌握出口商品价格。核算中最常用的两个指标是出口盈亏率与出口换汇成本。出口换汇成本越高,出口商品的盈利率就越低,亏损率就越高;而如果换汇成本降低,则出口盈利率就会提高,亏损率就会降低。

出口商通过对同类商品不同时期出口盈亏率和换汇成本的比较,可以改进经营管理,而通过对同类商品出口到不同国家和地区的出口盈亏率与换汇成本进行比较,则可以更好地选择市场。

在国际货物贸易中,对大宗或重点推销的商品,出口商通常要逐个制定经营方案,对一般商品只需按大类制定经营方案,而对一些中小商品或成交额不大的商品,制定简单的价格方案即可。

四、落实货源或制定出口商品生产和营销计划

作为生产企业在制定出口商品经营方案的同时,应按不同商品的具体情况,及时根据经营方案对备货资金及生产加工做好安排。

外贸公司应通过核实企业法人登记注册情况,解读供应商和生产企业财务审计报告,了解企业生产经营能力及经营条件,测算企业实际生产能力等来选择合格的作为供应商,及早落实货源的收购、调运,或制订出口商品生产和营销计划。

五、做好出口商品的商标注册和广告宣传工作

外贸公司要注意加强商标管理,在进入某个市场前要及时将自己出口货物的商标按市场所在国的有关法规向有关部门申请注册。商标注册的有效期一般为十年,如期满可以续展注册。

在交易前,为了扩大产品知名度,增加销量,出口商可以委托国外的代理人或广告商,或是由自己亲自通过广播、电视、报刊等大众传播媒介,或通过举办展览、印发宣传品等各种方式,将产品的用途及突出特点介绍给特定市场上的消费者,力求加深消费者对商品的印象。

任务二   进口交易前的准备工作

【知识目标】

了解进口交易前的准备工作。

【技能目标】

会进行进口交易前的准备工作。

【引导案例】

我国某外贸公司向国外一新客户订购一大批初级产品,按 CFR 中国天津新港、即期信用证付款条件达成贸易,合同规定由卖方以程租船方式将货物送交我方。我开证

银行也凭国外议付行提交的符合信用证规定的单据付了款,但装运船只却一直未到目的港。后经多方查询,发现承运人原来是一家小公司,而且在船舶起航后不久已宣告倒闭,承运船舶是一条旧船,船、货均告失踪。此系卖方与船方互相勾结进行诈骗,导致我方蒙受重大损失。

请问:我方公司应从中吸取什么样的教训?

案例分析

我方公司之所以遭受重大损失是由于在贸易前没有做好充分的准备,缺乏对客户的调查研究。在国际贸易中,不法商人与船方互相勾结进行诈骗的事件屡有发生。这次交易使我方遭受钱货两空的损失,我方公司应从中吸取以下教训:(1)从事进口业务的过程中,对客户资信的了解相当重要。在信用证支付方式下,开证行仅凭单据议付,所以与新客户做大宗买卖时,更应对对方资信作深入的调查了解,以防上当受骗。(2)CFR条件是卖方租船、买方办理保险,这对买方来说有一定风险。对于大宗初级产品的进口交易,进口方应充分考虑货物交付和运输等方面的风险,应争取按FOB条件成交。若按CFR条件成交,为减少风险,买方可指定装运船只的船名或所属的船公司。

企业进行进口交易前,和出口交易一样,也必须做好一系列的准备工作:

一、开展市场调查研究

(一)国内市场调研

进口商在进行进口贸易前,首先必须对国内市场情况有充分了解。国内市场调研内容主要包括:

1.对国内市场上某拟进口产品需求情况和用户信息调研

从我国目前大量进口贸易来看,绝大多数商品是进口商从国外买断经营,进口商承担了较大的经营风险。进口商品报送进入国内市场销售开始后,如果出现了不适应市场、滞销,甚至无人问津等情形,进口商就要面临非常艰难的选择。所以进口商必须树立进口风险意识,充分重视市场调研,了解进口产品国内需求情况和用户信息。

2.对进口某产品相关的国内政策和管理规定调研

目前,中国主要运用法律手段和经济调控手段,并辅以必要的行政手段来实行对外贸易管理。法律手段,主要包括《中华人民共和国对外贸易法》《中华人民共和国海关法》和《中华人民共和国进出口商品检验法》等;经济手段,如我国现行的汇率制度及相关管理规定,我国进出口贸易税收制度、信贷制度及相关管理规定等;行政手段,如进出口贸易经营权管理、进出口配额许可证规定、进出口货物原产地规则等。进口商应充分了解拟进口商品相关的国内政策和管理规定。

(二)国际市场调研

对进口商品的国际市场调研,主要涉及以下内容:

(1)对进口商品供应地的调研,重在考察该国(地区)的政治稳定性、经济发展水平、法律环境、与我国的政治经济关系等。

(2)对供应商的调研,重在考察其供应能力,即其商品质量、正常供货、价格、售后服务以及金融资信等的可靠性。

(3)对国际市场价格的调研。

(4)对进口商品的调研,包括商品的中外文名称、品质、规格、包装、生产国别、厂商名称、用途、商标使用等。

二、选择合适的采购市场与供货商

进口商在选择采购市场时,应对不同可供货的国家和地区的生产技术与工艺的先进程度及产品的性能进行比较,以便选择能满足我国需要、适合我国技术条件、价格合理的商品。选择供货商与选择出口交易对象的原则是相同的,但应特别注意对方所提供的商品是否先进、适用,交易条件是否对我方有利,从众多的供货商中选择最理想的供货商。

三、制定进口商品经营方案

进口商品经营方案是进口商对外采购商品的主要依据,是对一段时期内进口业务的具体安排。凡是要进口大宗或重要的商品,一般都要提前制定进口经营方案,根据商品的特点、国内要货情况、国际市场价格趋势及进口企业的资金情况,适当安排订货数量、交货时间、采购市场、供货商、贸易方式,并对价格及其他交易条件做出初步规定,还要对进口经济效益进行核算。如果因为掌握资料有限,难以在交易开始之前制定完整的进口经营方案,也可以在交易磋商的过程中制定或完善该方案。对中小商品的进口,一般只需制定一个比较简单的价格方案。

需要注意的是,有些商品的进口是受政府管制的,必须先从有关机构取得进口许可证,方能办理有关进口手续。另外,如果某国内用货企业还没有自营进口的权利,则它必须先与有进口经营权的企业签订代理进口合同,由后者代其进口其所需货物。

四、建立业务联系

(一)寻找进口商的方法

寻找潜在进口商可以从以下几种途径着手:

1. 直接发布网络信息

可在自己的网站、行业网站、国内外贸易门户网站或平台上发布购销信息。

2. 多方推介

包括自我介绍,请国外银行、请我驻外使馆商务处或外国驻华使馆介绍合作对象,通过参加国内外展览会或贸易会、利用国内外专业咨询公司等方法获得推介。

3. 网络搜寻法

通过搜索引擎搜索相关信息,或搜寻专业网站寻找合作伙伴。

(二)与潜在进口商联系并建立关系

通过上面方式寻找到潜在进口商的公司名称和联系方式后,就可以通过以下两种途径与之建立业务关系:其一,派出代表到进口商所在国接洽贸易对象;其二,通过函电或发送资料的方式建立联系。

目前,通过信函联系已成为进出口贸易中交易双方的主要联系方式。以这种联系方式建立业务关系的基本步骤如下:

1. 向客户表述建立业务联系的愿望

一般要说明信息来源、写信的目的,并且还要表明希望早日得到答复。

2. 公司介绍

比较完整的公司介绍一般包括以下内容:经营范围(经营哪些产品)、经营方式(一般进出口或来料加工等)、经济实力(经营历史或市场竞争力)、公司名称地址等信息。

3. 资信调查

(1)对贸易伙伴的资信调查主要涉及三个方面:

①商业道德(Character)。主要指商业伦理道德、经营方针和经营手段。

②经营能力(Capacity)。指业务状况、经营能力,以及公司的发展前景。

③资金实力(Capital)。

(2)信用调查的具体内容:

①企业概要。包括企业背景,即性质、历史、隶属关系、经营范围、股东资料及主要负责人、特别事件等;经营状况。

②付款记录。

③财务状况。

④银行往来,即开户日期、账户往来情况、通常存款余额、最高信用额度、抵押贷款记录、拒付记录等。

(3)进行信用调查的渠道:

①国内往来银行。

②中国国际商会或进出口同业公会。

③国外专业资信调查机构。

④政府驻外国使领馆及其商务官员。

⑤与其有贸易往来、合资、合作的客户。

进行信用调查要注意所取得资料的时间,注意动态调查。

此外,还有一些其他进口准备工作,如办理进口相关手续,取得进口经营权或委托进口代理,办理海关登记注册,申请进口配额和进口许可证,报批用汇计划,等等。

项目三
进出口合同的洽商和订立

任务一　进出口交易的磋商

【知识目标】

掌握《联合国国际货物销售合同公约》(以下简称《公约》)对交易磋商诸环节的有关规定。

【技能目标】

编写正确的英文询盘、发盘、还盘与接受函电。

【引导案例】

我国某进出口公司向国外某商人发出询盘,询购某商品,不久,我方收到对方 8 月 15 日的发盘,发盘有效期至 8 月 22 日。我方于 8 月 20 日向对方复电:"若价格能降至 56 美元/件,我方可以接受。"对方未作答复。8 月 21 日我方得知国际市场价格上涨,于当日又向对方去电表示完全接受对方 8 月 15 日的发盘。

请问:我方的接受能否使合同成立? 为什么?

✗ 案例分析

我方的接受不能使合同成立。因为,我方在 8 月 20 日曾向对方复电:"若价格能降至 56 美元/件,我方可以接受。"该复电已构成了还盘。该还盘一经做出,原发盘即告失效。所以,当我方 8 月 21 日得知国际市场行情有变,向对方表示的接受已不具有效力。因此,我方的接受不能使合同成立。

思考:询盘、发盘、还盘、接受是什么含义? 它们之间是什么关系? 一笔交易是如何达成的? 怎样才能顺利达成一笔交易?

买卖双方订立合同一般都要进行讨价还价,订立合同的过程也就是交易磋商的过程。交易磋商是指买卖双方就某项商品的交易条件进行协商以求得一致意见、达成交易的整个过程。交易磋商在形式上可分口头和书面两种。口头磋商主要是指通过参加各种博览会、交易洽谈会、随团出访、邀请外商来访等面对面的谈判形式以及双方通过电话进行的交易磋商。书面磋商是指通过信件和数据电文(包括电报、电传、传真、EDI、电子邮件)等方式进行磋商交易。通过口头洽谈或书面磋商,双方就交易条件达成一致后,即可制订正式的书面合同。

交易磋商的内容涉及拟签订买卖合同的各项条款,包括品名、品质、数量、包装、价格、装运、保险、支付以及商检、索赔、仲裁和不可抗力因素等。在实际业务中,商检、索赔、仲裁、不可抗力等条款通常作为一般交易条件印在合同的固定格式上,只要对方没有异议,就不必逐条重新协商、列出。

交易磋商的程序可概括为四个环节:询盘、发盘、还盘和接受。其中,发盘和接受是每笔交易必不可少的两个环节。

一、询盘

(一)询盘的定义

询盘(Inquiry)是指交易的一方向另一方询问是否买进或卖出某商品以及要求什么样的交易条件的口头或书面表示,主要是为了试探对方对交易的诚意和了解其对交易条件的意见。询盘的内容可涉及价格、品名、品质、数量、包装、交货期以及索取商品目录、价目单、样本或样品等。询盘可由买方发出,买方询盘又叫递盘(Bid),也可由卖方发出,卖方询盘又叫索盘(Selling Inquiry);可采用口头方式,亦可采用书面方式。目前业务中采用传真和电子邮件方式进行询盘较为普遍,随着信息网络技术的发展,利用商务网络询盘将成趋势。

(二)询盘的法律效力

询盘是一种内容不明确、不肯定、不全面或附有保留条件的建议,这种建议具有邀约性质,因此,对双方均没有法律约束力。询盘不是每笔交易必需的,有时未经询盘可直接向对方发盘,但它往往是交易的起点,因而不能忽视。

(三)询盘的内容

询盘的内容可详可简,没有固定格式,它可以涉及交易商品的品质、规格、数量、包装、价格、交货期、运输方式等交易条件,也可以涉及向对方索取样品、样本和商品目录等。因实践中询盘多数是询问价格的,所以又称询价。

在国际贸易业务中,通常采用下列一类词语来表示询盘,如:

请发盘……　　　 Please Offer…

请告知……　　　 Please Advise…

请报价……　　　 Please Qouote…

对……感兴趣,请…… 　　Interested in…Please…

例："对中国松香 WW 级有兴趣,请报价。"

"Interested in WW Grade,Chinese Rosin please offer."

"可供 BD850 试验台,请递盘。"

"Can supply Test Bench Model BD850，please bid."

"请报三枪牌自行车 1000 辆 CIF 科隆最低价 12 月装运,请速复。"

"Please quote lowest price CIF Colon 1000 pieces THREE GUNS brand bicycles December shipment,cable immediately."

(四)询盘时应注意的事项

询盘的对象应事先有所选择,除因用货单位订购特定的产品,只能向指定的产品生产厂家询盘外,一般可根据以往的业务资料,或者通过其他查询渠道,选择适当的交易对象进行询盘。交易对象的多少,应根据产品和交易的具体情况确定,既不宜在同一地区多头询盘,影响市场价格,也不宜只局限于个别客户而无法进行比较、选择。对数量较大的进口或出口,应适当安排采购或销售进度,以免对方抬价或压价,造成不必要的浪费。在询盘中要注意策略,一般不宜过早透露真实意图,以免处于不利地位,但对货物品种、规格、型号、技术等信息务求翔实。

【微型案例 3-1-1】

2014 年 7 月 2 日买方询盘:对 2014 年产山东大粒花生仁有兴趣,请报 CIF 汉堡最低价格 12 月装运。

该询盘对双方有约束力吗?

二、发盘

(一)发盘的定义

发盘(Offer)是指交易的一方(发盘人)向另一方(受盘人)提出购买或出售某种商品的各项交易条件,并表示愿意按这些条件与对方达成交易、订立合同的行为。

发盘既是商业行为又是法律行为,在合同法中称为要约。发盘可以是应对方的询盘做出答复,也可以是在没有询盘的情况下直接发出。发盘由卖方发出的称售货发盘;若由买方发出,则称购货发盘或递盘(Bid)。一项有效的发盘一经对方接受,发盘人就有义务按发盘中所规定的条件与对方订立合同;而受盘人有权利在发盘的有效期内要求对方按发盘中所规定的条件与之签订合同。

(二)构成有效发盘的条件

根据《联合国国际货物销售合同公约》(以下简称《公约》)第 14 条第一款解释:构成一项发盘应具备四个条件:

1. 发盘必须向一个或一个以上特定的人提出

即发盘必须指定可以表示接受的受盘人。《公约》规定:非向一个或一个以上特定的人提出建议,仅应视为发盘的邀请,除非提出建议的人明确表示相反的意向。特定的人是指发盘必须指定受盘人。受盘人可以指定一个,也可以指定多个。但是,不指定受盘人的发盘,只能构成"发盘的邀请",不是有效的发盘。例如,出口商向国外大批客户寄发商品目录或价目单,虽也含有"欲与对方订立合同"的意思,但因其最直接的目的是为了邀请对方向自己发盘,因而不属于有效的发盘;在报刊上登载广告或向社会公众宣传推销商品,因不是向特定的人提出也不构成发盘。

2. 发盘的内容须十分确定

《公约》规定,所谓"十分确定"即发盘中所列的条件必须是完整、明确和最终的。《公约》规定,发盘至少包括三个要素:①标明商品的名称;②明示(或默示)地规定商品的数量或规定如何确定商品数量的方法;③明示(或默示)地规定商品的价格或规定如何确定商品价格的方法。也就是说,根据《公约》规定,一项发盘只要包括商品的名称、数量和价格(或数量、价格的确定方法)就属于"内容是完整的"。我国的外贸实务中,一般都在发盘中列明商品名称、品质、规格、数量、包装、价格、交货和支付等主要条件。一旦对方接受,便可据以制订详细的书面合同。这样做既有利于减少事后的争议,也有利于合同的订立和履行。

3. 表明经受盘人接受发盘人即受约束的意思

指发盘人在发盘后,如果受盘人表示接受,双方即按发盘的内容订立合同,发盘人不得更改和拒绝。若发盘中附有保留条件,如"以我方最后确认为准",或"有权先售"等,则此建议不能构成发盘,只能视为邀请发盘(Invitation for Offer)。

4. 发盘必须送达受盘人

根据《公约》的规定,发盘于送达受盘人时生效。如发盘在传递中遗失以致受盘人未能收到,则该发盘无效。

(三)发盘的有效期

发盘的有效期(Time of Validity 或 Duration of Offer)是指发盘中规定受盘人做出接受的期限。在进出口贸易中,发盘通常都规定有效期,超过了规定的有效期限,发盘人就不再受该发盘的约束。

在实际业务中,发盘有效期的规定方法通常有以下两种:

1. 明确规定有效期

明确规定有效期并非构成发盘不可缺少的条件。

(1)规定最迟接受的期限

规定最迟接受期限时,可同时限定以接受送达发盘人及以发盘人所在地的时间为准,如"发盘限 6 月 15 日复到有效"。由于进出口双方所在地时间多存在时差,所以发盘中应明确以何方所在地时间为准。一般情况下以发盘人所在地时间为准,如"发盘有效至我方时间星期五"。

(2)规定一段接受期间

采用这种方法存在一个如何计算"一段接受期间"的起讫问题(见《公约》第 20 条的规定)。计算有效期的起止时间一般依据《公约》的规定,发盘人在电报或信件中订立的接受期间,从电报交发时刻或信封上载明的发信日期(无发信日期则依据信封上的邮戳日期)起算。发盘人以电话、电传或其他可立即传达到对方的方法订立的接受期间,从发盘到达受盘人时起算。在计算接受期间时,正式假日或非营业日应计算在内。但是,如果接受期间的最后一天在发盘人的营业所在地是正式假日或非营业日,而导致接受通知未能送达发盘人地址,则接受期限应顺延至下一个营业日。

【微型案例 3-1-2】

H 公司有一批羊毛待售,4 月 2 日公司销售部以信件的形式向某市第一纺织厂发出要约,将羊毛的数量、质量、价格等主要条款做了规定,约定若发生争议将提交某仲裁委员会仲裁,并特别注明希望在 15 日内得到答复。但由于工作人员疏忽,信件没有说明要约的起算日期,信件的落款也没有写日期。

4 月 4 日公司人员将信件投出,4 月 17 日纺织厂收到信件。恰巧纺织厂急需一批羊毛,第二天即拍发电报请 H 公司准备尽快发货。邮局于 4 月 19 日送达 H 公司。不料 H 公司却在 4 月 18 日由于未收到纺织厂的回信,已将羊毛卖给另一纺织厂。第一纺织厂几次催货未果,向仲裁委员会提请仲裁,要求 H 公司赔偿其损失。

试对此案例进行分析。

2. 未明确规定有效期

应理解为在合理时间(Reasonable Time)内有效。"合理时间"应视交易的具体情况而定,一般按惯例处理。

口头发盘应当场表示接受。《公约》规定:采用口头发盘时,除发盘人发盘时另有声明外,受盘人只有当场表示接受方为有效。

【微型案例 3-1-3】

法国商人到我处访问时,我方业务员向他口头发出实盘,客户当时未回复,客户回到本国后认为此价格合理,又表示接受,我方拒绝,可否?

发盘人在规定有效期时要注意:

(1)要根据商品的特点和采用的通讯方式来合理确定。一般来说,对大宗交易和价格变化快的商品,有效期应短一点;反之,应长一点,一般不超过 5 天。

(2)有效期要具体明确,尽量避免"尽快答复"之类的词句。

(3)最好明确有效期的期限。

(四)发盘的生效

发盘生效的时间有各种不同的情况:

(1)以口头方式做出的发盘,其法律效力自对方了解发盘内容时生效。

(2)以书面形式做出的发盘,确定其生效时间的不同原则有:

①投邮主义(Despatch Theory)或发信主义,即认为发盘人将发盘发出的同时,发盘就生效。

②到达主义(Arrival Theory)或受信主义,即认为发盘必须到达受盘人才生效。按照《公约》第 15 条的解释,"发盘于送达受盘人时生效",就是说发盘在到达受盘人时立即生效。

《公约》和我国《合同法》以到达主义为发盘生效的标准。

(五)发盘的撤回和撤销

发盘的撤回是指发盘生效之前解除发盘效力的行为。由于英美采用投邮生效原则,因此发盘发出之后是不能撤回的。但在采用到达主义生效原则的国家,发盘在到达受盘人之前,并不对发盘人产生约束力,因此,发盘发出之后,在其到达受盘人之前,发盘人可以改变主意将其撤回。按照《公约》第 15 条第 2 款的规定:一项发盘,只要撤回的通知在发盘到达受盘人之前或同时到达受盘人,即使此发盘是不可撤销的,也可以撤回。要做到这一点,发盘人必须以更快的通讯方式使撤回的通知赶在发盘到达受盘人之前或同时到达受盘人。

发盘的撤销不同于撤回,它是指发盘生效后,发盘人再解除其效力的行为。《公约》第 16 条规定:第一,在未订立合同之前,发盘可以撤销,只要撤销的通知在受盘人发出接受通知之前送达受盘人。第二,但在下列情况下,发盘不得撤销:①发盘中写明了发盘的有效期或以其他方式表明发盘是不可撤销的;②受盘人有理由信赖该发盘是不可撤销的,而且受盘人已本着对该发盘的信赖行事,如寻找用户、组织货源等。因为这种情况下,发盘人再撤销发盘会造成较严重的后果。

(六)发盘的失效

一项发盘在以下几种情况下会失去效力:

(1)受盘人做出还盘。

(2)发盘人在发盘到达受盘人之前撤回发盘。

(3)发盘人依法撤销发盘。

(4)发盘中规定的有效期届满而仍未被接受。

(5)人力不可抗拒的意外事故造成发盘的失效。

(6)在发盘被接受前,当事人丧失行为能力(如得精神病等),或死亡或法人破产等。

(七)我国对外贸易中发盘的习惯做法

鉴于当前各国对发盘的约束力存在较大的分歧,为避免在这个问题上产生争议,引起不必要的纠纷,我国各进出口公司根据外贸业务的经验把发盘分为虚盘和实盘。

虚盘是发盘人有保留地愿意按一定条件达成交易的一种表示。虚盘对发盘人无约束力,一般情况下,多数报盘均为虚盘。虚盘不规定报盘的有效期,并且附有保留条件,如"该报盘以我方最后确认为准/是否事先售出为准"。

实盘的主要特点是,在规定的有效期内,对发盘人具有约束力,发盘人不得撤销或修改实盘的内容。实盘一旦被接受,发盘人就不能撤销。实盘必须具备以下几个条件:

①实盘的内容必须是完整和明确的。

②实盘的内容必须是肯定的。

③实盘必须规定有效期。

【小资料 3-1-1】

对于发盘生效后能否撤销的问题,各国合同法的规定有较大分歧。英美等国采用的普通法认为,发盘在原则上对发盘人没有约束力,在接受做出之前,发盘人可以随时撤销发盘或变更其内容,例外的情况是,受盘人给予了"对价",或者发盘人以签字蜡封的特殊形式发盘。但美国在《统一商法典》中对上述规定作了修改,承认在一定的条件下(发盘人是商人,以书面形式发盘,有效期不超过三个月)无对价的发盘亦不得撤销。大陆法中的德国法认为,发盘原则上对发盘人有约束力,除非他在发盘中已表明不受其约束。法国法虽然允许发盘人在有效期内撤销其发盘,但判例表明,他须承担损害赔偿的责任。

【微型案例 3-1-4】

对[微型案例 3-1-1]中 7 月 2 号买方询盘,卖方于 7 月 8 日发盘如下:

2014 年 7 月 2 号有关询问 2014 年产山东大粒花生仁 CIF 汉堡价的电子邮件已收悉。今日上午电子邮件报价:2014 年产山东大粒花生仁 300 公吨,每公吨 CIF 汉堡价为 1000 美元。于 2014 年 11 月装运。以上实价需由贵公司于 2014 年 7 月 16 日前回复确认有效。

请问,该发盘对于发盘人具有约束力吗?

三、还盘

(一)还盘的定义

还盘(Counter Offer)是指受盘人在接到发盘后,不同意或不完全同意发盘人在发盘中提出的条件,为了进一步协商,向发盘人提出需要变更内容或建议的表示。还盘可以用口头方式或书面方式表达出来,一般与发盘采用的方式相符;还盘通常是针对价格、品质、数量、交货时间及地点、支付方式等重要条件提出修改意见。

(二)还盘的法律效力

从法律上讲,还盘并非交易磋商的必要环节。还盘是对原发盘的拒绝。还盘一经做出,原发盘即失去效力,发盘人不再受其约束。一项还盘等于是受盘人提出的一项新的发盘。还盘做出后,还盘者由原来的受盘人变成新的发盘人,而原发盘人则变成了新的受盘人。有时一项交易须经多次还盘,才达成最后的协议,订立合同。

【微型案例 3-1-5】

对[微型案例 3-1-4]中的发盘,买方于 7 月 14 日还盘如下:

贵方 7 月 8 日的 2014 年产山东大粒花生仁报价,我方认为较市场价偏高,如果你们降为每公吨 950 美元 CIF 汉堡我方可接受。

试分析该还盘的法律效力问题。

四、接受

(一)接受的含义

所谓接受(Acceptance),是指受盘人接到对方的发盘或还盘后,无条件地、完全同意对方提出的条件,愿意与对方达成交易的表示。接受如同发盘一样,既属于商业行为,也属于法律行为。接受产生的重要法律后果是交易达成,合同成立。

(二)构成接受的条件

1. 接受必须由受盘人做出

发盘必须向特定的人发出,即表示发盘人愿意按发盘中提出的条件与对方订立合同。因此,接受只能由受盘人做出,才具有效力。

2. 接受的内容必须与发盘相符

根据《公约》的规定,有效接受应是同意发盘所提出的各项交易条件。只接受发盘中的部分内容,或对发盘的内容作了"实质性变更"的,在法律上称为有条件的接受,属于还盘。什么叫"实质性变更"? 根据《公约》的规定,有关货物价格、付款、货物质量和数量、交货地点和时间、一方当事人对另一方当事人赔偿责任范围或解决争端的条款的添加或变更,均视为实质性变更。

3. 必须在有效期内接受

发盘中通常都规定有有效期。这一期限有双重意义:一方面它约束发盘人,使发盘人承担义务,在有效期内不能任意撤销或修改发盘的内容,过期则不再约束。另一方面,它也约束受盘人,只有在有效期内做出接受,才有法律效力。如发盘中未规定有效期则应在合理时间内接受方为有效。

在进出口贸易中,由于各种原因,导致受盘人的接受通知有时晚于发盘人规定的有效期送达,在法律上称为"迟到的接受"。迟到的接受不具有法律效力,发盘人一般不受其约束。但是《公约》第21条规定过期的接受在下列两种情况下仍具有效力:①如果发盘人毫不迟延地用口头或书面形式将表示同意的意思通知受盘人;②如果载有逾期接受的信件或其他书面文件表明,它在传递正常的情况下是能够及时送达发盘人的,那么这项逾期接受仍具有接受的效力,除非发盘人毫不迟延地用口头或书面方式通知受盘人,他认为发盘已经失效。因此,在接受迟到的情况下,不论受盘人有无责任,决定该接受是否有效的主动权在发盘人。

4. 受盘人表示接受,要采取声明的方式

按照《公约》的规定,接受必须用声明或行为表示出来。声明包括口头和书面两种方式。一般说来,发盘人以口头发盘,受盘人即以口头表示接受;发盘人如果以书面形式发盘,受盘人也以书面形式来表示接受。除了以口头或书面声明的方式接受外,还可以以行为表示接受。《公约》中规定:"如果根据该项发盘或者依照当事人之间确立的习惯做法或惯例,受盘人可以做出某种行为,例如与发运货物或支付货款有关的行为,来表示同意。"

(三)接受的生效与撤回

1. 接受的生效

接受是一种法律行为,这种行为何时生效,各国法律有不同的规定。对于书面形式的发盘,《公约》采纳的是"到达生效"的原则,在第18条中明确规定"接受发盘于表示同意的通知送达发盘人时生效"。如果双方以口头方式进行磋商,受盘人如果同意对方的口头发盘,应马上表示同意,接受也随即生效。但如果发盘人有相反的规定,或双方另有约定则不在此限。此外,对于以行为表示接受,《公约》规定,接受于该项行为做出时生效,但该项行为必须在规定的期限内做出。有的国家坚持书面声明生效,有的甚至坚持书面合同签字时生效。

2. 接受的撤回或修改

关于书面接受的撤回问题(Withdrawal),由于《公约》采用的是到达生效原则,因而接受通知发出后,受盘人可以撤回其接受。但条件是他须保证使撤回的通知不晚于接受通知到达发盘人。如果按照英美法"投邮生效"的原则,接受一经投邮立即生效,合同就此成立,也就不存在接受的撤回问题。

【小思考 3-1-1】

为什么说发盘和接受是每笔交易必不可少的两个环节?

任务二　进出口贸易合同的订立

【知识目标】

了解合同的形式和内容。

理解合同成立的条件。

【技能目标】

能草拟进出口贸易的书面合同。

【引导案例】

我国 A 公司于 2013 年 7 月 16 日收到法国巴黎 B 公司发盘:"马口铁 500 公吨,每吨 545 美元 CFR 中国口岸,8 月份装运,即期信用证支付,限 20 日复到有效。"我方于 17 日复电:"若单价为 500 美元 CFR 中国口岸可接受 500 公吨马口铁,履约中如有争议在中国仲裁。"法国 B 公司复电:"市场坚挺,价格不能减,仲裁条件可接受,速复。"此时马口铁价格确实趋涨。我方于 19 日复电:"接受你 16 日发盘,信用证已由中国银行开立,请确认。"但法商未确认并退回信用证。

试问:合同是否成立?

案例分析

合同不能成立。理由是 B 公司 16 日发盘经 A 公司 17 日还盘已失效。

在进出口贸易业务中,合同起着十分重要的作用。业务活动的各个环节,几乎都是按照合同的内容履行的,合同对交易的主体具有法律的约束力。所以说,签订合同是进出口业务的基本环节。此外,国际贸易合同限于其特殊性,与一般的国内贸易合同又有所不同。

一、国际贸易合同

(一)合同的一般概念

合同是指两个或两个以上的当事人,以发生、变更或消除某种民事法律关系为目的而达成的协议。

(二)国际货物买卖合同的概念

国际货物买卖合同,是营业地在不同国家的当事人之间订立的就一方(卖方)将特定货物交付给另一方(买方),另一方收取该货物并支付货款的有关事项的协议。

国际货物买卖合同的三要素包括:主体、客体、内容。

合同的主体是指合同权利义务关系的承担者,也就是合同双方当事人。国际货物买卖合同的主体即进口方和出口方。

合同的客体是合同的标的,是合同当事人权力和义务共同指向的对象。标的是合同成立的必要条件,没有标的,合同不能成立。国际货物买卖合同的标的是货物。

合同的主要内容,即主要的权利和义务。国际货物买卖合同的主要内容包括卖方交付货物、买方收取货物和支付价款等。

(三)合同成立的时间

根据《公约》的规定,接受送达发盘人时生效。接受生效的时间实际上就是合同成立的时间。

在实际业务中,有时当事人约定,合同成立的时间以订约时合同上所写明的日期为准,或以收到对方确认合同的日期为准。

二、国际贸易合同有效成立的条件

发盘经过对方有效接受,合同即告成立。但是合同是否具有法律效力,还要看其是否具备一定的条件,不具法律效力的合同是不受法律保护的。因此,合同有效成立所具备的条件是业务人员必须了解和掌握的。一份合法有效的合同必须具备下述特征:

(一)当事人必须在自愿和真实的基础上达成协议

买卖合同必须是双方自愿的,任何一方都不得把自己的意志强加给对方,不得采取欺诈或胁迫的手段。

【小资料3-2-1】

《中华人民共和国合同法》第4条规定:"当事人依法享有自愿订立合同的权利,任何单位和个人不得非法干预。"第54条第2款规定:"一方以欺诈、胁迫的手段或者乘人之危,使对方在违背真实意思的情况下订立的合同,受损害方有权请求人民法院或者仲裁机构变更或者撤销。"

(二)当事人应具有相应的行为能力

双方当事人应属于法律规定的完全民事行为能力人。一般的要求是:作为自然人,应当是成年人,不是神智丧失者,且应有固定的住所;作为法人,应当是已经依法注册成立的合法组织,有关业务应当属于其法定经营范围之内,负责交易洽商与签约者应当是法人的法定代表人或其授权人。

(三)合同的标的和内容都必须合法

合同的标的是交易双方买卖行为的客体,也就是说,双方买卖的商品必须符合双方国家法律的规定,这个合同才是有效的。

【小思考 3-2-1】

为什么合同的标的必须是合法的?

答:法律只保护合法的交易,非法的交易不在法律的保护范围之内,例如贩毒分子之间的合同。

(四)合同必须是互为有偿的

国际货物买卖合同是双务合同,是钱货互换的交易,一方提供货物,另一方支付钱款。如果一方不按规定交货,或另一方不按合同规定支付钱款,都要承担赔偿对方损失的责任。

(五)合同的形式必须符合法律规定的要求

《公约》对国际货物买卖合同的形式,原则上不加以限制。无论采用书面方式还是口头方式,均不影响合同的效力。我国作为《联合国国际货物销售合同公约》的缔约国,在加入《公约》时曾就合同形式问题提出保留,这意味着我国进出口贸易合同必须采用书面形式。

三、国际贸易合同的形式

书面合同有常规的形式,也可以以信件、电报、电传文件为形式。在进出口贸易中,对书面合同的形式亦没有具体的限制,买卖双方既可采用正式的合同、确认书、协议,也可以采用备忘录等其他多种形式。

在我国进出口业务中,书面合同主要采用两种形式:一种是条款较完备、内容较全面的正式合同,如进口合同或购买合同以及出口合同或销售合同。这种形式适合于大宗商品交易或成交金额较大的交易。另一种是内容较简单的简式合同,如销售确认书(Sales Contract)和购买确认书(Sales Confirmation)。这种格式的合同适用于金额不大、批数较多的土特产品和轻工产品,或者已订有代理、包销等长期协议的交易。

这两种形式的合同,虽然在格式、条款项目和内容繁简上有所不同,但在法律上具有同等效力,对买卖双方均有约束力。

【小思考 3-2-2】

书面合同的两种形式分别适用于什么类型的产品?请举出实例。

在实际业务中,各出口企业都有固定格式的出口合同或销售确认书。当面成交的,由买卖双方共同签署;通过函电往来成交的,由我方签署后,一般将正本一式两份寄送对方签署(同时附上一封短信,在信中,通常会对这次成交表示高兴,并希望合同顺利履行;如果是信用证交易,还可加上一些催促对方早日开立信用证的语句),客户收到合同后,签署寄回一份,以备存查,同时附函说明。

除了上面常用的合同形式外,订单和委托订购单有时也被采用。订单是指由进口商或实际买主拟制的货物订购单;委托订购单是指由代理商或佣金商拟制的代客户购买货物的订购单。在业务中,国外客户往往将订单或委托订购单寄来一式两份,要求我方签署后寄回一份。这种经磋商成交后寄来的订单或委托订购单,实际上是国外客户的购货合同或购货确认书。但是对事先未经磋商客户径自寄来的订单或委托订购单,我方应按照具体内容区别其是发盘还是询盘,研究是否与其交易,并及时答复对方。

【小资料 3-2-2】

在国际上,对书面合同的形式没有具体的限制,买卖双方可采用正式的合同书、确认书、协议、订单、备忘录等形式。在我国主要采用前两种形式,并印有固定的格式。

四、国际贸易书面合同的内容

书面合同的内容一般由下列三部分组成:

(一)约首

约首是指合同的序言部分,其中包括合同的名称、订约双方当事人的名称和地址(要求写明全称)。此外,在合同序言部分常常写明双方订立合同的意愿和执行合同的保证。

(二)正文

正文是合同的主体部分。在进出口合同中,合同的正文部分具体规定了买卖双方各自的权利和义务,一般通称为合同条款,如品名条款、品质条款、数量条款、价格条款、包装条款、装运条款、支付条款及商检、索赔、仲裁和不可抗力条款等。

(三)约尾

约尾一般列明合同的份数,使用的文字及其效力、订约的时间和地点及生效的时间。合同的订约地点往往要涉及合同准据法的问题,因此要谨慎对待。我国的出口合同的订约地点一般都写在我国。

国际贸易合同样本

外销合同

SALES CONFIRMATION

编号(No):

日期(Date):

签约地点(Signed at):

卖方(Sellers):

地址(Address): 邮政编码(Postal Code):

电话(Tel): 传真(Fax):

买方(Buyers):

地址（Address）：　　　　　　邮政编码（Postal Code）：

电话（Tel）：　　　　　　　　传真（Fax）：

买卖双方同意按下列条款由卖方出售，买方购进下列货物：

The sellers agrees to sell and the buyer agrees to buy the undermentioned goods on the terms and conditions stated below.

1. 货号 Article No.	2. 品名及规格 Description&Specification	3. 数量 Quantity	4. 单价 Unit Price	5. 金额 Amount

6. 总值（Total Amount）：

数量及总值均有＿＿＿％的增减，由卖方决定。

（With ＿＿＿ ％ more or less both in amount and quantity allowed at the sellers option. ）

7. 生产国和制造厂家（Country of Origin and Manufacturer）：

8. 包装（Packing）：

9. 唛头（Shipping Marks）：

10. 装运期限（Time of Shipment）：

11. 装运口岸（Port of Loading）：

12. 目的口岸（Port of Destination）：

13. 保险：由卖方按发票全额110％投保至＿＿＿为止的＿＿＿险。

（Insurance：To be effected by buyers for 110％ of full invoice value covering ＿＿＿ up to ＿＿＿ only. ）

14. 付款条件（Payment）：

买方须于＿＿＿年＿＿＿月＿＿＿日将保兑的、不可撤销的、可转让可分割的即期信用证开到卖方。信用证议付有效期延至上列装运期后15天在中国到期，该信用证中必须注明允许分运及转运。

By confirmed, irrevocable, transferable and divisible L/C to be available by sight draft to reach the sellers before ＿＿＿/＿＿＿/＿＿＿ and to remain valid for negotiation in China until 15 days after the aforesaid time of shipment. The L/C must specify that transhipment and partial shipments are allowed.

15. 单据（Documents）：

16. 装运条件（Terms of Shipment）：

17. 品质与数量、重量的异义与索赔（Quality/Quantity Discrepancy and Claim）：

18. 人力不可抗拒因素(Force Majeure)：

由于水灾、火灾、地震、干旱、战争或协议一方无法预见、控制、避免和克服的其他事件导致不能或暂时不能全部或部分履行本协议,该方不负责任。但是,受不可抗力事件影响的一方须尽快将发生的事件通知另一方,并在不可抗力事件发生 15 天内将有关机构出具的不可抗力事件的证明寄交对方。

Either party shall not be held responsible for failure or delay to perform all or any part of this agreement due to flood，fire，earthquake，draught，war or any other events which could not be predicted，controlled，avoided or overcome by the relative party. However，the party affected by the event of Force Majeure shall inform the other party of its occurrence in writing as soon as possible and thereafter send a certificate of the event issued by the relevant authorities to the other party within 15 days after its occurrence.

19. 仲裁(Arbitration)：

在履行协议过程中,如产生争议,双方应友好协商解决。若通过友好协商未能达成协议,则提交中国国际贸易促进委员会对外贸易仲裁委员会,根据该会仲裁程序暂行规定进行仲裁。该委员会决定是终局的,对双方均有约束力。仲裁费用,除另有规定外,由败诉一方负担。

All disputes arising from the execution of this agreement shall be settled through friendly consultations. In case no settlement can be reached，the case in dispute shall then be submitted to the Foreign Trade Arbitration Commission of the China Council for the Promotion of International Trade for Arbitration in accordance with its Provisional Rules of Procedure. The decision made by this commission shall be regarded as final and binding upon both parties. Arbitration fees shall be borne by the losing party，unless otherwise awarded.

20. 备注(Remark)：

卖方(Sellers)：   买方(Buyers)：

签字(Signature)：   签字(Signature)：

五、签订书面合同的意义

买卖双方经过磋商,一方的发盘被另一方有效接受,交易达成,合同即告成立。但在实际业务中,按照一般的习惯做法,买卖双方达成协议后,还要签署书面合同将双方的权利义务加以明确。

(一) 签订书面合同是合同成立的证据

这对以口头协商达成的交易尤其重要。按照法律的要求,凡是合同必须提供其成立的证据,以说明合同关系的存在,且双方当事人一旦发生争议,提交仲裁或诉讼,如果是口头协议,"空口无凭",不能提供充足证据,则很难得到法律的保护。因此,进出口贸易中一般要求签订书面合同,尽管有些国家的合同法并不否认口头合同的效力。

(二)签订书面合同是履行合同的依据

国际货物买卖合同的履行涉及面广,环节复杂,若仅有口头协议,会使履行合同变得十分困难。即使通过函电达成的协议,如不将分散于函电中的协议条款集中到一份文件上,也会给履行合同带来麻烦。因此,在实际业务中,双方一般都要求将各自的权利与义务用文字确定下来,作为履行合同的依据。

(三)签订书面合同是合同生效的条件

一般情况下,合同的生效是以接受的生效为条件的,但有些国家的法律规定,书面合同才是合同生效的条件。

六、国际贸易合同的修改和终止

合同一经订立,就成为具有法律效力的文件,对双方都有约束力。我国《合同法》第八条规定:"依法成立的合同,对当事人具有法律约束力。当事人应当按照约定履行自己的义务,不得擅自变更或者解除合同。"

但在实际业务中,有时合同签订之后,一方或双方当事人发现需要对合同的某些内容加以修改或补充。在此情况下,必须经过双方协商同意,才能对合同进行修改。

合同条款的拟定

任务一　合同的主体和标的物条款

【知识目标】

了解合同当事人的含义及合同当事人条款的主要内容。

了解商品品名的表示方法。

熟练掌握商品品质的表示方法。

熟记合同中的品质条款的基本内容和注意事项。

熟记商品的数量定义、计量单位、计算重量的方法。

熟悉包装标志。

【技能目标】

能正确拟定合同当事人条款。

能制定交易商品的品名、品质、数量、包装条款。

【引导案例】

我国某公司在广交会期间,与日本 A 株式会社签订一项出口"手工制造书写纸"的合同,并约定看样成交。合同签订后,买方又将该合同转让给另一家日本公司——B 株式会社。我方公司按样品备齐货物后,依合同约定将货物发运至目的地。货物抵达日本横滨后,经开箱检验,B 株式会社以货物部分工序为机械操作为由,向我方提出异议和索赔。

试对以上案例进行分析。

案例分析

> 　　进出口贸易是国家间的商品买卖。买卖合同是转移标的物所有权的合同，合同首先要对标的物状况有一个科学、明确的描述。因此双方要对商品的名称、品质、数量和包装等相关内容约定明确。若约定不明确，就会产生像本案例一样的不必要纠纷。在洽谈和订立合同时，必须根据货物的特性和实际情况，订明品名、品质、数量和包装条款。

　　合同的主体和标的物是合同的主要条款之一。合同主体即合同当事人，是指以自己的名义订立与履行合同并享有一定的权利与承担约定义务的人。合同规定当事人条款是说明当事人的基本情况和明确合同主体资格的最基本的条款。而合同标的物是当事人权利义务所共同指向的对象，也是其在履行义务时应尽最大努力追求实现的一项利益目标。国际货物买卖的标的物条款是合同成立的重要条件，缺少标的物的合同就失去了权利和义务的载体。合同标的物有具体的品名、品质、数量和包装，因此，双方在订立合同时，应该明确订立成交商品的品名、品质、数量与包装条款，以保证合同的顺利履行。

一、合同的主体条款

(一)国际贸易合同主体的含义

　　合同的主体指具有缔约能力的合同当事人。自然人、法人和依法成立的其他非法人组织，均可成为合同当事人。合同的当事人条款是合同的主要条款之一。合同当事人指以自己的名义订立与履行合同并享有一定权利、承担约定义务的人。合同当事人条款是说明合同当事人的基本情况和明确合同主体的一项不可缺少的最基本的条款。

　　《中华人民共和国对外贸易法》第8条规定："本法所称对外贸易经营者，是指依法办理工商登记或者其他执业手续，依照本法和其他有关法律、行政法规的规定从事对外贸易经营活动的法人、其他组织或个人。"国际贸易合同的当事人既包括我国对外贸易的经营者，也包括境外合法从事国际贸易的经营者。

(二)约定好合同当事人条款的重要意义

　　1. 合同当事人的合法权益可以受法律保护

　　当事人是合同法律关系的主体，出于购买和销售货物的目的订立具有权利义务关系的协议，合同的目的是使当事人的意思表示的效果得以实现，只有明确规定了当事人的名称才能使其合法权益得到保证。比如，合同订立后出现合同当事人违约，使另一方遭受损失，则受损方有权采取各种救济措施来追究违约方责任，这就要求在买卖合同中具体订明合同当事人的名称，以明确合同的主体资格，有利于合同纠纷的解决。

　　2. 合同当事人是主张各自合法权益的主体

　　合同当事人在订立合同或履行合同时发生纠纷，如经友好协商不能解决，可通过诉讼或仲裁解决,那么受理机构就会审查申诉人和被申诉人名称是否具有合同当事人的主体资格。如果合同的主体条款规定的当事人名称不符,则不具备合同当事人主体资格,法院或仲裁机构有权拒绝受理申诉纠纷的案例。

3. 合同当事人是合同解释的主体

广义的合同解释主体不仅包括法院、仲裁机构,还包括当事人本身和其他人。《中华人民共和国合同法》第125条规定:"当事人对合同条款的理解有争议的,应当按照合同所使用的词句、合同的有关条款、合同的目的、交易习惯以及诚实信用原则,确定该条款的真实意思。"可见该条款允许当事人对合同进行解释。

（三）合同当事人条款的主要内容

1. 合同当事人的名称或者姓名

合同当事人通常为企业法人。所谓企业法人,是指以从事生产、流通、科技等活动为内容,以盈利为目的的社会经济组织。这些组织是依法成立的,它们有自己的名称、机构和场所,有必要的资产,并具备相应的缔约能力和主体资格。

在国际货物贸易实践中,许多社会经济组织或大公司都备有自己拟就的标准合同格式,在合同的开头位置,都印有"卖方"和"买方"字样的栏目,供交易双方当事人分别载明各自公司机构的具体名称。

此外,合同末尾还印有"卖方"和"买方"字样的栏目,专供交易双方当事人分别签字或加盖公章。凡经买卖双方共同签署的合同,一般视为合同当事人真实意思的表示。

2. 合同当事人的地址

为了便于交易双方在履约过程中相互联系及顺利办理货物交接与货款结算等事项,需要在合同中分别载明各当事人的详细住址以及电话、传真和电子信箱等内容。

（四）约定合同当事人条款的注意事项

1. 合同当事人必须具有缔约能力

当事人是否具备缔约能力直接关系到合同能否顺利履行。各国对订立买卖合同的当事人都有特定的条件和要求。按各国法律一般规定,订立合同的自然人必须是具有缔约能力的人,未成年人、精神病人和禁治产人订立合同必须受到限制。关于法人签订合同的行为能力,各国法律通常都有规定,法人必须通过其代表或其授权的其他人在法人的经营范围内签订合同,越权的合同无效。根据我国《合同法》第9条的规定:"当事人订立合同,应当具有相应的民事权利能力和民事行为能力。"当事人的范围,依照我国《对外贸易法》的规定,应为合法的外贸经营者。

因此,在订立合同时,一定要注意当事人的缔约能力和主体资格问题。

【小资料4-1-1】

禁治产人

禁治产人是大陆法系国家民法学中的一个概念,具体指因精神障碍不能处理自己的事物而由利害关系人向法院申请,经法院依法定程序宣告其为禁治产人,而成为无民事行为能力人。

德国民法规定有下列情形之一的,得宣告为禁治产人:

第一,因精神病或精神衰弱,致不能处理自己事务者。

第二,因挥霍浪费致自己或家属有陷于贫困之中者。

第三,因酗酒或吸毒不能处理自己事务,或致自己或家属有陷于贫困之虞者,或危及他人安全者。

2. 合同当事人的名称表述必须准确无误

约定合同当事人的名称(或姓名),不论用中文或外文表述,都应当明确、具体,列出全名,不能用简写或缩写的办法,更不能漏写或错写,以免给履约造成困难,引起误解或产生不良后果。

3. 合同当事人的地址应当正确、详细

为便于履行合同,必须正确、详细地载明各合同当事人的地址、电话、传真号码和电子信箱等内容,以利于各当事人之间及时保持业务联系。

《公约》规定:"如果当事人有一个以上的营业地,则以与合同及合同的履行关系最密切的营业地为其营业地,但要考虑到双方当事人在订立合同前任何时候或订立合同时所知道或所设想的情况;如果当事人没有营业地,则以其惯常居住地为准。"此项规定表明,确定当事人营业地的标准,采用"最密切联系"的原则。若当事人有一个以上的营业地,且都与合同有关,则采用"与合同及合同的履行关系最密切"的营业地,并且该营业地具有发出报价、接受报价、交货、付款的能力。营业地如有变动,应以订立合同的营业地为准。

由此可见,《公约》规定的营业地,是指当事人经营活动的场合,并不一定要求是主营业所,也不一定要求是具有独立法人资格的法定住所。

二、品名条款

(一)什么是品名条款

品名条款(Name of Commodity Clause)是买卖双方对具有一定外观形态并占有一定空间的有形商品达成共识的一种文字描述,又称标的物条款。就一般商品而言,只需在合同中列明双方意欲买卖的商品名称,如红小豆。但如果一种商品有许多不同的品种、型号、等级时,为明确起见亦可把商品的品质规格条款合并。合同中有关标的物的规定并没有统一的、固定不变的格式,可根据双方当事人的意思予以确定。

(二)品名的法律含义

1. 品名的概念

品名即商品的名称,商品品名是指能使某种商品区别于其他商品的一种称呼或概念。商品的名称在一定程度上体现了商品的自然属性、用途以及主要的性能特征。法律上称为合同标的物(The Subject Matter)。

2. 合同标的物的概念

(1)我国《合同法》的概念:是指订立合同的双方当事人在合同中共同指向的交易对

象。标的物(Subject Matter),在国际货物买卖中是指双方买卖的主体——货物,这是交易赖以成立和进行的物质基础。

(2)英美法的概念:是指用于换取对价(Consideration)的物或事。

3.构成合同标的物的条件

(1)卖方必须对货物拥有所有权(Title of Property)

①卖方无所有权的情形有:越权出售的货物,如代理人、共同拥有人、公司负责人等在无授权情况下(without power of attorney)出售货物;偷窃、诈骗、侵占来的货物;侵犯工业产权(商标权、著作权、专利权、技术诀窍)出售货物;所有权受限制的货物(without clean title),如私自出卖抵押物。

②出售无所有权货物的法律后果,一是导致合同无效。各国法律都有规定,买方不得要求交付该货物;已交付的,应退还真正货主。二是卖方需对由此导致的买方损失负赔偿责任。

(2)销售的货物必须合法(Lawful Cargo)

下列商品不得销售:

①伪劣商品、对人类健康及环境有破坏性的商品。例如:不符合标准的商品;伪劣药品、食品;伪劣烟花爆竹等。

②法律法规禁止销售的商品。例如:毒品(narcotics)、私售的军火、不健康的印刷品等。

③行政法规禁止、限制进出口的商品。例如:有进出口管制的商品。

(3)必须是合同双方约定的商品

① 卖方必须严格按合同规定交付标的物。

② 交付替代货物必须征得买方同意。

(三)约定品名条款的意义

国际贸易与国内贸易不同。在国际贸易中,在合同履行之前,买方一般看不到具体的商品。因此,品名条款成为必不可少的条款,在法律和实践上都具有一定的意义。

1.从法律角度来讲,是货物交收的基本依据

按照有关的法律和惯例,对交易标的物的描述,是构成商品说明的一个主要组成部分,若卖方交付的货物不符合约定的品名或说明,买方有权提出损害赔偿要求,甚至拒收货物或撤销合同。

2.从业务角度来讲,是交易赖以进行的物质基础和前提

没有商品的品名,合同将无从交易。商品的品名会极大地影响商品的包装方式、运输方式。此外,商品的品名也是通关、报检、办理保险、托运等交易环节的重要依据。因此,订立合同品名条款具有重要的实践意义。

(四)命名商品的方法

在进出口贸易中,很少是一手交钱一手交货,即看货成交。买卖双方在贸易洽谈和签订合同时,通常不能见到具体的商品,一般是凭借对商品做出的描述和名称达成交

易。可见在进出口贸易中,对商品准确、恰当的命名至关重要。对商品命名的方法很多,归纳起来有以下几种:

(1)以其主要用途命名。如织布机、洗发水、杀虫剂、运动鞋、自行车等。

(2)以其使用的主要原材料命名。如羊毛衫、牛皮鞋、玻璃杯、羽绒服、鸭绒被等。

(3)以商品的主要成分命名。如珍珠霜、人参蜂王浆、芦荟洗手液、金银花露、高钙奶粉等。

(4)以其外观造型命名。如连衣裙、喇叭裤等。

(5)以褒义词命名。如健力宝、大宝、太阳神、黄金搭档等。

(6)以人物名字命名。如孔府家酒、李宁牌运动服等。

(7)以制作工艺命名。如手工编织毛衣、精制油等。

(五)规定商品品名应注意的问题

品名条款是国际贸易合同中的主要条款之一,在规定此条款时,应注意以下问题:

(1)在国际贸易合同中,商品的名称应该明确、具体,必须能确切反映交易标的物的特点,避免空泛、笼统的说明,以利于合同的履行。

(2)针对商品实际做出实事求是的规定。合同条款中规定的品名,必须是卖方能够提供的商品,凡做不到或不必要的描述性词句,都不应列入,以免给履行合同带来不利影响。

(3)采用外文名称时,要做到译音正确,与原名称意思保持一致,符合实际词语内涵。品名尽量不要使用汉语拼音,同时不要使用含糊不清或过于笼统空泛的译名,避免造成误解、引起争议。

(4)尽可能使用国际上通用的名称。有些商品的名称,各地叫法不同,为了避免误解,应尽可能使用国际上通行的称呼。若使用地方性名称,交易双方应事先就其含义取得共识,对于某些新商品的定名及其译名,应力求准确、易懂,并符合国际上的习惯。

【小资料 4-1-2】

进出口商品分类目录

进入国际市场的商品种类繁多,名称各异。即使同一种商品也可能因品种、品牌、产地、花色、型号、外观等不同而存在着千差万别的差异。在进出口贸易中,买卖双方因语言习惯不同,对同一种商品的称呼有可能不一致。为了避免因商品名称引起的分歧,以及方便各国海关的贸易统计,人们就运用一定的规则,按一定的标准对商品进行了一定的分类,对商品名称加以规范。

国际上关于商品分类的标准,影响最大、使用国家最多的当属海关合作理事会1998 年实施的《协调商品名称及编码制度》(The Harmonized Commodity Description and Coding System,简称 H. S. 编码制度)。它把国际上成千上万种商品进行分类,形成完整、系统的分类系统,用数字编码代替,即形成 H. S. 编码。中国海关为了海关征税和海关统计工作的需要,根据《协调制度》分别编制了《中华人民共和国海关进出口税则》和《中华人民共和国海关统计商品目录》,对我国进出口商品进行了分类。现行的为2002 年版的商品分类目录。

(5)确定品名时,应注意有关国家的海关税则和进出口限制的有关规定,恰当地选择有利于降低关税和方便进出口的名称。特别值得注意的是,目前世界各国的海关统计以及给予 GSP 待遇等都依据《协调商品名称及编码制度》(简称 H.S.编码制度)进行,所以在合同中应尽量采用与 H.S.编码制度一致的商品名称。

(6)确定品名时必须考虑其与运费的关系,目前国际上班轮运费是按照商品名称规定来划分计收运费标准的,在实际业务中,常常是同一种商品因名称不同,其收费标准也有所不同。为了节省运费开支,应该采用运费较低的商品名称以达到降低成本的目的。

(六)合同中商品品名条款的格式

合同中商品的品名条款一般没有格式的规定,合同中的品名条款,通常都是在"商品名称"或"品名"(Name of Commodity)的标题下,列明交易双方成交商品的名称。举例如下:

例1:品名　绒毛玩具熊;Name of Commodity　Plush Toy Bear。
例2:品名　中国桐油;Name of Commodity　Chinese Tong Oil。

三、商品的品质条款

(一)约定进出口商品质量的重要性

1. 商品品质的含义

商品品质(Quality of Goods)是指商品的内在质量和外观形态的综合。内在质量一般借助仪器、设备进行分析测试获得,包括商品的物理性能、机械性能、化学成分和生物特征等自然属性,如纺织品的断裂强度、伸长率、回潮率、缩水率、防雨防火性能、色牢度等。外观形态一般通过感觉器官直接获得,如大小、长短、结构、造型、款式、色泽、宽窄、轻重、软硬、手感、味觉、嗅觉等。

2. 商品品质的重要性

商品质量的优劣不仅关系到商品的使用效能,影响着商品售价的高低、销售数量和市场份额的增减、买卖双方经济利益的实现,而且还关系到商品信誉、企业信誉、国家形象和消费者的利益。在出口时,良好的商品质量不仅可以增强出口商品的竞争力,扩大销路,提高售价,还可以提高出口商品在国际上的信誉。在进口时,可以将质量技术标准作为非关税壁垒措施以限制进口,严格把好质量关,还可以保护消费者的利益,确保进口企业的经济效益。

在国际贸易中,品质条款是国际货物买卖合同中不可缺少的一项主要交易条件,是买卖双方交接货物的基本依据。根据《联合国国际货物销售合同公约》的规定:卖方交货必须符合约定的质量,如卖方交货不符合约定的品质条件,买方有权要求损害赔偿,也可要求修理或交付替代货物,甚至拒收货物和撤销合同。

【微型案例 4-1-1】

2002 年 3 月,我某出口 A 公司对外成交一批食用柠檬酸。在交货时误将工业用柠檬酸装运出口。轮船开航后数天才发现所装货物不符。为了避免造成严重事故,A公司急速通知外轮代理公司,请该公司转告香港代理,于该船抵达香港时,将货截留。虽避免了一次严重事故,但出口公司损失惨重。

本案例给我们的启示是什么?

(二)对进出口商品质量的要求

1. 对出口商品质量的要求

(1)交货品质必须符合合同规定

①若交货品质低于合同要求显然是违约行为。

②而若交货品质高于合同要求也有可能构成违约。原因有多方面,如品质过高,买方办理进口手续时可能会多交税;另外,品质过高,可能会使货物不能适应买方的使用目的,买方需重新加工后使用,从而会增加买方的额外费用。

【微型案例 4-1-2】

我国青岛某公司向日本出口一批苹果。合同约定为三级品,但到发货时才发现三级苹果库存没了。于是,该出口公司改以二级品交货,并在发票上加注"二级苹果仍按三级计价"。

请问:这种"以好顶次"的方法是否妥当?

(2)在国际市场上,用户不仅要对品质进行评价,而且还要对生产企业的质量体系进行评价

ISO 9000 系列标准是国际标准化组织为适应国际贸易发展的需要而制定的品质管理和品质保证标准。它为国际市场商品的生产企业质量体系评定提供了统一的标准,具有国际通行证的作用。它不仅有利于提高自身技术和管理素质,而且也有利于提高出口商品质量和发展对外贸易。

ISO 14000 环境管理系列标准,其目的是为了通过在组织内部建立和实施一个有效的环境管理体系,来规范组织的环境行为,控制和减少企业的生产经营活动对环境造成的破坏,鼓励和推动企业生产环保绿色产品,以满足社会对环境保护以及其他相关利益的需求。符合 ISO 14000 系列标准的企业成为绿色企业,其生产的产品经认可成为环保产品。

实施 ISO 的这两个一体化管理体系,有助于改善和提高我国企业和产品在国内外消费者、客户中的形象,降低经营及管理成本,使我国产品适应国际市场对于产品在质量上的新需求,提高我国产品的国际竞争能力。

(3)针对不同市场和不同消费者的需求来确定出口商品质量。

(4)不断更新换代和精益求精。

(5)适应进口国的有关法令规定和要求。

(6)适应国外自然条件、季节变化和销售方式。

2. 对进口商品质量的要求

对进口商品品质的要求,要从我国现阶段的实际需要分不同情况,实事求是地予以确定。

(三)表示商品品质的方法

商品的品质至关重要。买卖双方在进行贸易洽谈时,需要对成交商品的品质约定明确。在进出口贸易中,由于商品种类繁多,特点各异,所以表示商品品质的方法也不相同。概括起来,品质的表示方法有以下两种:

1. 以实物表示商品质量

以实物表示商品质量通常包括成交商品的实际品质(Actual Quality)和凭样品(Sample)两种表示方法。前者为看货买卖,后者为凭样品买卖。

(1)看货买卖

它是买卖双方根据现有商品的实际品质进行的交易。如果买卖双方根据成交商品的实际品质进行交易,通常是先由买方或其代理人在卖方所在地验看货物,达成交易后,卖方即应按验看过的商品交付货物。只要卖方交付的是验看过的商品,买方就不得对品质提出异议。

这种方法多用于拍卖、寄售和展卖业务中,尤其适用于具有独特性质的商品,如珠宝、首饰、字画、特定工艺制品(牙雕、玉雕、微雕等)。

(2)凭样品买卖(Sale by Sample)。

样品是指从一批货物中抽出来的或由生产、使用部门设计、加工出来的,足以反映和代表整批货物质量的少量实物。凡以样品表示货物品质并以此作为交货依据的,称为凭样品买卖。

①凭卖方样品成交(Sale by Seller's Sample)

由卖方提供的样品称为"卖方样品"(Seller's Sample)。凡凭卖方样品作为交货的品质依据者(Quality as Per Seller's Sample),称为"凭卖方样品买卖"。

凭卖方样品买卖,应注意如下问题:一是提供的商品要有代表性。应在大批货物中选择中等的实物作为样品,避免由于样品与日后所交货物品质不一致,引起纠纷,造成经济损失;二是应留存一份或数份同样的样品,作为"复样"(Duplicate Sample)或"留样"(Keep Sample),以备日后交货或处理争议时核对之用;三是寄发样品和留存复样,要注意编号和注明日期,以便日后查找,并针对不同商品的样品采取密封、防潮、防污染、防虫害等保护措施;四是要留有一定余地,在合同中加列"品质与样品大致相同"条款,以利于卖方日后交货。

②凭买方样品成交(Sale by Buyer's Sample)

也称来样成交或来样制作。买卖合同中订明:品质以买方样品为准(Quality as Per Buyer's Sample)时,则卖方所交整批货的品质,必须与买方样品相符。

③凭对等样品成交(Counter Sample)

所谓对等样品,即卖方根据买方提供的样品,加工复制出一个类似的样品交买方确认,这种经确认后的样品,称为"对等样品"或"回样",也称为"确认样品"(Confirming Sample)。实际上,对等样品改变了交易的性质,即由凭买方样品买卖变成了凭卖方样品买卖,使卖方处于较有利的地位。采用这种方式成交时,卖方应充分考虑样品在原材料、加工生产技术、加工设备和生产时间安排上的可行性,同时要注意防止侵犯第三者的工业产权。

无论由谁提供样品,一经双方确认便成为交接货物的品质依据,卖方承担货物品质与样品完全一致的责任(Strictly Same as Sample)。这是凭样品买卖的基本特点。质量稳定,容易掌握的产品可以采用凭样品成交,质量不稳定及交货品质无法与样品绝对相同的产品,如木材、煤、矿产品等天然品则不宜使用凭样品买卖。对于那些必须采用样品成交,而难以做到货样一致或无法保证批量生产时质量稳定的产品,则在订立合同时规定一些弹性条款。例如,"质量与样品大致相同"(quality to be about equal to the sample)或"质量与样品近似"(quality to be similar to the sample)。为了避免双方在履约过程中产生品质争议,必要时可使用封样(Sealed Sample)。

【微型案例 4-1-3】

我方与越南某客商凭样品成交达成一笔出口镰刀的交易。合同中规定复验有效期为货物到达目的港后 60 天。货物到达目的港经越商复验后,未提出任何异议。但事隔半年,越商来电称:镰刀全部生锈,只能降价出售,越商因此要求我方按成交价格的 40% 赔偿其损失。我方接电后立即查看我方留存的复样,也发现类似情况。

问:我方应否同意对方的要求,为什么?

2. 凭说明表示商品质量

在进出口贸易中,凡是以文字、图表、图片等方式来说明商品品质的方法,均属凭说明表示商品品质。在实际业务中,又分几种具体形式:

(1)凭规格买卖(Sale by Specification)

商品规格(Specification of Goods)是指一些足以反映商品质量的主要指标,如化学成分、含量、纯度、性能、容量、长短、粗细等。在国际贸易中,买卖双方洽谈交易时,对于适于规格买卖的商品,应提供具体规格来说明商品的基本品质状况,并在合同中订明。这种用商品的规格来确定商品品质的方法称为"凭规格买卖"。

值得注意的是,凭规格买卖时,卖方只需在合同中列入主要指标,而对商品品质不起重大影响的次要指标不要过多罗列。

【微型案例 4-1-4】

A 出口公司与国外买方订立一份 CIF 合同,合同规定:"番茄酱罐头 200 箱,每箱 24 罐×100 克。"即每箱装 24 罐,每罐 100 克。但卖方在出货时,却装运了 200 箱,每箱 24 罐,每罐 200 克。国外买方见货物的重量比合同多了一倍,拒绝收货,并要求撤销合同。

问:买方是否有权这样做?为什么?

(2)凭等级买卖(Sale by Grade)

商品的等级(Grade)是指同一类货物,按质地的差异或尺寸、形状、重量、成分、构造、效能等的不同,用文字、数字或符号所做的分类。如大、中、小;重、中、轻;一、二、三;甲、乙、丙;A、B、C 等。举例如下:

例:冻带骨兔(去皮、去头、去爪、去内脏)

特级	每只净重	≥1500 克
大级	每只净重	≥1000 克

中级	每只净重	≥600 克
小级	每只净重	≥400 克

凭等级买卖时,由于不同等级的商品具有不同的规格,为了便于履行合同和避免争议,在品质条款列明等级的同时,最好一并规定每一等级的具体规格。

(3)凭标准买卖(Sale by Standard)

商品的标准是指将商品的规格、等级予以标准化并以一定的文件表示出来。国际贸易中,对有些商品,人们往往使用某种标准作为说明和评定商品品质的依据,这种用商品的标准来确定商品品质的方法称为"凭标准买卖"。标准一般由标准化组织、政府机关、行业团体、工商组织、商品交易所等制定、公布,并在一定范围内实施。根据标准制定者不同,通常将其分为企业标准、团体标准、国家标准、区域标准和国际标准。从法律角度看,并非所有标准对各国进出口贸易都有约束力。目前,被广泛认同、影响最大的是国际标准化组织(ISO)所制定的 ISO 9000 标准系列。我国在制定国家标准体系时也尽量参照 ISO 9000 标准系列。我们应根据具体情况,权衡利弊,采用国际上通行的标准或我国自己规定的标准。

【微型案例 4-1-5】

A 公司从国外进口一批青霉素油剂,合同规定该商品品质"以英国药局 1953 年标准为准",但货到达目的港后,A 公司发现商品有异样,于是请商检部门进行检验。经反复查明,在英国药局 1953 年版本标准内没有青霉素油剂的规格标准,结果商检人员无法检验,从而使 A 公司对外索赔失去了依据。

此外,在国际贸易中,有些农副土特水产品的品质变化很大,难以确定统一标准,一般采用良好平均品质(Fair Average Quality,FAQ)和上好可销品质(Good Merchantable Quality,GMQ)来表示。所谓"良好平均品质",俗称"大路货",是指一定时期内某地出口货物的平均品质水平,一般是指中等货,适用于农副产品。其具体解释和确定办法是指农产品的每个生产年度的中等货或指某一季度或某一装船月份在装运地发运的同一种商品的"平均品质"。所谓"上好可销品质"是指卖方交货品质只需保证为上好的、适合于销售的品质即可。这种标准含义不清,在国际货物贸易中很少使用,一般只适用于木材或冷冻鱼类等物品。

(4)凭说明书和图样买卖(Sale by Descriptions and Illustrations)

商品说明书是指详细说明商品构造、性能、用材以及使用方法的文字资料,它包括必要的图样和图片。在国际货物贸易中,如机器、电器、仪表、大型设备等技术密集型产品,由于其构造复杂,性能要求精密,无法用样品、商标或几项指标来确定其质量。在这种情况下,只能使用说明书附以图样、照片、设计图纸、分析表以及各种数据来说明其具体性能和结构特点,以确定商品的品质,这种交易就称为凭说明书和图样买卖。如在合同中规定"品质和技术数据必须与卖方所提供的产品说明书严格相符"(quality and technical data to be strictly in conformity with the description submitted by the seller)。

按这种表示品质的方法成交时,卖方所交货物必须符合说明书和图样的要求。买方为了维护自身利益,往往要求在买卖合同中加订卖方品质保证条款和技术服务条款。

(5)凭商标或牌号买卖(Sale by Trade Mark or Brand Name)

商标(Trade Mark)是指生产者或商号用来说明其所生产或出售的商品的标志,它可由一个或几个具有特色的单词、字母、数字、图形或图片等组成。品牌(Brand Name)是指工商企业给其制造或销售的商品所冠的名称,以便与其他企业的同类产品区别开来。

质量稳定,信誉良好,并为消费者所熟悉喜爱的产品,可以凭商标或牌号来规定其品质,这种方法称为"凭商标或牌号买卖"。有时买方在熟知卖方产品品质的情况下,常常要求在卖方的产品或包装上使用买方指定的品牌名或商标,这就是定牌。

(6)凭产地名称买卖(Sale by Name of Origin)

有些产品独特的自然条件或特有的传统加工工艺,使其品质具有独特的风格和特色。如"四川榨菜""长白山人参""北京烤鸭"等。对于这类产品,一般用产地名称来表示其品质,以此显示这些产品具有特殊品质或品位。

(四)品质条款的主要内容

1. 品质条款的一般内容

买卖双方在签订贸易合同的品质条款时,一般要写明货物名称和具体品质,但由于品质的表示方法不同,品质条款的内容也各不相同。

(1)凭样品买卖时的品质条款内容

①列明品名。

②订明确认样的编号和确认日期。

例:样品号 NY 045 长毛绒玩具熊　尺码 24 英寸

(2)凭文字说明买卖时的品质条款内容

①列明品名、规格、等级、标准、品牌、商标或产地等内容。

②规格指标不宜过多、过死。

③列明引用标准的版本与年份。

例:Feeding Broad Bean,Moisture(max)15％,Admixture(max)2％

饲料蚕豆,水分(最高)15％,杂质(最高)2％。

(3)凭图样或说明书买卖时的品质条款内容

①列明主要规格、性能、技术参数。

②列明图样、说明书的名称、份数。

2. 品质机动幅度的约定

在国际贸易中,卖方所交货物的质量必须和合同规定相符合。但是,某些产品由于存在自然损耗,或受生产工艺、产品本身特点的影响,无法保证有极为准确的指标数据,这就需要在签订合同时对商品的品质规定一定的品质公差或品质机动幅度。

(1)约定一定幅度的品质公差(Quality Tolerance)

品质公差是指工业制成品在加工过程中所产生的误差,这种误差的存在是绝对的,它的大小反映着品质的高低,是由科学技术发展程度所决定的。在品质公差范围内买方无权拒收货物,也不得要求调整价格。这一方法主要适用于工业制成品。

例：出口手表，允许每 48 小时误差 1 秒；出口棉布，每匹可有 0.1 米的误差。

（2）约定交货品质的机动幅度（Quality Latitude）

品质机动幅度是指允许卖方所交货物的品质指标可有一定幅度范围内的差异，只要卖方所交货物的品质没有超出机动幅度的范围，买方就无权拒收货物。这一方法主要适用于初级产品。

品质机动幅度的规定方法主要有以下三种：

①规定范围。对某项货物的品质指标规定允许有一定的差异范围。例如：锦缎，幅阔 35/36 英寸，即布的幅阔在 35 英寸到 36 英寸的范围内均合格。

②规定极限。对有些货物的品质规格规定上下限。常用的表示方法有：最大、最高、最多、最小、最低、最少。例如：薄荷油中薄荷脑的含量最少 50%；白糯米，碎粒（最高）25%，杂质（最多）0.2%，水分（最高）15%。

③规定上下差异。例如：Gray Duck Down 18%，allowing 1% more or less（灰鸭毛含绒量 18%，允许上下差异 1%）；C708 中国灰鸭绒，含绒量为 90%，允许±1%。

（3）交货品质与样品大致相同或类似条款

为了避免争议和便于履行合同，卖方要求在品质条款中加订"交货品质与样品大体相等"（quality to be considered and being about equal to the sample）之类的条文。

（4）品质增减价条款

在品质机动幅度内，一般不另行计算增减价，即按照合同价计收价款。但有些货物，如果经买卖双方协商同意，也可在合同中规定按交货的品质情况加价或减价，这就是品质增减价条款。

例：中国芝麻

水分最高 8%	每增减 1%	合同价格减增 1%
杂质最高 2%	每增减 1%	合同价格减增 1%
含油量最低 52%	每增减 1%	合同价格减增 1%

3. 规定品质条款的注意事项

在合同中应根据不同产品的特点确定表示商品品质的方法。凡能用一种方法表示品质的，就不宜用两种或两种以上的方法表示。如既凭样品又凭规格买卖，则卖方提供的货物既要与样品一致又要与规格一致。

【微型案例 4-1-6】

我某公司出口纺织原料一批，合同规定水分最高 15%，杂质不超过 3%，但在成交前曾向买方寄过样品，订约后，我方又电告对方成交货物与样品相似。货到后，买方提出货物的质量比样品低 7% 的检验证明，并要求我方赔偿损失。

请问：我方是否该赔？为什么？

（1）正确运用各种表示品质的方法。

（2）要从实际出发，防止品质条件偏高或偏低。

（3）要合理地规定影响品质的各项重要指标。

（4）应注意进口国的法令规定。

（5）要注意各质量指标之间的内在联系和相互关系。

（6）力求品质条款明确、具体。

四、数量条款

（一）约定商品数量的意义

商品的数量是指以一定的度量衡单位表示的商品的重量、数量、长度、面积、体积、容积等。

商品的数量是国际货物买卖合同中不可缺少的一项主要交易条件，是买卖双方交接货物的一项基本依据。按照《联合国国际货物销售合同公约》规定："卖方交货数量必须与合同规定相符，如果卖方交付的货物数量大于合同规定的数量，买方可以收取也可以拒绝收取多交部分的货物。如果买方收取多交部分货物的全部或一部分，必须按合同价格付款。如果卖方交货数量少于约定的数量，卖方应在规定的交货期届满前补交，但不得使买方遭受不合理的不便或承担不合理的开支，即使如此，买方有保留要求损害赔偿的权利。"

【微型案例 4-1-7】

中国某公司从国外进口小麦，合同规定：数量 200 万公吨，每公吨 100 美元。而外商装船时共装运了 230 万公吨，对多装的 30 万公吨，我方应如何处理？如果外商只装运了 180 万公吨，我方是否有权拒收全部小麦？

（二）计量单位和计量方法

货物的数量是指以国际通用或买卖双方约定的度量衡表示货物的重量、个数、长度、面积、容积等的量。

在国际贸易中，由于商品的种类繁多，特性各异，所以计量单位（Measuring Unit）和计量方法也多种多样，加上各国所采用的度量衡制度也不相同，所以，在进出口业务中，了解各种度量衡制度，熟悉各种计量单位和计量方法十分重要。

1.国际贸易中常用的度量衡制度

国际贸易中常用的度量衡制度有米制、英制、美制及国际单位制。

米制（The Metric System）又称为公制，创始于法国，1875 年 17 个国家的代表在法国巴黎开会商定这种制度为国际通用的计量制度。它以十进位制为基础，"度量"和"衡"之间有内在的联系，换算比较方便，因此，使用范围不断扩大。

英制（The British System），曾在纺织品等交易中有较大的影响，但由于它不采用十进制，换算很不方便，"度量"和"衡"之间缺乏内在联系，因此，使用范围逐渐缩小。

美制（The U.S. System）以英制为基础，多数计量单位的名称与英制相同，但含义有差别，主要体现在重量单位和容量单位上。

国际单位制（The International System of Units，简称 SI）是 1960 年国际标准计量组织大会通过的，是在米制的基础上发展起来的，已为越来越多的国家所采用。

在不同的度量衡制度下，同一计量单位所表示的实际数量有时会大有不同。如在公制下 1 公吨相当于 1000 千克;而在英制下每吨(称"长吨")等于 1016 千克,在美制下每吨(称"短吨")为 907 千克。

我国使用以国际单位制为基础的法定计量单位。

2.计量单位

计量单位的确定方法有:

(1)按重量(weight)计量

常用的计量单位:公吨(metric ton or m/t)、千克(kilogram or kg),长吨(long ton or l/t)、短吨(short ton or s/t)、克(gram or gm),磅(pound or lb),盎司(ounce or oz)等。主要适用于初级产品(如大米、花生、煤、铁矿)以及部分工业制成品。

(2)按数量(number)计量

常用计量单位:只(piece or pc),件(package or pkg),双(pair),台、套、架(set),打(dozen or doz),罗(gross or gr),大罗(great gross or g. gr),令(ream or rm),卷(roll or coil),辆(unit)。有些产品也可按箱(case),包(bale),桶(barrel,drum),袋(bag)等计量。主要适用于日用工业制品以及杂货类产品等,如文具、纸张、玩具、车辆、牲畜等。

(3)按长度(length)计算

常用计量单位:码(yard or yd),米(metre or m),英尺(foot or ft),厘米(centi-metre or cm)。适用于纺织品、电线电缆、绳索等。

(4)按面积(area)计算

常用计量单位:平方码(square yard or yd^2),平方米(square metre or m^2),平方英尺(square foot or ft^2),平方英寸(square inch)。适用于建材制品、皮质产品、塑料制品等。如玻璃、地板、皮革等。

(5)按体积(volume)计算

常用计量单位:立方码(cubic yard or yd^3),立方米(cubic metre or m^3),立方英尺(cubic foot or ft^3),立方英寸(cubic inch)。适用于化学气体、木材等。

(6)按容积(Capaity)计算

常用计量单位:升(litre or l),加仑(gallon or gal),蒲式耳(bushel or bu)等。适用于谷物类以及部分气体、流体物品等,如小麦、玉米、煤油、汽油、酒精等。

3.计量方法

在国际贸易中,很多商品的数量是按重量来计量的,而在实际业务操作中,以重量计量又有不同的计量方法。

(1)毛重(Gross Weight)

指货物本身的重量加皮重(Tare),即包括包装材料的重量。在国际贸易中,有些低值产品常常以毛重作为计算价格的基础,称作"以毛作净"(Gross For Net)。

(2)净重(Net Weight)

净重,是指商品本身的重量,即毛重除去包装的重量。很多商品在按重量计价时,即以商品的净重为准来计量。因很难对包装一件件地称重,买卖双方可事先在合同中商定,按照什么方法除去包装的重量。若合同没注明是按净重还是毛重计价时,应以商品的净重来计价。

皮重计算,由双方事先约定。国际上有下列几种做法:

①可按实际皮重(Real Tare 或 Actual Tare)计算,即指包装的实际重量,它是指对包装逐件衡量后所得的总和。

②可按平均皮重(Average Tare)计算,是指从全部商品中抽取几件,称其包装的重量,除以抽取的件数,得出平均数,再以平均每件的皮重乘以总件数,算出全部包装重量。

③可按推定皮重(Computed Tare)计算,是指按买卖双方事先约定的皮重作为计算的基础。

④可按习惯皮重(Customary Tare)计算,是指按市场已公认的规格化的包装计算皮重,即用标准单件皮重乘以总件数即可。

注:对于价值较低的农产品和因包装关系不便分别计算皮、净重的商品,可采取"以毛作净"(Gross for Net)的做法。

(3)法定重量(Legal Weight)

指货物和销售包装加在一起的重量。按照一些国家海关法的规定,在征收从量税时,规定货物重量必须包括直接接触产品的包装材料(如小瓶、小金属盒、纸盒等)在内。

(4)实物净重(Net Weight)

也称纯净重或净净重,它是指从法定重量中扣除直接接触产品的包装物料后的重量。此重量多为海关征收关税时计算之用。

(5)公量(Conditioned Weight)

指先用科学的方法从产品中抽出所含的实际水分,然后加入标准水分而求得的重量。这种计算方法主要用于羊毛、生丝、棉纱、棉花等易吸潮、重量不太稳定而经济价值又较高的产品。

公量的计算公式为:

$$公量 = 干量 + 标准含水量 = \frac{实际重量(1 + 标准回潮率)}{1 + 实际回潮率}$$

【小思考 4-1-1】

某毛纺厂从澳大利亚进口羊毛 10 公吨,双方约定标准回潮率为 11%,用科学仪器抽出水分后,羊毛净剩 8 公吨。

试问:该批羊毛的公量为多少?

(6)理论重量(Theoretical Weight)

指对某些固定规格、固定尺寸、重量大致相等的货物,以其单个重量乘其件数(或张数)而推算出来的重量,如马口铁、钢板等。

【小思考 4-1-2】

我某公司出口玉米 2000 公吨,合同约定每袋 50 千克,以毛作净。

试问:装袋时如何称重包装?

(三)国际贸易合同中的数量条款

合同的数量条款主要由交货数量和计量单位两部分构成。若按重量计量还需注明计算重量的方法。

有些商品可以精确计量,如金银;而有些商品不易精确计量,如散装谷物、粮食、水果等,它们存在着自然耗损,交货数量难以符合合同约定的具体数量。为便于合同履行,减少争议,双方在合同中规定数量条款时,需要确定一个机动幅度,通常采用溢短装条款(More or Less Clause)的方式,允许卖方交货数量可以在一定的范围内灵活掌握。

所谓溢短装条款就是在规定具体数量的同时,再在合同中规定允许多装或少装一定数量的百分比。例如,5000 公吨,卖方可溢装或短装 5%(5000m/t,with 5% more or less at seller's option)。

卖方交货只要在允许增减的范围内,即为符合合同规定的数量。例如,买卖双方约定成交数量 3000 公吨,卖方可溢装或短装 5%。按此规定,卖方交货数量在 2850～3150 公吨的范围内皆可。

【微型案例 4-1-8】

我某公司与外商谈妥出口大米 10000 公吨合同,但我方在签约时,合同上写的是 10000 吨,我方当事人主观上认为合同上的"吨"就是公吨,后来,外商来函要求按长吨供货。于是发生争议。

这一案例给我们哪些启示?

(四)约定数量条款的注意事项

约定数量条款需注意两件事:一是要正确掌握成交数量;二是要合理规定数量机动幅度(数量增减条款或溢短装条款)。

有些出口商品,如矿砂、化肥、食粮等,由于其本身特性或因自然条件的影响或受包装和运输工具的限制,实际交货数量往往难以符合合同规定的交货数量,为避免争议,可以订立数量机动幅度条款。只要卖方交货数量在约定的增减幅度范围内,就算按合同规定数量交货,买方不得以交货数量不符为由而拒收货物或提出索赔。

买卖合同中的数量机动幅度条款一般是指溢短装条款,即在买卖合同的数量条款中明确规定可以增减的百分比,但增减的幅度以不超过规定数量的百分比为限。溢短装条款的内容有:可溢装或短装的百分比,溢短装的选择权,溢短装部分的作价。

为了订好数量机动幅度条款,需要注意下列几点:

(1)数量机动幅度的大小要适当

应视商品特性、行业或贸易习惯和运输方式等因素而定。

(2)机动幅度选择权的规定要合理

机动幅度的选择权可以由卖方、买方或船方行使。

(3)计价方法要公平合理

合同中若未明确规定按何种价格计算,按照国际惯例,应按合同价格计算。

【微型案例 4-1-9】

2002 年 3 月,广西某粮油进出口 C 公司向南非出口食糖。合同规定:食糖,数量 500 公吨,每公吨 120 美元,可有 3% 增减,由卖方选择;增减部分按合同价格计算。

请问:如果在交货前食糖市场价格上涨,在不违反合同的情况下,卖方要想获利,可装多少公吨?如果市场价格下降呢?

同年 5 月,C 公司又向俄罗斯出口小麦,合同规定:数量为 1000 公吨,每公吨 100 美元,以信用证方式支付。合同签订后,俄罗斯进口商开来信用证,金额为 100000 美元。

请问:我方最多、最少可交多少公吨小麦?为什么?

(4)数量条款应当明确具体

①若成交数量前使用"大约""近似"等字眼,根据《跟单信用证统一惯例》(以下简称 UCP 600)的规定,这个约数可解释为交货数量有不超过 10% 的增减幅度。

【微型案例 4-1-10】

我某公司出口布匹以信用证结算,买方银行来证规定,数量大约为 5000 码,每码 1 美元,但金额注明不超过总额 5000 美元。

请问:我方公司如何掌握装运数量?

②UCP 600 第 30 条 B 款规定:"在信用证未以包装单位件数或货物自身件数的方式规定货物数量时,货物允许有 5% 的增减幅度,只要总支取金额不超过信用证金额。"

【微型案例 4-1-11】

黑龙江某贸易出口公司与俄罗斯某公司成交一笔黄豆出口交易。合同的数量条款规定:每袋黄豆净重 100 千克,共 1000 袋,合计 100 吨,但货物运抵俄罗斯后,经俄罗斯海关检查,每袋黄豆净重只有 96 千克,1000 袋共 96 吨,当时正遭遇市场黄豆价格下跌,俄罗斯公司以单货不符为由,提出降价 5% 的要求,否则拒收。

请问:俄方的要求是否合理?我方应采取什么补救措施?

另问:若该例黄豆不是用袋装而是散装,则结果又如何?

五、包装条款

(一)包装的定义和作用

商品的包装(Packing of Goods),是指为了有效保护商品品质的完好和数量的完整,采用一定的方法将商品置于合适容器的一种措施。

包装是货物的盛载物、保护物和宣传物,是货物运动过程中的有机组成部分。商品种类繁多,对包装的要求也各不相同。商品的包装是生产过程的继续。许多商品只有经过包装才能进入市场。良好的包装能有效地保护商品品质完好和数量完整,所以包装在商品的生产和销售中起着举足轻重的作用。《联合国国际货物销售合同公约》规定,卖方须按照合同规定的方式装箱或包装;如果合同未规定,货物按照同类货物通用方式装箱或包装;如果没有此种通用方式,则按照足以保全和保护货物的方式装箱或包装。

【微型案例 4-1-12】

我国一家外贸公司出口自行车 800 辆。合同规定木箱装,来证亦规定 Packed in Wooden Case,但在 Case 之后加有 CKD 三个字母,我方出口的商品所有都按照来证要求制作,可是货到达目的港后被进口国海关罚款并多交了关税(CKD,Completely Knocked-Down,即全散装件;SMD,Semi-Knocked Down,即半散装件)。

(二)包装分类和包装标志

在进出口贸易中,除少数裸装商品外,绝大多数商品都需要有适当的包装。

1. 包装分类

根据在流通过程中所起作用的不同,包装可分为运输包装和销售包装两大类。

(1)运输包装(Transport Packing)

运输包装又称为外包装或大包装,其主要作用在于保护商品,便于装卸、储存、运输和统计。

运输包装又分为单件运输包装和集合运输包装。

单件运输包装是指在运输过程中作为一个计件单位的包装,常用的包装方法见表 4-1:

表 4-1　单件运输包装分类表

包装方法	包装材料	适用货物
箱(case)	木箱、纸箱、铁皮箱、塑料箱	不能紧压的货物,如玻璃制品、水果等
包(bale)	棉布包、麻布包	可以紧压的货物,如羊毛、棉花、生丝等
袋(bag)	麻袋、布袋、纸袋、塑料袋	粉状、颗粒状和块状的农产品及化学原料等
桶(drum)	木桶、铁桶、塑料桶	液体、半液体以及粉状、粒状货物等

集合运输包装是指将若干单件运输包装组合成一件大包装或装入一个大的包装容器内。这种方法能更好地保护商品,大幅度提高装卸效率。常用的集合包装有:集装箱、托盘、集装袋等。其作用如下:

①集装箱(Container),又称"货柜"。使用最多的是 20 英尺和 40 英尺标准化集装箱,我们通常称 8×8×20 英尺的集装箱规格为一个"标准箱位",即"TEU"(Twenty-feet-Equivalent Unit)。

②托盘(Plate)。指由木材、金属或塑料制成的,能够用铲车叉起的托板。承载力一般为 0.5~2 公吨。用时将一定数量的单件货物堆放在托板上,捆扎加固,组成一个运输单位。

③集装袋(Flexible Container)。是由合成纤维或复合材料编织成的圆形大袋或方形大包。容量一般为 1~4 吨,高的可达 13 吨。适用于盛装粉状、粒状的化工产品、矿产品、农产品及水泥等散装货物。

(2)销售包装(Selling Packing)

①对销售包装的要求

销售包装除了保护商品的品质外,还有提高商品价值的作用。有些商品只有进行销售包装才能销售。对销售包装的要求是:便于陈列展销;便于识别商品;便于携带及使用;要有艺术吸引力。

②销售包装的分类

便于陈列展销类:堆叠式、挂式、展开式包装等。

便于识别商品类:透明包装、开窗包装、传统包装、习惯包装等。

便于携带及使用类:携带式包装、易开包装、喷雾包装、复用包装、配套包装、礼品包装等。

③销售包装的装潢画面和文字说明

销售包装上一般都附有装潢画面,它由图案、文字和色彩组成,美观大方,富有艺术吸引力,是对商品的无声宣传。进入国际市场的商品,销售包装的图案、文字、色彩要符合有关国家和地区的民族习惯和爱好。如伊斯兰国家忌用猪形图案,日本视莲花为不吉利的图案等。

销售包装上应有必要的文字说明,如商标、品牌、品名、产地、数量、规格、成分、用途和使用方法等。有些国家对销售包装上使用的文字说明有特别的规定和要求,这也应引起注意。如加拿大政府规定,销往该国的商品,必须同时使用英、法两种文字说明;日本政府规定,凡销往该国的药品,除必须说明成分和使用方法外还要说明其功能,否则,就不准进口。

【小资料 4-1-3】

条形码(Barcode)

国际上通用的条形码主要有两种:一种是美国统一代码委员会编制的 UPC 条码(Universal Product Code);另一种是由欧洲 12 国成立的欧洲物品编码协会(后改名为国际物品编码协会)编制的 EAN 条码(European Article Number)。我国在 1988 年成立了中国物品编码中心,该中心于 1991 年 4 月代表中国加入国际物品编码协会,并成为正式会员。目前,国际物品编码协会分配给我国的国别号为"690""691"和"692",凡标有"690""691"和"692"条形码的商品,即表示是中国生产的商品。

2. 包装标志

很多时候许多家货物同时进入车站或码头,用同一运输工具装载,为了装卸、运输、交接工作顺利进行,保证货物安全、迅速、准确地运交收货人,就需要在运输包装上书写、印刷有关标志,以识别和提醒人们注意操作。包装标志可分为运输标志、指示性标志和警告性标志。

①运输标志(Shipping Mark)

运输标志又称唛头,是一种识别标志,通常由一个简单的几何图形或一些字母、数字及简单的文字组成。运输标志内容繁简不一,由买卖方根据商品特点和具体要求商定。唛头通常刷印在外包装的明显部位,是唯一体现在装运单据上的包装标志。其作用是在装卸、运输、保管过程中,使有关部门便于识别货物,防止发错、运错。

鉴于运输标志的内容差异较大,过于繁杂,国际标准化组织和国际货物装卸协调协会推荐了一套标准化运输标志给各国使用。它包括四项内容:收货人或买方名称的英文缩写字母或简称;参考号,如使用运单号或发票号等;目的地;件号。

例如:

ABC——收货人代号

123——参考号

NEW YORK——目的地

1/25——件数代号

②指示性标志(Indicative Mark)

指示性标志又称为注意标志。是指人们在装卸、运输和保管过程中需要注意的事项,一般是由简单醒目的图形和文字组成。如图 4-1 所示:

小心轻放	堆码重量极限	重 心 点	禁止滚翻
怕 湿	堆码层数极限	由此吊起	怕 热
向 上	温度极限	禁用手钩	远离放射及热源

图 4-1　指示性标志

③警告性标志(Warning Mark)

警告性标志又称危险货物包装标志,是指在装有爆炸物品、易燃物品、腐蚀物品、氧化剂和放射物质等危险货物的运输包装上用图形或文字表示的各种标志,以示警告,使装卸、运输和保管人员采取相应措施,以保护物资和人身安全。如图 4-2 所示:

包装标志 1 爆炸品标志 (符号:黑色;底色:橙红色)	包装标志 2 爆炸品标志 (符号:黑色;底色:橙红色)	包装标志 3 爆炸品标志 (符号:黑色;底色:橙红色)

包装标志 4 易燃气体标志 （符号:黑色或白色;底色:正红色）	包装标志 5 不燃气体标志 （符号:黑色或白色;底色:绿色）	包装标志 6 有毒气体标志 （符号:黑色;底色:白色）
包装标志 7 易燃液体标志 （符号:黑色或白色;底色:正红色）	包装标志 8 易燃固体标志 （符号:黑色;底色:白色红条）	包装标志 9 自燃物品标志 （符号:黑色;底色:上白下红）
包装标志 10 遇湿易燃物品标志 （符号:黑色或白色;底色:蓝色）	包装标志 11 氧化剂标志 （符号:黑色;底色:柠檬黄色）	包装标志 12 有机过氧化物标志 （符号:黑色;底色:柠檬色）
包装标志 13 剧毒品标志 （符号:黑色;底色:白色）	包装标志 14 有毒品标志 （符号:黑色;底色:白色）	包装标志 15 有害品标志 （符号:黑色;底色:白色）
包装标志 16 感染性物品标志 （符号:黑色;底色:白色）	包装标志 17 一级放射性物品标志 （符号:黑色;底色:白色，附一条红竖线）	包装标志 18 二级放射性物品标志 （符号:黑色;底色:上黄下白，附两条红竖线）

包装标志 19 三级放射性物品标志 （符号：黑色；底色：上黄下白， 附三条红竖线）	包装标志 20 腐蚀品标志 （符号：上黑下白；底色：上白下黑）	包装标志 21 杂类标志 （符号：黑色；底色：白色）

图 4-2　警告性包装标志

（三）中性包装

在进出口贸易中，为适应国际市场的特点和需求，尽量满足进口商的要求，加强外销和扩大出口，还可以采用中性包装。

中性包装是指在商品及其内外包装上不标明生产国别、地名，厂名、商标品牌的包装。常用的中性包装有无牌中性包装和定牌中性包装两种。

（1）无牌中性包装是指包装上既无生产国别、厂名、地名，也无商标和品牌。它主要用于一些尚待进一步加工的半成品包装，例如供印染用的棉坯布等，也有国外超市定购商品时要求无牌包装。

（2）定牌中性包装是指买方要求出口商在商品及包装上使用买方指定的商标或品牌，但无生产地名和厂名。这是进口商借助品牌优势扩大销路的需要。

（四）合同的包装条款

进出口贸易合同中，包装条款一般包括包装材料、包装方式、包装规格、包装标志和包装费用负担等内容。商品的包装条件会涉及买卖双方利益，包装方式对商品在市场上的销售有一定的影响，故买卖双方洽谈交易时必须把包装问题谈妥，并在合同中订立明确。

（五）在订立包装条款时需注意的事项

1. 要考虑商品特点，适合运输要求

进出口贸易商品大多需要远洋运输，一般要求包装要能防止泄漏，防止盗窃，适应气候变化，同时要根据具体商品的特点实施相应包装。

2. 必须明确具体

买卖双方在洽谈时，经充分意见交流，应使合同中有关包装的条件明确具体，不要使用"卖方惯用包装""习惯包装"等笼统概念。订立时明确具体，事后分歧就少。例如，某种商品包装条款订为："进口纸箱包装，内塑料袋，每箱净重 10 公斤。"

3. 运输标志的使用

按国际贸易习惯，运输标志一般由卖方确定，但也有买方要求由他自己确定。若由买方确定时，应在合同中具体规定运输标志的式样和内容，买方提供的时间，同时规定逾期未收到买方通知时由卖方自定。

4. 包装费用的负担

包装费用一般包括在货价中,不另计价,在包装条款中无须说明。但是,买方若要求特制包装,导致包装费用超出正常程度,使产品成本增加时,则需要明确超出的费用由谁负担。

【小思考 4-1-3】

进出口货物的运输标志,俗称"唛头",能起到什么作用?

答:在仓库、码头或运输工具上,会堆积、存运很多货物,甚至有些是同样的货物。为便于识别货物,防止错运、错发,就需要对每一货主托运的货物加以区分,这就需要使用不同的运输标志来区分。

【微型案例 4-1-13】

我某公司外销食品 1.5 公吨,合同规定纸箱包装,每箱 15 千克(内装 15 小盒,每小盒 1 千克)。交货时发现此种包装无货,于是便装入每盒 0.5 千克,30 小盒一箱,每箱仍为 15 千克发运。到货后,对方以包装不符拒收。

请问:对方能否拒收?

【小资料 4-1-4】

国际市场对商品包装的要求

具体的要求有以下几方面:

(1)名称易记。包装上的产品名称要易懂、易念、易记。

(2)外形醒目。要使消费者从包装外表就能对产品的特征有所了解。

(3)印刷简明。包装印刷力求简明。那些在超级市场上出售的商品,因为是由顾客自己从货架上挑选,因此它们的包装就要简明、吸引人,让顾客从货架旁边走过时能留意到它,想把它从货架上拿下来看看。

(4)体现信誉。包装要充分体现产品的信誉,使消费者透过产品的包装对产品心生信赖。

(5)颜色悦目。一般来说,欧洲人喜欢白色和黄色。在欧洲超级市场上销售的高档商品,多采用欧洲流行色,即淡雅或接近白色的色彩。

(6)有地区标志。包装应有产品地区标志或图案,使人容易识别。

(7)有环保意识。国际上现在普遍重视环境保护工作,为此国际上有许多关于包装材料的新的具体规定,总的趋势是逐步用纸和玻璃取代塑料、塑胶等材料,如德国规定中国出口到德国的食品包装用瓦楞纸箱。

任务二　进出口商品的价格条款

【知识目标】

了解进出口商品价格确定的原则与作价方法。

熟悉计价货币的选用。

了解买卖合同中价格条款的规定方法。

【技能目标】

能正确计算出口换汇成本和盈亏率。

能熟练运用 FOB 价格计算方法。

能正确计算佣金和折扣。

【引导案例】

发票单价中漏列"CIF"字样致损案

1985 年 10 月,中国某出口公司按 CIF 价格条件和信用证付款方式向中东地区某商人出售一批服装。该公司寄出的结算单据遭开证行拒付,其理由是,在商业发票上所列价格条件仅标明目的港名称,而其前面却漏打"CIF"字样。经与议付行洽商并由议付行向开证行交涉,说明提单上注明"运费已付",又有保险单证明已投保货运险,就整套单据而言,是符合 CIF 价格条件的,但开证行仍坚持拒付,并将不符点通知开证人。开证人则以市场状况不佳为由,要求减价 15% 才接受单据。几经交涉之后,开证行通知议付行称:"买方只能按 90% 付款赎单。"议付行就此与出口公司联系后,先按 90% 收汇,未收部分则继续与开证行交涉,但终未成功。

请问:该案例带给我们怎样的启示?

✒ 案例分析

> 在进出口贸易中,商品价格的确定,对交易双方来讲,是一个核心问题,它直接关系买卖双方的现实利益。双方如何确定一个合理价格,要考虑到影响价格的诸多因素。同时,在合同的价格条款中,准确表述商品价格也非常重要。引例所述问题就是合同执行过程中,单据价格表述不规范,引起了纠纷,致使出口商遭受损失。本任务将对价格的确定及价格条款的签订等问题作详细介绍。

一、进出口商品价格的构成

对于任何一笔交易,价格条款都是买卖双方最为关注的核心和焦点内容。在进出口贸易中,商品价格的确定,对交易双方来讲,是一个核心问题,它直接关系买卖双方的现实利益。交易双方在洽商交易和订立合同时,都非常重视商品的价格问题。在进出口货物贸易中,价格构成是制定进出口价格的基础和依据。要把握好商品的价格,首先就要了解商品价格的构成。

(一)出口价格的构成

出口价格的构成一般包括商品成本、出口费用和预期利润三部分。

1. 商品成本(cost)

通常称原价或基价,一般是制造工厂交货或仓库交货价,或者是专业出口商的购货成本。它是贸易商向供货商采购商品的价格,也称进货成本。

2. 出口费用(expenses/charges)

指货物从启运地到交付买方之前应由卖方支付的费用。

3. 预期利润(expected profit)

生产厂商自营出口,利润已包含在商品成本中;专业出口商在计算出口价格时要加上自己的预期利润。

在上面三项中,商品成本和预期利润是相对固定的,只有出口费用随商品转移过程的变化而变化。商品从生产者手中到最后转移到收货人手中,一般要发生以下费用:

(1)包装费(packing charges)

一般商品除销售包装外,卖方一般要提供适合该商品的特性和运输方式的出口包装,这项费用包含在基本价格之内。散装商品送到出口商仓库后,分选打包所需的人工费、装箱费也应计算在包装费之内。买方提出特殊要求的,其费用由买方自行承担。

(2)国内运输费(inland transport charges)

装货前的内陆运输费用,如公路、铁路、内河运输费,路桥费,过境费及装卸费等。一般是指货物从生产商的仓库直接运到码头仓库或承运人仓库,也可能从生产商的仓库运到出口商仓库分选打包后,再运到码头仓库或承运人仓库这一过程中的陆运或水运的运费。

(3)商检费(inspection charges)

出口商检机构检验货物的费用。按国家出口商品检验检疫规定,必须进行出口检验的商品要进行产品检验并支付检验费。

(4)仓储费(warehousing charges)

提前采购或另外存仓的费用。一般包括因等船而储存于码头仓库的仓储保管费和出入库的搬运费用。

(5)从码头仓库到船边的费用(charges from the dock warehouses to the ship's side)

指货物从码头仓库到船边或船公司指定的集货场所需支付的运输费用等。

(6)驳船费(lighterage charges)

如承运船只不能靠岸,需要用驳船运到船边,要支付驳船费用。

(7)装船费(loading charges)

指商品运上船所需的装船费。如系班轮运输此费用已包含在运费中。此外,与此相关的平舱费和理舱费视合同规定而定。

（8）报关费（customs clearing charges）

包括报关时应交纳的出口关税、捐税和海关手续费。如委托他人代办还需交付代理费。

（9）出口运费（freight charges）

出口商支付的海运、陆运、空运及多式联运费用。

（10）保险费（insurance premium）

出口商购买货运保险或信用保险支付的费用。

（11）佣金（commission）

出口商向中间商支付的报酬。

（12）认证费（certification charges）

办理出口许可、配额、产地证及其他证明所支付的费用。

（13）垫款利息（interest）

出口商买进卖出期间垫付资金支付的利息。

（14）业务费用（operating charges）

出口商经营过程中发生的有关费用，也称经营管理费，如通讯费、交通费、交际费等。出口商还可根据商品、经营、市场等情况确定一个费用定额率，这个比率为5％～15％，一般是在进货成本基础上核定的。定额费用＝进货价×费用定额率。

（15）银行费用（banking charges）

出口商委托银行向外商收取货款、进行资信调查等支出的费用。

（二）进口价格的构成

进口价格一般由原价、进口费用和预期利润三部分构成。

1. 原价（cost price）

原价一般指卖方的报价，也称为基价。进口价格有 FOB、CFR、CIF 等多种。一般以进口 CIF 价格计算。FOB 和 CFR 要分别加上运费及保险费。

2. 进口费用（import charges）

进口费用随商品转移而变化。买方如按其责任最大的 EXW 术语成交，则要承担把货物从出口地运到买方仓库的全部费用。其中一部分责任及费用与出口费用相同。货物到达目的港后，买方一般承担的费用有：

（1）卸货费（landing charges）

货物用吊装机械从船上卸到岸上或驳船上的费用，但若是班轮运输则已包含在运费中。

（2）上岸费用（landing fees）

由驳船运往岸上或码头仓库的费用。

（3）报关费（customs clearance fee）

如交纳进口关税、海关手续费等。

（4）进口地检验费用（cost of inspection for import）

此外，还包括利息费、邮电费和其他杂费。

3. 预期利润(anticipated profit)

预期利润即长期的平均利润值,也就是用所出现的概率加权后的各种可能的利润之和。

二、贸易术语

(一)贸易术语的含义

在国际贸易中,交易双方要达成一笔交易,必须考虑这样几个方面的问题:

(1)卖方在什么地方,以什么方式办理交货。

(2)货物发生损坏或灭失的风险何时由卖方转移给买方。

(3)由谁负责办理货物的运输、保险以及通关过境的手续。

(4)由谁承担办理上述事项时所需的各种费用。

(5)买卖双方需要交接哪些有关的单据。

贸易术语(Trade Terms),也称价格术语,是在长期的国际贸易实践中产生的,用来表示商品的价格构成,说明交货地点,确定风险、责任、费用划分等问题的专门用语。

(二)贸易术语的产生

贸易术语是国际贸易发展到一定历史阶段的产物。在 18 世纪末 19 世纪初,出现了装运港船上交货术语,即 Free On Board (FOB)。当时的 FOB 仅指由进口商事先在装运港口租一条船,并要求出口商将他买下的货物交到他租好的船上。进口商自始至终在船上监督交货的情况,并检点货物。这是 FOB 的雏形。后来保险公司、银行也参与到国际贸易业务中。19 世纪中叶,以 CIF 为代表的贸易方式逐渐发展起来,成为国际贸易中最常用的贸易术语。

在国际贸易中,要完成一笔交易,需要办理装卸货物、投保货运险、报关、纳税等手续,并需支付运费、保险费、装卸费以及其他各项费用,同时货物在运输、装卸过程中,还可能遭遇到自然灾害、意外事故和各种外来风险,有关这些事项由谁办理、费用由谁支付、风险由谁承担,买卖双方在磋商交易和订立合同时,必须明确予以规定。为了明确交易双方各自承担的责任、费用和风险,便采用专门的贸易术语来表示。随着国际贸易和交通运输、通讯事业的发展,国际上采用的贸易术语也日渐增多,除传统的贸易术语外,近年来又出现了一些新的贸易术语。

(三)贸易术语的作用

贸易术语在国际贸易中起着积极的作用,主要表现在下列几个方面:

1. 有利于买卖双方洽商交易和订立合同

由于每种贸易术语都有其特定的含义,而且一些国际组织对各种贸易术语也作了统一的解释与规定,这些解释与规定,在国际上被广为接受,并成为惯常奉行的做法或行为模式。因此,买卖双方只需商定按何种贸易术语成交,即可明确彼此在交接货物方面所应承担的责任、费用和风险,这就简化了交易手续,缩短了洽商交易的时间,从而有利于买卖双方迅速达成交易和订立合同。

2. 有利于买卖双方核算价格和成本

由于贸易术语表示价格构成因素,所以买卖双方确定成交价格时,必须要考虑采用的贸易术语包含哪些费用,如运费、保险费、装卸费、关税、增值税和其他费用。这就有利于买卖双方进行比价和加强成本核算。

3. 有利于解决合同履行中的争议

买卖双方商订合同时,如对合同条款考虑欠周,使某些事项规定不明确或不完备,致使履约中产生争议,不能依据合同的规定解决。在此情况下,可以援引有关贸易术语的一般解释来处理,因为贸易术语的一般解释已成为国际惯例,并被国际贸易界从业人员和法律界人士所理解和接受,从而成为国际贸易中公认的一种类似行为规范的准则。

(四)和贸易术语有关的国际惯例

在相当长的时间内,国际上没有形成对各种贸易条件的统一解释。后来,国际商会、国际法协会和美国一些著名商业团体经过长期的努力,分别制定了解释国际贸易条件的规则,这些规则在国际上被广泛采用,因而形成一般的国际贸易惯例。

有关贸易术语的国际惯例主要有以下三种:

1.《1932 年华沙—牛津规则》(Warsaw-Oxford Rules,1932)

该规则是国际法协会专门为解释 CIF 合同而制定的,它对 CIF 合同的性质,买卖双方所承担的风险、责任和费用的划分以及所有权转移的方式等问题都作了比较详细的解释。该规则在总则中说明,这一规则供交易双方自愿采用,凡明示采用该规则者,合同当事人的权利和义务均应援引本规则的规定办理。经双方当事人明示协议,可以对该规则的任何一条进行变更、修改或增添。如果该规则与合同发生矛盾,应以合同为准。

2.《1941 年美国对外贸易定义修订本》(Revised American Foreign Trade Definition,1941)

它是由美国 9 个商业团体制定的,所解释的贸易条件共有 6 种。该定义在序言中明确指出,本定义并无法律的约束力,除非有专门的立法规定或为法院判决所认可,为使其对有关当事人产生法律上的约束力,建议买卖双方接受此定义作为买卖合同的一个组成部分。该定义在美洲被较多国家采用。

3.《2010 年国际贸易术语解释通则》(《INCOTERMS 2010》)

它是国际商会为了统一对各种贸易条件的解释而制定的。最早的《通则》产生于 1936 年,国际商会先后于 1953、1967、1976、1980、1990、2000 年进行过六次修改。现行的《2010 年通则》是国际商会根据全球范围内免税区的扩展、商业交往中电子通信运用的增加、货物运输中对安保问题关注度的提高及运输实践中的许多变化,在原《通则》的基础上修订而成的。

(五)《2010 年国际贸易术语解释通则》

1. EXW

(1)EXW 的含义

E 组只有一种贸易术语,EXW—EX WORKS(...named place of delivery),即工厂交货(……指定交货地)。

它是指当卖方在其营业处所或其他指定地点(即工厂、工场、仓库等)将备妥的货物交给买方处置时,即履行了交货义务。卖方无须将货物装上任何收货的运输工具,亦无须办理货物的出口清关手续。

这是卖方承担责任最小的一种。买方必须承担在卖方所在地受领货物后的全部费用和风险。

根据《2010通则》的解释,EXW术语适用于各种运输方式。

(2)买卖双方的义务

①卖方义务

卖方应在约定点或在指定地点将未置于任何运输工具上的货物交给买方处置。

承担将货物交给买方处置之前的一切费用和风险。

提交商业发票或具有同等作用的电子信息。

②买方义务

在合同规定的时间、地点,受领卖方提交的货物,并按合同规定支付货款。

承担受领货物之后的一切费用和风险。

自负费用和风险,取得出口和进口许可证或其他官方批准证件,并办理货物出口和进口的一切海关手续。

(3)使用EXW术语应注意的问题

①关于货物的交接问题

为了做好货物的交接,卖方在货物备妥后,还应就货物将在什么具体时间和地点交给买方支配的问题,向买方发出通知。如果双方约定,买方有权确定在一个规定的时间、地点受领货物,买方应及时通知卖方,以免延误交货或引起其他差错。如果买方没能够在规定的时间、地点受领货物,或者在他有权确定受领货物的时间、地点时,没能够及时给予卖方适当通知,那么,只要货物已被特定化为合同项下的货物,买方就要承担由此产生的费用和风险。

②关于货物的包装和装运问题

作为买方,在签约时应根据运输的情况,提出对货物包装的具体要求,并就包装费用负担问题做出规定,以避免事后引起争议。

由买方自备运输工具到交货地点接运货物,一般情况下,卖方不承担将货物装上运输工具的责任及费用,但如果双方约定,由卖方负责将货物装上买方安排的运输工具并承担相关的费用,则应在签约时对上述问题做出明确的规定。在实践中,有时采用"EXW装车"(EXW Loaded)这一变形,而《2010通则》未对贸易术语的变形做出规定,这时,应在销售合同中明确规定卖方是仅负责将货物装上运输工具的费用,还是仍需承担装货期间的风险。

③EXW术语的适用范围

使用这一术语时,买方要承担的责任、风险、费用是所有术语中最大的,买方应认真考虑可能遇到的各种风险、运输环节及在出口国的出口清关问题,权衡利弊。如果买方不能直接或间接办理出口手续,就不应使用该术语。

【微型案例 4-2-1】

有一份以 EXW 条件成交的产地交货合同,货物为新鲜荔枝 15 公吨,总值 20 万美元。合同规定买方必须在 5 月 25 日至 31 日之间派冷藏集装箱车到产地接运货物。后卖方多次催促,但直至 6 月 7 日也未见买方派车接货。于是,卖方不得不在 6 月 8 日将这批货物卖给另一家新买主,得价只有 15 万美元。

试问本案例中,荔枝的差价损失应该由谁承担? 为什么?

2. FOB

(1)FOB 术语的含义

FOB 的全称是 Free on Board(... named port of shipment),即船上交货(……指定装运港),习惯称为装运港船上交货。

它指由买方负责派船接运货物,卖方在合同规定的装运港和规定的期限内,将货物装上买方指派的船只,并及时通知买方。当货物放于指定的装运港船舶上时,货物灭失或损坏的风险即由卖方转移至买方。

FOB 术语只能用于海运或内河运输,不适用于在装上船之前转移风险的情况,比如在集装箱堆场交货,则应采用 FCA 术语。

【小思考 4-2-1】

从中国上海(上海港)出口一批货物到美国纽约(纽约港),如果采用 FOB 术语,应如何表示?

(2)买卖双方的义务

①卖方义务

在合同规定的时间和装运港口,将合同规定的货物交到买方指派的船上,并及时通知买方。

承担货物交至装运港船上之前的一切费用和风险。

自负风险和费用,取得出口许可证或其他官方批准证件,并且办理货物出口所需的一切海关手续。

提交商业发票和自费提供证明卖方已按规定交货的清洁单据,或具有同等作用的电子信息。

②买方义务

订立从指定装运港口运输货物的合同,支付运费,并将船名、装货地点和要求交货的时间及时通知卖方。

根据买卖合同的规定受领货物并支付货款。

承担受领货物之后所发生的一切费用和风险。

自负风险和费用,取得进口许可证或其他官方证件,并办理货物进口所需的海关手续。

(3)使用 FOB 术语应注意的问题

①风险划分界限

以装运港船上作为划分风险的界限是 FOB、CFR 和 CIF 同其他贸易术语的重要区别之一。"船上为界"表明货物在装上船之前的风险,包括在装船时货物跌落码头或海中所造成的损失,均由卖方承担。货物装上船之后,包括在起航前和在运输过程中所发生的损坏或灭失,则由买方承担。

【微型案例 4-2-2】

有一份 FOB 合同,甲公司出口卡车 500 辆,该批货物装于舱面,其中 40 辆是卖给某国乙公司的,货物抵运目的港后由承运人负责分拨。船行途中遇到恶劣天气,有 50 辆卡车被冲进海中。事后甲公司宣布出售给乙公司的 40 辆卡车已在运输途中全部损失。乙公司认为甲公司未履行交货义务,要求赔偿损失,甲公司认为货物已经越过船舷,风险已转移,无须赔偿。

请判别孰是孰非。为什么?

②船货衔接

使用 FOB 术语时,卖方应按合同规定的装船期和装运港,将货物装上船,而买方负责安排运输工具,所以买卖双方必须注意船货衔接问题。如果处理不好这一问题,发生货等船或船等货的情况,势必影响合同的正常履行。按有关法律和惯例对买卖双方义务的规定,如果买方按期派船到装运港并给予了卖方充分的通知,而卖方因货物未备妥不能及时装运,则卖方应承担未按合同履行的后果,包括负担空舱费(Dead Freight)或滞期费(Demurrage);如果买方延迟派船导致卖方不能按合同规定时间装船交货,则由买方承担由此产生的损失和费用。

为了避免发生买方船到而卖方未备妥或卖方备妥货物而不见买方载货船舶的情况,买卖双方必须相互给予充分的通知。如卖方及时将备货进度告知买方,以便买方适时租船订舱。买方租船订舱后也应及时将船名、航次、预计到达装运港的时间通知卖方,以便卖方做好交货准备。

【微型案例 4-2-3】

我方与美商达成的合同中采用的术语为 FOB 上海,合同规定的交货时间为 2001年 3—4 月份,可是到了 4 月 30 日,买方指派的船只还未到达上海港,问:

(1)如果货物在 5 月 2 日因仓库失火而全部灭失。发生灭失的风险应由谁来负担?

(2)如果船于 5 月 2 日到达并装运,此期间为保存货物而发生的额外费用由谁负担?

③装船通知

买方必须自交货点起负担一切费用和货物灭失或者损坏的风险,也就是说,如果货物在海上遇险或者遭遇海盗,将与卖方无关,买方不能以此理由拒绝支付货款,所以卖方可以建议买方为货物投保。卖方装船后,必须及时向买方发出装船通知,以便买方及时办理投保手续。

④FOB 价格包含了国内的所有费用

如果是货物比较多或者利润比较高的话,国内的费用是可以不用考虑的。而如果货物比较少,就需要相应提高价格,因为单位成本增加了很多。单位成本主要包括内陆运费(工厂到港口或者集装箱仓库的费用)、装卸费(特别是一些不能机械装卸的货物产生的费用)、拼箱杂费、码头费、报关费、报检费等。

⑤使用集装箱运输货物时不宜用 FOB 术语

当使用集装箱运输货物时,卖方通常将货物在集装箱码头移交给承运人,而不是交到船上,这时不宜使用 FOB 术语,而应使用 FCA 术语。

(4)FOB 的变形

FOB 的变形是指在 FOB 术语后添加词句,用来说明在程租船运输上装船费用由谁负担的问题。在按 FOB 条件成交时,卖方要负责支付货物装上船之前的一切费用。但各国对于装船的概念没有统一的解释,有关装船的各项费用由谁负担,各国的惯例或习惯做法也不完全一致。如果采用班轮运输,船方管装管卸,装卸费计入班轮运费之中,自然由负责租船的买方承担;而采用程租船运输,船方一般不负担装卸费用,这就必须明确装船的各项费用应由谁负担。为了说明装船费用的负担问题,双方往往在 FOB 术语后加列附加条件,这就形成了 FOB 的变形。主要包括以下几种:

FOB Liner Terms(FOB 班轮条件),是指装船费用按照班轮的做法处理,即由船方或买方承担。所以,采用这一变形,卖方不负担装船的有关费用。

FOB Under Tackle(FOB 吊钩下交货),是指卖方仅负担将货物交到买方所派船只的吊钩所及之处的费用,而货物吊装入舱以及其他各项费用,概由买方负担。

FOB Stowed(FOB 理舱费在内),是指卖方负责将货物装入船舱并承担包括理舱费在内的装船费用。理舱是指货物入舱后进行安置和整理。

FOB Trimmed(FOB 平舱费在内),是指卖方负责将货物装入船舱并承担包括平舱费在内的装船费用。平舱是指对装入船舱的散装货物进行平整。

FOBST(FOB Stowed and Trimmed,平舱费在内),是指卖方承担包括理舱费和平舱费在内的各项装船费用。

传统的观点认为,FOB 的上述变形,只是为了表明装船费用由谁负担而产生的,并不影响交货地点和风险划分界限。但《2010 通则》对此并没有规定,因此在实践中,为了避免理解上的偏差引起争执,应在销售合同中明确规定这种变形是仅限于费用的划分,还是包括了风险在内。

(5)其他解释

《1941 年美国对外贸易定义修订本》对 FOB 的解释分为六种,其中前三种是在出口国内陆指定地点的内陆运输工具上交货,第四种是在出口地点的内陆运输工具上交货,第五种是在装运港船上交货,第六种是在进口国指定内陆地点交货。上述第四和第五种在使用时应加以注意。因为这两种术语在交货地点上有可能相同,如都是在旧金山交货,如果买方要求在装运港口的船上交货,则应在 FOB 和港名之间加上"Vessel"字样,变成"FOB Vessel San Francisco",否则,卖方有可能按第四种情况在旧金山市的内陆运输工具上交货。《1941 年美国对外贸易定义修订本》对 FOB 的解释与运用,同国际上的一般解释与运用有明显的差异,这主要表现在下列几方面:

①美国惯例把 FOB 笼统地解释为在某处某种运输工具上交货,其适用范围很广,因此,在同美国、加拿大等国的商人按 FOB 订立合同时,除必须标明装运港名称外,还

必须在 FOB 后加上"船舶"（Vessel）字样。如果只订为"FOB San Francisco"而漏写"Vessel"字样，则卖方只负责把货物运到旧金山城内的任何处所，不负责把货物运到旧金山港口并交到船上。

②风险划分界限不同。《修订本》规定：卖方应"承担货物一切灭失及/或损坏责任，直至在规定日期或期限内，已将货物装载于船上为止。"按此规定，卖方承担的风险不是货物越过装运港船舷为止，而是货物实际装于船上为止。

③关于出口清关问题。《修订本》规定卖方只是"在买方请求并由其负担费用的情况下，协助买方取得由原产地及/或装运地国家签发的，为货物出口或在目的地进口所需的各种证件"，即买方应负担一切出口捐税及各种费用。

【小思考 4-2-2】

（1）按《修定本》对 FOB 术语的解释，FOB San Francisco 与 FOB Vessel San Francisco 有什么区别？

（2）FOB Vessel San Francisco（适用《修订本》）与 FOB San Francisco（适用《2010年通则》）又有什么区别呢？

【微型案例 4-2-4】

我方某公司每公吨 242 美元 FOB Vessel New York 进口 200 公吨钢材。我方如期开出 48400 美元信用证，但美商来电要求增加信用证金额至 50000 美元，不然有关出口捐税及签证费应由我方另行电汇。美方此举是否合理？

3. FCA

（1）FCA 的含义

FCA 的全称是 Free Carrier(... Named Place)，即货交承运人(……指定地点)。卖方必须在合同规定的交货期内，在指定地或地点将经出口清关的货物交给买方指定的承运人监管，并负担货物被交由承运人监管为止的一切费用和货物灭失或损坏的风险。买方必须自负费用订立从指定地或地点发运货物的运输合同，并将有关承运人的名称、要求交货的时间和地点，充分地通知卖方；负担货交承运人后的一切费用和货物灭失或损坏的风险；负责按合同规定收取货物和支付价款。应该注意，交货地点的选择对在该地装货和卸货的义务会产生不同的影响。如卖方在其所在地交货，卖方应负责装货；如卖方在任何其他地点交货，卖方不负责卸货。

本术语适用于任何运输方式，包括多式联运。

（2）买卖双方的义务

①卖方义务

在合同规定的时间、地点，将合同规定的货物置于买方指定的承运人控制下，并及时通知买方。承担将货物交给承运人控制之前的一切费用和风险。自负风险和费用，取得出口许可证或其他官方批准证件，并办理货物出口所需的一切海关手续。提交商业发票或具有同等作用的电子信息，并自费提供通常的交货凭证。

②买方义务

签订从指定地点承运货物的合同，支付有关的运费，并将承运人名称及有关情况及时通知卖方。根据买卖合同的规定受领货物并支付货款。承担受领货物之后所发生的一切费用和风险。自负风险和费用,取得出口许可证或其他官方批准证件,并办理货物进口所需的海关手续。

【小思考 4-2-3】

新疆某公司和日本客商洽谈一项出口合同,计划货物由乌鲁木齐运往横滨,我方不愿承担从乌鲁木齐至出口港天津新港的货物风险,日本客商坚持由自己办理运输,应采用何种贸易术语使双方都满意?

(3)使用 FCA 术语应注意的问题

①关于承运人和交货地点

在 FCA 条件下,通常是由买方安排承运人,与其订立运输合同,并将承运人的情况通知卖方。该承运人可以是拥有运输工具的实际承运人,也可以是运输代理人或其他人。

按 INCOTERMS 2010(《2010 年国际贸易术语解释通则》),交货地点的选择直接影响到装卸货物的责任划分。如在卖方所在处所交货,卖方负责装货,即当卖方将货物装上由买方指定的承运人或代表他行事的另一人提供的运输工具上时,完成交货义务;如在卖方所在地以外的其他地方交货,卖方不负责卸货,即当卖方将装载于运输工具上未卸下的货物交由买方指定的承运人或另一人处置之下时,完成交货义务。

②FCA 条件下风险转移的问题

在采用 FCA 术语成交时,买卖双方的风险划分是以货交承运人为界。通常情况下是由买方负责订立运输契约,并将承运人名称及有关事项及时通知卖方,卖方才能如约完成交货义务,并实现风险的转移。如买方未能及时给予卖方上述通知,或者他所指定的承运人在约定的时间未能接受货物,其后的风险是否仍由卖方承担呢?《2010 年通则》解释货交承运人时,风险由卖方转移给买方,但如果由于买方的原因使卖方无法按时完成交货义务,只要货物已被特定化,那么风险转移的时间可以前移。

③有关责任和费用的划分问题

按照 FCA 术语成交,一般是由买方自行订立从指定地点承运货物的合同,但是,如果买方有要求,或如果这是一种商业惯例以及买方未在适当的时间内给予相反的指示,卖方可按通常条件订立运输合同,而由买方负担风险和费用。在任何一种情况下,卖方可以拒绝订立运输合同,如果卖方拒绝,则须立即通知买方。

买卖双方承担的费用一般也是以货交承运人为界进行划分,即卖方负担货物交给承运人控制之前的有关费用,买方负担货交承运人之后的各项费用。

【微型案例 4-2-5】

我国某内陆出口公司于 2000 年 2 月向日本出口 30 吨甘草膏,每吨装作 40 箱,共1200 箱,每吨售价 1800 美元,FOB 新港,共 54000 美元,即期信用证,装运期为 2 月 25日之前,货物必须装集装箱。该出口公司在天津设有办事处,于是在 2 月上旬便将货物运到天津,由天津办事处负责订箱装船,不料货物在天津存仓后的第二天,仓库午夜着火,抢救不及,1200 箱甘草膏全部被焚。办事处立即通知内地公司总部并要求尽快补发 30 吨甘草膏,否则无法按期装船。结果该出口公司因货源不济,只好要求日商将信用证的有效期和装运期各延长 15 天。

试分析从此案中应吸取的教训。

4. FAS

(1)FAS 术语的含义

FAS 的全称是 Free Alongside Ship(... named port of shipment),即船边交货(……指定装运港)。

它指卖方要在约定的时间内将合同规定的货物交到指定的装运港买方所指派的船只的船边,在船边完成交货义务。买卖双方负担的风险和费用均以船边为界。如果买方所派的船只不能靠岸,卖方则要负责用驳船把货物运至船边,仍在船边交货。装船的责任和费用由买方承担。

此术语仅适用于海运和内河运输。

(2)买卖双方的义务

①卖方义务

在合同规定的时间和装运港口,将合同规定的货物交到买方所派船只的旁边,并及时通知买方。承担货物交至装运港船边的一切费用和风险。自负风险和费用,取得出口许可证或其他官方批准证件,并且办理货物出口的一切海关手续。提交商业发票或具有同等作用的电子信息,并且自负费用提供通常的交货凭证。

②买方义务

订立从指定装运港口运输货物的合同,支付运费,并将船名、装货地点和要求交货的时间及时通知卖方。在合同规定的时间、地点,受领卖方提交的货物,并按合同规定支付货款。承担受领货物之后所发生的一切费用和风险。自负风险和费用,取得进口许可证或其他官方批准证件,并且办理货物进口的一切海关手续。

【小思考 4-2-4】

采用 FAS 时,在卖方用驳船把货物运至买方船边的过程中,货物被海水打湿,其造成的相应损失该由谁承担?

(3)使用 FAS 术语应注意的问题

①对 FAS 术语的不同解释

按《2010 通则》的解释,FAS 是"装运港船边交货"术语,只用于海运和内河航运。而《1941 年美国对外贸易定义修订本》中规定,FAS 是 Free Alongside 的缩写,意为"运输工具旁边交货",适用于任何运输方式。因此,同北美国家的交易中如使用 FAS 术语,应在 FAS 后加上"Vessel"字样,以明确表示"船边交货"。

②出口清关

《2010 通则》规定,由卖方负责货物的出口清关。但如果双方当事人希望由买方处理出口手续,应在销售合同中订明。

③船货衔接问题

在 FAS 下,买方要及时将船名和要求装货的具体时间、地点通知卖方,以便卖方按时做好备货出运工作,卖方也应将货物交至船边的情况及时通知买方,以利于买方办理装船事项。

如果买方指派的船只未按时到港接受货物,或者比规定的时间提前停止装货,或者买方未能及时发出派船通知,只要货物已被清楚地划出,或以其他方式确定为本合同项下的货物,由此产生的风险和损失均由买方承担。

5. CFR

(1)CFR 术语的含义

CFR 的全称是 Cost and Freight(... named port of destination),即成本加运费(……指定目的港)。卖方必须在合同规定的装运期内,在装运港将货物交至运往指定目的港的船上,负担货物装上船为止的一切费用和货物灭失或损坏的风险,并负责支付将货物运至指定目的港所必需的费用和运费,但交货后货物灭失或损坏的风险,以及由于交货后发生的事件而引起的任何额外费用,自卖方转移至买方。

CFR 术语只能用于海运和内河运输。

(2)买卖双方的义务

①卖方义务

签订从指定装运港将货物运往指定目的港的合同;在买卖合同规定的时间和港口,将合同要求的货物装上船并支付至目的港的运费;装船后及时通知买方。承担货物在装运港装上船前的一切费用和风险。自负风险和费用,取得出口许可证或其他官方批准证件,并且办理货物出口所需的一切海关手续。提交商业发票,自费向买方提供为买方在目的港提货所用的通常的运输单据,或具有同等作用的电子信息。

②买方义务

接受卖方提供的有关单据,受领货物,并按合同规定支付货款。承担货物在装运港装上船以后的一切风险。自负风险和费用,取得进口许可证或其他官方批准证件,并且办理货物进口所需的一切海关手续,支付关税及其他有关费用。

(3)使用 CFR 应注意的问题

①卖方的装运义务

采用 CFR 贸易术语成交时,卖方要承担将货物由装运港运往目的港的义务。为了保证能按时完成在装运港交货的义务,卖方应根据货源和船源的实际情况合理地规定装运期。当装运期一经确定,卖方就应及时租船定舱和备货,并按规定的期限发运货物。按照《联合国国际货物销售合同公约》的规定,卖方延迟装运或者提前装运都是违反合同的行为,要承担违约的责任。买方有权根据情况拒收货物或提出索赔。

②卖方应及时发出装船通知

按照 CFR 条件达成的交易,卖方需要特别注意的问题是,货物装船后必须及时向买方发出装船通知,以便买方办理投保手续。因为一般的国际贸易惯例以及有些国家的法律,如英国《1893 年货物买卖法案》(1973 年修订)中规定:"如果卖方未向买方发出装船通知,致使买方未能办理货物保险,那么,货物在海运途中的风险被视为卖方负担。"也就是说,如果货物在运输途中遭受损坏或灭失,由于卖方未发出通知而使买方漏保,那么卖方就不能以风险在船舷转移为由免除责任。由此可见,尽管在 FOB 和 CIF 条件下,卖方装船后也应向买方发出通知,但 CFR 条件下的装船通知,具有更为重要的意义。

【微型案例 4-2-6】

我国某进出口公司按 CFR 条件与法国一进口商签订一批抽纱台布出口合同,价值 8 万美元。货物于当年 1 月 8 日上午装船完毕,业务员因当天工作较忙忘记向买方发装船通知(Shipping Advice),次日上班时才想起并发出装船通知。法商收到我装船通知后立即向当地保险公司投保,不料该保险公司获悉装载该货的轮船已于 9 日凌晨在海上遇难而拒绝承保。法方即来电称"由于你方晚发装船通知,以致我方无法投保,因货轮已罹难,货物损失应由你方负担并应赔偿我方利润及费用损失 8000 美元"。不久我方通过银行寄去的全套货运单证被退回。

试分析此案的启示。

③卸货费用的负担问题

按照 CFR 条件成交,货到目的港后的卸货费由谁负担也是一个需要考虑并加以明确的问题。如果使用班轮运输,由于装卸费用已打入班轮运费中,故在卸货费由谁负担上不会引起争议,而大宗商品一般采用租船运输,在租船运输情况下,卸货费用由谁负担呢?由于各国和各地区有不同的习惯做法,为避免在卸货费用负担上引起争议,便产生了 CFR 的变形。业务中常见的 CFR 变形有以下几种:

CFR Liner Terms(CFR 班轮条件),这一变形指卸货费按班轮做法处理,即买方不负担卸货费。

CFR Landed(CFR 卸至码头),这一变形是指由卖方承担卸货费,包括因船不能靠岸,需将货物用驳船运至岸上而支出的费用在内。

CFR Ex Tackle(CFR 吊钩下交货),这是指卖方负责将货物从船舱吊起卸到船舶吊钩所及之处(码头上或驳船上)的费用。在船舶不能靠岸的情况下,租用驳船的费用和货物从驳船卸到岸上的费用,概由买方负担。

CFR Ex Ship's Hold(CFR 舱底交货),按此条件成交,船到目的港在船上办理交接后,由买方自行启舱,并负担货物由舱底卸至码头的费用。

传统的观点认为,CFR 的上述变形,只是为了表明卸货费用由谁负担而产生的,并不影响交货地点和风险划分界限。但《2010 通则》明确指出,为了避免因理解上的偏差引起争执,应在销售合同中明确规定这种变形是仅限于费用的划分,还是包括了风险花费划分在内。

6. CIF

(1)CIF 术语的含义

CIF 的全称是 Cost,Insurance and Freight(... named port of destination),即成本、保险费加运费(……指定目的港)。CIF 贸易术语是指在装运港将货物装上船,卖方即完成交货。卖方必须支付将货物运至指定的目的港所需的运费和费用,但交货后货物灭失或损坏的风险及由于各种事件造成的任何额外费用即由卖方转移到买方。但是,在 CIF 条件下,卖方必须办理买方货物在运输途中灭失或损坏风险的海运保险。

按《2010 年通则》的规定,CIF 术语只适用于海运和内河航运。

(2)买卖双方的义务

①卖方义务

签订从指定装运港承运货物的合同;在合同规定的时间和港口,将合同要求的货物装上船并支付至目的港的运费;装船后须及时通知买方。承担货物在装运港装上船之前的一切费用和风险。按照买卖合同的约定,自负费用办理海上运输保险。自负风险和费用,取得出口许可证或其他官方批准证件,并办理货物出口所需的一切海关手续。提交商业发票和在目的港提货所用的通常的运输单据或具有同等作用的电子信息,并且自费向买方提供保险单据。

②买方义务

接受卖方提供的有关单据,受领货物,并按合同规定支付货款。承担货物在装运港装上船之后的一切费用和风险。自负风险和费用,取得进口许可证或其他官方批准证件,并且办理货物进口所需的一切海关手续。

(3)使用 CIF 术语应注意的问题

①保险险别问题

在 CIF 合同中,卖方是为了买方的利益办理货运保险的,因此由装运港至目的港的保险属代办性质。此项保险主要是为了保障货物装船后在运输途中的风险。《2010 年通则》对卖方的保险责任规定:如无相反的明示协议,卖方只需按《协会货物保险条款》或其他类似的保险条款中最低责任的保险险别投保。在 CIF 的条件下,卖方只需按规定惯例承担正常保险费用。如果没有特别规定,卖方只需投买最低的保险险别就算是完成了 CIF 的保险义务,如买方有要求,并由买方负担费用,卖方应在可能情况下投保战争、罢工、暴动和民变险等。最低保险金额应为合同规定的价款加 10%,并以合同货币投保。

在实际业务中,为了明确责任,我国外贸企业在与国外客户洽谈交易采用 CIF 术语时,一般都应在合同中具体规定保险金额、保险险别和适用的保险条款。

②租船订舱问题

如果没有相反的约定,卖方只需负责按通常的条件和惯驶航线,租用适当船舶将货物运往目的港。

对于在业务中有时买方提出的关于限制船舶的国籍、船型、船龄、船级以及指定装载某班轮公司的船只等要求,卖方均有权拒绝接受。但卖方也可放弃这一权利,可根据具体情况给予通融。

③象征性交货问题

从交货方式来看,CIF 是一种典型的象征性交货(Symbolic Delivery)。所谓象征性交货,是针对实际交货(Physical Delivery)而言的。前者指卖方只要按期在约定地点完成装运,并向买方提交合同规定的包括物权凭证在内的有关单证,就算完成了交货义务,而无须保证到货。后者则是指卖方要在规定的时间和地点,将符合合同规定的货物提交给买方或其指定人,而不能以交单代替交货。在象征性交货方式下,卖方是凭单交货,买方是凭单付款,只要卖方按时向买方提交了符合合同规定的全套单据,即使货物在运输途中损坏或灭失,买方也必须履行付款义务;反之,如果卖方提交的单据不符合要求,即使货物完好无损地运达目的地,买方仍有权拒付货款。由此可见,CIF 交易实际上是一种单据的买卖。所以,装运单据在 CIF 交易中具有特别重要的意义。但是,必须指出,按 CIF 术语成交,卖方履行其交单义务,只是得到买方付款的前提条件,除此之外,他还必须履行交货义务。如果卖方提交的货物不符合要求,买方即使已经付款,仍然可以根据合同的规定向卖方提出索赔。

④CIF 合同属于"装运合同"

在 CIF 术语下,卖方在装运港将货物装上船,即完成了交货义务。因此,采用 CIF 术语订立的合同属于"装运合同"。但是,由于在 CIF 术语后所注明的是目的港(例如 CIF 伦敦),在我国曾将 CIF 术语译作"到岸价",所以 CIF 合同的法律性质常被误解为"到货合同"。为此必须明确指出,CIF 以及其他 C 组术语(CFR、CPT、CIP)与 F 组术语(FCA、FAS、FOB)一样,卖方在装运地完成交货义务,采用这些术语订立的买卖合同均属"装运合同"性质。按此类术语成交的合同,卖方在装运地(港)将货物交付装运后,对货物可能发生的任何风险不再承担责任。按《2010 国际贸易术语解释通则》规定,CIF 合同中卖方的义务是按照通常的条件及惯驶的航线,负责租船或订舱并支付运费。但这里所说的运费只是正常的运费,在运输中载货船舶可能遇到恶劣天气,船上的机器可能出现故障,需要避风或修理,也可能由于转船或绕岸等发生的运费称为不正常运费。在 CIF 条件下,不正常运费均应由买方承担。如国内某公司以 CIF 纽约价格条件向美国出口某商品,在投保一切险的基础上加保了战争险和罢工险。在载货船舶抵达纽约港前,船方获悉纽约港正在罢工,不能靠岸卸货,于是便将货物卸在纽约港附近的一个港口。一个月后,纽约港罢工结束,货物又由该港转运到纽约港,但增加了 1500 美元的运费,对这笔额外运费的负担问题各方之间产生了争议,对保险公司来说,虽然接受了罢工险的投保,但因罢工改港卸货多增加的运费属于间接损失,所以保险公司拒绝赔偿,而承运人依据提单的免责条款也可以不负责任。卖方在 CIF 价格条件下负担的是正常运费,在货物越过船舷后风险与费用就都转移出去了,不必再考虑货到目的港前的任何偶然事件所引起的额外运费。争议的最终结果是 1500 美元的额外运费只能由买方自己承担了。由此看来,船舶在没有到岸时发生的运费仍需买方承担。所以,没有理由称 CIF 为到岸价。

【微型案例 4-2-7】

我国某出口公司按 CIF 条件向欧洲某国进口商出口一批草编制品。合同中规定由我方向中国人民保险公司投保了一切险,并采用信用证方式支付。我方公司在规定的期限、指定的装运港装船完毕,船公司签发了提单,然后在中国银行议付了款项。第二天,我方公司接到客户来电,称装货海轮在海上失火,草编制品全部烧毁,要求我公司出面向保险公司提出索赔,否则要求我公司退回全部货款。

试分析我方应如何处理?

（4）CIF 的变形

CIF 的变形是指在 CIF 术语后面添加词句,用来说明在程租船运输下卸货费用由谁负担的问题。在国际贸易中,大宗商品的交易通常采用程租船运输,在多数情况下,船公司一般是不负担装卸费的。因此,在 CIF 条件下,买卖双方容易在卸货费由何方负担的问题上发生争议。为了明确责任,买卖双方应在合同中对卸货费由谁负担的问题做出明确具体的规定。

CIF Liner Terms(CIF 班轮条件),这一变形是指卸货费用按照班轮的做法来办,即买方不负担卸货费,而由卖方或船方负担。

CIF Landed(CIF 卸至码头),这一变形是指由卖方承担将货物卸至码头上的各项有关费用,包括驳船费和码头费。

CIF Ex Tackle(CIF 吊钩下交货),这一变形是卖方负责将货物从船舱吊起卸到船舶吊钩所及之处(码头上,或驳船上)的费用。在船舶不能靠岸的情况下,租用驳船的费用和把货物从驳船卸至岸上的费用,概由买方负担。

CIF Ex Ship's Hold(CIF 舱底交货),货物运达目的港在船上办理交接后,自船舱底卸至码头的卸货费用,均由买方担负。

同样,CIF 术语的变形传统上被认为仅限于说明卸货费的划分,不影响交货地点和风险划分界限,但为了避免分歧,应在销售合同中明确规定出来。

【小思考 4-2-5】

请比较 FOB、CFR 和 CIF 的异同点。

7. CPT

（1）CPT 术语的含义

CPT 的全称是 Carriage Paid to（... named place of destination）,即运费付至（……指定目的地）。它指卖方于一约定地点将货物交给卖方所指定的承运人,且卖方必须要订立运输契约并支付将货物运至指定目的地的运费,货物在交给指定的承运人时就算完成了交货义务。买方负担在货物被如此交付后发生的一切风险和任何其他费用。

本术语适用于任何运输方式,包括多式联运。

（2）买卖双方的义务

①卖方义务

订立将货物运往指定目的地的运输合同,支付有关运费。在合同规定的时间、地点,将合同规定的货物置于承运人控制之下,并及时通知买方。承担将货物交给承运人控制之前的费用及风险。自负风险和费用,取得出口许可证或其他官方批准证件,并办理货物出口所需的一切海关手续,支付关税及其他有关费用。提交商业发票和自费向买方提供在约定目的地提货所需的通常的运输单据,或具有同等作用的电子信息。

②买方义务

接受卖方提供的有关单据,受领货物,并按合同规定支付货款。承担自货物在约定交货地点交给承运人控制之后的费用及风险。自负风险和费用,取得进口许可证或其他官方批准证件,并办理货物进口所需的一切海关手续,支付关税及其他有关费用。

（3）使用CPT术语时应注意的问题

①风险划分的界限问题

按照CPT术语成交,虽然卖方要负责订立从启运地到指定目的地的运输契约,并支付运费,但是卖方承担的风险并不延伸至目的地。货物自交货地点至目的地的运输途中的风险由买方承担,卖方只承担货物交给承运人控制之前的风险。在多式联运情况下,卖方承担的风险自货物交给第一承运人控制时即转移给买方。

②责任和费用划分问题

采用CPT术语时,由卖方指定承运人,自费订立运输合同,将货物运往指定的目的地,并支付正常运费。正常运费之外的其他有关费用,一般由买方负担。

卖方将货物交给承运人之后,应向买方发出货物已交付的通知,以便买方在目的地办理货运保险和受领货物。如果双方未能确定买方受领货物的具体地点,卖方可以在目的地选择最适合其要求的地点。

③装运通知

采用CPT术语时,买卖双方要在合同中规定装运期和目的地,以便于卖方选定承运人,订立将货物运至目的地的运输合同。卖方将货物交给承运人后,应及时向买方发出货已交付的通知,以便于买方及时为货物投保,以及在目的地受领货物。

【小思考 4-2-6】

请比较 CPT 与 CFR 的异同点。

8. CIP

（1）CIP 术语的含义

CIP 的全称是 Carriage and Insurance Paid to(... named place of destination),即运费、保险费付至(……指定目的地)。它指卖方将货物交给由他指定的承运人,但卖方还必须支付将货物运至指定目的地的运费和保险费。也就是说,买方负担在货物被如此交付后发生的一切风险和任何其他费用。然而,在 CIP 术语下卖方还需对货物在运输途中灭失或损坏的买方风险取得货物保险。因此。卖方订立保险合同,并支付保险费。

本术语适用于任何运输方式,包括多式联运。

（2）买卖双方的义务

①卖方义务

订立将货物运往目的地的运输合同,并支付有关运费。在合同规定的时间、地点,将合同规定的货物置于承运人的控制之下,并及时通知买方。承担将货物交给承运人控制之前的风险。按照买卖合同的约定,自负费用投保货物运输险。自负风险和费用,取得出口许可证或其他官方批准证件。提交商业发票和在约定目的地提货所需的通常的运输单据或具有同等作用的电子信息,并且自费向买方提供保险单据。

②买方义务

接受卖方提供的有关单据,受领货物,并按合同规定支付货款。承担自货物在约定地点交给承运人控制之后的风险。自负风险和费用,取得进口许可证或其他官方批准证件,并且办理货物进口所需的一切海关手续,支付关税及其他有关费用。

（3）使用 CIP 术语应注意的问题

① 正确理解风险和保险问题

按 CIP 术语成交的合同,卖方要办理货运保险并支付保险费,但货物从交货地点运往目的地的运输途中的风险由买方承担,所以卖方的投保属于代办性质。根据《2010通则》规定,卖方要按双方协商确定的险别投保,如买卖双方未约定具体投保险别,则按惯例卖方投保最低险别即可,保险金额为 CIP 价格基础上加成 10%。

② 价格的确定

按价格构成看,CIP 价＝CPT 价＋保险费＝FCA 价＋运费＋保险费。因此,卖方对外报价时,要认真核算运费和保险费,并要预计运价和保险费的变动趋势等情况,以免价格报低,造成损失。

③ 订立运输合同

CIP 贸易术语适合各种运输方式,包括空运、陆运、铁路运输和多式联运。卖方订立运输合同是有条件的,只限"按照通常方式经惯常路线",按照通常条件订立运输合同。这里所的指惯常路线"应该是人们往往以从事此类贸易人士的经常性的或一般做法必经的路线"。就是说,如果卖方在订立运输合同时,惯常路线发生不可抗力受阻,因此而造成晚交货或不交货,卖方不承担责任。

④ 装卸费和过境海关费用

在 CIP 条件下,卖方应该在合同规定日期或期间内将货物交给承运人或其他人或第一承运人接管。若交货地点在卖方所在地,卖方应该负担装货费;若在其他地点交货,卖方则不负担装货费。至于在目的地(港)的卸货费由买方负担。按照惯例,根据运输合同由卖方负担装货费和在目的地的任何卸货费是在 CIP 贸易术语采用班轮运输的情况下,运费中已包括装卸费用,均由托运人即卖方负担。

按照惯例,在 CIP 条件下,由卖方订立运输合同、需经第三国转运时,由买方或卖方负担经由国家海关的有关费用必须在买卖合同中加以明确,否则会产生争议。《2010年通则》中提出该类税费原则上由买方负担,这样与买方负责办理途经第三国的进口清关手续相协调。但是,有时根据运输合同规定,卖方有可能需负担货物经第三国过境运输所产生的有关海关费用,这一点必须引起卖方的注意。

【小思考 4-2-7】

（1）请比较 CIP 与 CIF 的异同点。

（2）请比较 FOB、CFR、CIF 与 FCA、CPT、CIP 三种术语的不同之处。

9. DAT

（1）DAT 的含义

DAT,Delivered at Terminal(... named place of destination),即运输终端交货。它指卖方于指定目的港或目的地的指定运输终端,一旦从到达的运输工具上卸下货物交由买方处置时,卖方交货完成。运输终端包括任何地方,无论是否有遮蔽(即露天与否),例如码头、仓库、集装箱堆场或公路、铁路或航空运输站。

卖方负担将货物运至位于指定目的港或目的地的运输终端并在该处将货物卸载前的一切风险。

本术语适用于任何运输方式。

(2)买卖双方的义务

①卖方义务

卖方必须自负费用订立运输契约于约定日期或约定期限内,将货物运至位于约定目的港或目的地的运输终端,将货物自到达的运输工具卸货,并交由买方处置。如特定终点站未经约定,或不能依照实务做法确定,则卖方有权选择在约定目的港或目的地最适合其本意的运输终点站交货。

卖方必须要提供符合买卖合同中的货物及相符的商业发票,以及合同可能要求的任何其他符合证据。卖方负担交货前货物灭失或损毁的一切风险。当需要办理通关手续时,卖方必须自负风险与费用,以取得任何出口许可证或其他官方批准文件,并办理货物出口以及在交货前通过任何国家运送时所需的一切通关手续。卖方并无对买方订立保险契约的义务。然而,卖方必须要应买方请求,并由买方负担风险与费用(如有),提供买方为取得保险所需的信息。

②买方义务

买方必须要按照合同约定接收单据,收取货物,支付货款。当需要办理通关手续时,买方自负风险与费用,以取得任何进口许可证或者其他官方批准证书,并办理货物进口及通过任何国家运输的一切通关手续。买方负担自货物交付时起货物灭失或损毁的一切费用和风险。

10. DAP

(1)DAP 的含义

DAP,Delivered at Place(...named place of destination),即目的地交货(……指定目的地)。它指卖方在指定目的地,将到达的运送工具上准备卸载的货物交由买方处置,即属于卖方交货,卖方负担货物运至指定地前的一切风险。

本术语适用于任何运输方式。

(2)买卖双方的义务

①卖方义务

卖方必须提供符合买卖合同中的货物及相符的商业发票,以及合同可能要求的任何其他符合证据。当需要办理通关手续时,卖方必须自负风险与费用,以取得任何出口许可证或其他官方批准文件,并办理货物出口以及在交货前通过任何国家运送时所需的一切通关手续。卖方必须自负费用订立运输契约将货物运至指定目的地,或位于指定目的地的约定地点,如该特定地点未经约定,或不能依照实务做法确定,则卖方有权选择在约定目的港或目的地最适合其本意的地点交货。卖方必须于约定日期或约定期限内,在指定目的地将放置于到达的运输工具上准备卸货的货物交由买方处置。卖方负担货物交付前灭失或损毁的一切费用和风险。

②买方义务

买方必须按照合同约定接收单据，收取货物，支付货款。当需要办理通关手续时，买方自负风险与费用，以取得任何进口许可证或者其他官方批准证书，并办理货物进口的一切通关手续。买方负担货物自交付时起灭失或损毁的一切费用和风险。

11. DDP

（1）DDP 的含义

DDP，Delivered Duty Paid(...named place of destination)，完税后交货(……指定目的地)，是指卖方在指定的目的地，办理完进口清关手续，将在交货运输工具上尚未卸下的货物交与买方，完成交货。卖方必须承担将货物运至指定目的地前的一切风险和费用，包括需要办理海关手续时在目的地应交纳的任何"税费"(包括办理海关手续的责任和风险，以及手续费、关税、税款和其他费用)。

该术语适用于各种运输方式。

（2）买卖双方的义务

①卖方义务

卖方必须于约定日期或约定期限内，在指定目的地将放置于到达的运输工具上准备卸货的货物交由买方处置。卖方必须提供符合买卖合同中的货物及相符的商业发票，以及合同可能要求的任何其他符合证据。当需要办理通关手续时，卖方必须自负风险与费用，以取得任何出口和进口许可证或其他官方批准文件，并办理货物出口通过任何国家运输以及进口所需的一切通关手续。卖方必须自负费用订立运输契约将货物运至指定目的地，或位于指定目的地的约定地点，如该特定地点未经约定，或不能依照实务做法确定，则卖方有权选择在约定目的港或目的地最适合其本意的地点交货。卖方负担货物交付前灭失或损毁的一切费用的风险。

②买方义务

接受卖方提供的有关单据，受领货物，并按合同规定支付货款。承担自货物在约定地点交给承运人控制之后的风险。

（六）选用贸易术语应考虑的主要因素

1. 考虑运输条件

在本身有足够运输能力或安排运输无困难，而且经济上又合算的情况下，可争取按由自身安排运输的条件成交(如按 FCA、FAS 或 FOB 进口，按 CIP、CIF 或 CFR 出口)；否则，则应酌情争取按由对方安排运输的条件成交(如按 FCA、FAS 或 FOB 出口，按CIP、CIF 或 CFR 进口)。

2. 考虑货源情况

国际贸易中货物品种很多，不同类别的货物具有不同的特点，它们在运输、成交量等方面的情况，都是选用贸易术语时应该考虑到的问题。

3. 考虑运费因素

当运价看涨时，为了避免承担运价上涨的风险，可以选用由对方安排运输的贸易术语成交，如按 C 组术语进口，按 F 组术语出口；如因某种原因不得不采用按由自身安排运输的条件成交,则应将运价上涨的风险考虑到货价中去,以免遭受运价变动造成的损失。

4.考虑运输途中的风险

在国际贸易中,交易的商品一般需要通过长途运输,货物在运输过程中可能遇到各种自然灾害、意外事故等风险,特别是在爆发战争或正常的国际贸易遭到人为破坏的时期和地区,则运输途中的风险更大。

5.考虑办理进出口货物结关手续有无困难

当出口国政府规定,买方不能直接或间接办理出口结关手续,则不宜按 EXW 条件成交,而应选用 FCA 条件成交;若进口国当局规定,卖方不能直接或间接办理进口结关手续,则不宜采用 DDP 条件成交,而应选用 D 组其他术语成交。

三、进出口商品的定价办法

(一)影响商品价格的各项因素

了解了商品价格的构成,只是掌握了商品的基本价格,具体在对外报价时,为使成交价格更具市场竞争力和符合企业经营战略,还必须考虑多方面的因素:

1.国际商品价格和供求关系

商品价格是以商品的价值为基础并围绕价值上下波动的。国际市场商品价格是以商品的国际价值为基础,并受供求变化的影响而上下波动,有时甚至出现瞬息万变和大涨大落的情况。因此,在确定成交价格时,必须考虑供求状况和价格变动的趋势。当市场商品供不应求时,国际市场商品价格就会呈上涨趋势;当市场商品供过于求时,国际市场商品价格就会呈下降趋势。由此可见,切实了解国际市场供求变化状况,有利于对国际市场价格的走势做出正确判断,也有利于参照国际市场价格合理地确定进出口商品的成交价格,该涨则涨,该落则落,避免价格掌握上的盲目性。

在国际市场上,大宗商品的国际集散中心的市场价格是具有代表性的国际市场价格,如芝加哥谷物交易所的大豆、小麦的交易价格,伦敦五金交易所的金属的交易价格等。它们对相应商品的出口定价具有指导意义。

2.国别、地区经济发展水平

不同国家、不同地区经济发展水平不一样,人们的消费水平、消费习惯就会有差异,对商品的要求就不一样。在制定商品价格时,还要结合不同国家和地区的经济发展水平以及人们的消费水平和习惯来定价。

3.商品的质量和档次

在国际市场上,一般都贯彻按质论价的原则,即好货好价,次货次价。品质的优劣,档次的高低,包装装潢的好坏,式样的新旧,商标、品牌的知名度,都会影响商品的价格。商标的知名度、包装装潢的精致度,有时对商品的价格有很大影响。

在贸易中,质量是吸引客户眼球的首要因素,本公司可以提供什么产品,所提供的产品在国际市场竞争中处于什么样的档次是在贸易竞争中最直接的竞争力,也是报价首要考虑的问题。质量是最为直观的比对。

4. 运输距离

进出口货物买卖,一般都要经过长途运输。运输距离的远近,会影响运费和保险费的开支,从而影响商品的价格。因此,在确定商品价格时,必须认真核算运输成本,做好比价工作,以体现地区差价。

5. 交货地点和交货条件

在进出口贸易中,由于交货地点和交货条件不同,买卖双方承担的责任、费用和风险有别,在确定进出口商品价格时,必须考虑这些因素。例如,同一运输距离内成交的同一商品,按 CIF 条件成交同按 DES 条件成交,其价格应当不同。

6. 季节性需求的变化

在国际市场上,某些节令性商品,如赶在节令前到货,抢行应市,即能卖上好价。过了节令的商品,往往售价很低,甚至以低于成本的"跳楼价"出售。因此,应充分利用季节性需求的变化,掌握好季节性差价,争取按对己方有利的价格成交。

7. 成交数量

按进出口贸易的习惯做法,成交量的大小会影响价格,即成交量大时,在价格上应给予适当优惠,例如采用数量折扣的办法;如成交量过少,甚至低于起订量时,则可以适当提高售价。不论成交多少,都是同一个价格的做法是不当的,应当掌握好数量方面的差价。

8. 企业的购销意图

在制定价格时,还要考虑企业的购销意图。如果是新产品开拓市场,为尽快收回成本,价格就应制定得高一些;如果是为了削减库存,则价格应制定得低一些。

9. 支付条件和汇率变动的风险

货款安全的收取对于供应商来说是至关重要的一步,无论订单看起来利润有多少,如果没有安全收汇,一切都是镜中花、水中月。所以供应商对于收款,特别是面对初次接触的客人,付款条件都要求是安全的,主要采用的是即期信用证或预付一部分货款。另外汇率是否稳定也是很重要的因素,特别是在当前人民币日益升值,供应商面临较大汇率风险的情况下,供应商常常需要采取一些保值措施,比如与银行签订远期外汇合约以实现一些远期的外汇收入或不因汇率的变动而造成支出上的巨大损失。

此外,交货期限、运输条件、佣金、支付货币、关税征收、市场销售习惯和消费者的爱好等因素,对确定价格也有不同程度的影响,必须通盘考虑,正确掌握。

(二)进出口贸易中的定价方法

在进出口贸易中,定价方法多种多样,如何定价由合同双方当事人酌情商定。概括起来,通常采用的定价办法有下列几种:

1. 固定价格

在交易磋商过程中,买卖双方将价格确定下来之后,任何一方不得擅自改动。

例如：　US　　　　$　　　　300　　per metric ton　　CIF New York

　　　　　计价货币　单位价格　金额　　　计量单位　　　　贸易术语

我国进出口合同,绝大部分都是在双方协商一致的基础上明确地规定具体价格,这也是国际上常见的做法。

按照各国法律的规定，合同价格一经确定，就必须严格执行。除非合同另有约定，或经双方当事人一致同意，任何一方都不得擅自更改。

在合同中规定固定价格是一种常规做法，它具有明确、具体、肯定和便于核算的特点。不过，由于市场行情瞬息万变，价格涨落不定，因此，在进出口货物买卖合同中规定固定价格，就意味着买卖双方要承担从订约到交货付款以至转售时价格变动的风险。如果行市变动过于剧烈，这种做法还可能影响合同的顺利执行。一些不守信用的商人很可能为逃避亏损而寻找各种借口撕毁合同。

【小思考 4-2-8】

为了减少价格风险，在采用固定价格时，应注意哪些事项？

2. 非固定价格（约定将来确定价格的方法）

在进出口货物贸易中，为了减少价格变动的风险、促成交易和提高履约率，在合同价格的规定方面，往往采用一些灵活变通的做法，即按非固定价格成交，也就是一般业务上所说的"活价"，大体上可分为下述几种：

（1）待定价格

这种定价方法又可分为：

①在价格条款中明确规定定价时间和定价方法。

例如，"在装船月份前45天，参照当地及国际市场价格水平，协商议定正式价格"或"按提单日期的国际市场价格计算"。

【小资料 4-2-1】

国际市场价格是指在一定条件下在世界市场上形成的市场价格，是某种商品在世界市场上实际买卖所依据的价格，是由国际市场上的供求关系决定的。

②只规定作价时间。

例如，"由双方在×年×月×日协商确定价格"。这种方式由于未就作价方式做出规定，容易给合同带来较大的不稳定性，双方可能因缺乏明确的作价标准，而在商订价格时各执己见，相持不下，导致合同无法执行。因此，这种方式一般只适用于双方有长期交往并已形成比较固定的交易习惯的情况。

（2）暂定价格

在合同中先订立一个初步价格，作为开立信用证和初步付款的依据，待双方确定最后价格后再进行最后清算，多退少补。

暂定价格的条款可以定为如下格式："单价暂定 CIF 神户，每公吨 1000 英镑，作价方法：以××交易所3个月期货，按装船月份月平均价加5英镑计算，买方按本合同规定的暂定价开立信用证。"此做法由于确定了定价依据，又不影响信用证开出，有利于合同的履行，而且风险较小。

（3）部分固定价格，部分非固定价格

为了照顾双方的利益，解决双方在采用固定价格或非固定价格方面的分歧，也可采用部分固定价格，部分非固定价格的做法，或是分批作价的办法，交货期近的价格在订约时固定下来,余者在交货前一定期限内作价。

非固定价格是一种变通做法,在行情变动剧烈或双方未能就价格取得一致意见时,采用这种做法有一定的好处。这表现在:

①有助于暂时解决双方在价格方面的分歧,先就其他条款达成协议,早日签约。

②解除客户对价格风险的顾虑,使之敢于签订交货期长的合同。数量、交货期的早日确定,不但有利于巩固和扩大出口市场,也有利于生产、收购和出口计划的安排。

③对进出口双方来说,虽不能完全排除价格风险,但对出口疮来说,可以不失时机地做成生意;对进口商来说,可以保证一定的转售利润。

采取非固定价格,由于双方并未就合同的主要要件——价格取得一致,因此,就存在着按这种方式签订的合同是否有效的问题。绝大部分国家都认为,合同只要规定作价办法,即是有效的。《联合国国际货物销售合同公约》允许合同只规定"如何确定数量和价格",至于怎样做,没有进一步的解释。因此,在采取非固定价格时,应尽可能将作价办法订得明确具体。

3. 价格调整条款

在进出口货物买卖中,有的合同除规定具体价格外,还规定有各种不同的价格调整条款(Price Adjustment(Revision) Clause)。价格调整条款是按照原料价格和工资的变动来计算合同的最后价格,最后价格与初步价格之间的差额不超过约定的范围(如5％),初步价格可不作调整。

例如,"如卖方对其他客户的成交价高于或低于合同价格5％,对本合同未执行的数量,双方协商调整价格"。这种做法的目的是把价格变动的风险规定在一定范围之内,以提高客户经营的信心。

值得注意的是,在国际上,随着某些国家通货膨胀的加剧,有些商品合同,特别是加工周期较长的机器设备合同和一些初级产品交易,都普遍采用所谓"价格调整条款",要求在订约时只规定初步价格(Initial Price),同时规定如原料价格、工资发生变化,卖方保留调整价格的权利。

在价格调整条款中,通常使用下列公式来调整价格:

$$P = P_0A + BM/M_0 + CW/W_0)$$

在上述公式中:

P 代表商品交货时的最后价格。

P_0 代表签订合同时约定的初步价格。

M 代表计算最后价格时引用的有关原料的平均价格或指数。

M_0 代表签订合同时引用的有关原料的平均价格或指数。

w 代表计算最后价格时引用的有关工资的平均数或指数。

w_0 代表签订合同时引用的有关工资的平均数或指数。

A 代表经营管理费用和利润在价格中所占的比重。

B 代表原料在价格中所占的比重。

C 代表工资在价格中所占的比重。

A、B、C 所分别代表的比例在签合同时确定后固定不变,三者相加应等于100％。

如果买卖双方在合同中规定,按上述公式计算出来的最后价格与约定的初步价格相比,其差额不超过约定的范围(如百分之若干),初步价格可不予调整,合同原定的价格对双方当事人仍有约束力,双方必须严格执行。

上述"价格调整条款"的基本内容,是按原料价格和工资的变动来计算合同的最后价格。在通货膨胀的条件下,它实质上是出口厂商转嫁国内通货膨胀、确保厂商利润的一种手段。但值得注意的是,这种做法已被联合国欧洲经济委员会纳入它所制订的一些"标准合同"之中,而且其应用范围已从原来的机械设备交易扩展到一些初级产品交易,因而具有一定的普遍性。

由于这类条款是以工资和原料价格的变动作为调整价格的依据,因此,在使用这类条款时,必须注意工资指数和原料价格指数的选择,并在合同中予以明确。

此外,在进出口贸易中,人们有时也用物价指数作为调整价格的依据。如合同期间的物价指数发生的变动超出一定的范围,价格即作相应调整。

总之,在使用价格调整条款时,合同价格的调整是有条件的。用来调整价格的各个因素在合同期间所发生的变化,如约定必须超过一定的范围才予以调整时,未超过限度的,即不予调整。合同原定的价格对双方仍然有约束力,双方必须严格执行,从这个意义上讲,合同规定的价格,也就是最后价格。

四、计价货币的选择

(一)计价货币的含义

计价货币是指买卖双方约定用来计算价格的货币。如合同中的价格是用一种双方当事人约定的货币(如英镑)来表示的,没有规定用其他货币支付,则合同中规定的货币既是计价货币又是支付货币。如在计价货币之外,还规定了其他货币(如美元)支付,则美元就是支付货币。

这些货币可以是出口国或进口国的货币,也可以是第三国的货币,但必须是自由兑换货币(见表 4-2)。出口贸易中,计价和结汇争取使用硬货币(Hard Currency)(即币值稳定或具有一定上浮趋势的货币);进口贸易中,计价和付汇力争使用软货币(Soft Currency)(即币值不够稳定且具有下浮趋势的货币)。

表 4-2　出口交易中常用的计价货币

货币名称	货币符号	简写
英镑	£	GBP
美元	US$	USD
港元	HK$	HKD
瑞士法郎	SFr	CHF
德国马克	DM	DEM
法国法郎	FFr	FRF
日元	J¥	JPY
欧元	€	EUR

(二)合理选择计价货币的意义

在一般的进出口货物买卖合同中,价格都表现为一定量的特定货币(如每公吨100美元),通常不再规定支付货币。根据进出口贸易的特点,用来计价的货币,可以是出口国家的货币,也可以是进口国家的货币或交易双方同意的第三国的货币,还可以是某一种记账单位,这由双方当事人协商确定。由于世界各国的货币价值并不是一成不变的,而且在世界许多国家普遍实行浮动汇率的条件下,通常被用来计价的各种主要货币的币值严重不稳定,加之国际货物买卖的交货期一般都比较长,从订约到履行合同往往需要一段时间,在此期间计价货币的币值可能会发生变化甚至会出现大幅度的起伏,其结果必然直接影响进出口双方的经济利益,因此,如何选择合同的计价货币就具有重大的经济意义,这是买卖双方确定价格时必须注意的问题。

(三)计价货币的选择方法

由于目前各种货币在国际市场上的地位和发展趋势不同,其中有的走向疲软,有的日益坚挺。一般进出口贸易业务中,在选择计价货币时,要考虑货物的可兑换性和货币的稳定性两个因素。

1. 货币的可兑换性

计价货币一般要选择可自由兑换的货币,比如美元、欧元、英镑、日元、德国马克、法国法郎、瑞士法郎、加元等,其中美元为常用计价货币。

2. 货币的稳定性

选用计价货币时,应充分考虑汇率波动所带来的风险,尽量选择对自己有利的货币。因此,任何一笔交易,在选择计价货币时都必须在深入调查研究的基础上,结合交易习惯、经营意图而定。一般原则是,出口应选择币值相对比较稳定或呈上浮趋势的硬货币,进口应使用币值有下浮趋势的软货币。

为了达成交易而不得不采用于己不利的货币成交,则可采用下述两种补救措施:

(1)根据该种货币今后可能的变动幅度,相应调整对外报价。

(2)在可能条件下,争取订立保值条款。在当前许多国家普遍使用浮动汇率的情况下,交易双方签订买卖合同时,可以约定合同货币与其他某种货币的汇率;付款时,若汇率发生变动,即按比例调整合同价格,以避免计价货币汇率变动带来的风险。

【小思考4-2-9】

如果在合同中规定用一种货币计价而用另一种货币支付,且两种货币的汇率都是按付款时的汇率结算,其中有的为硬货币,有的为软货币,则作为卖方如何选择更有利?

(四)计价货币的汇率折算

汇率是用一个国家的货币折算成另一个国家的货币的比率。汇率的折算有直接标价与间接标价两种方法,我国采用直接标价法,即用本国货币来表示外国货币的价格(外币是常数,本币是变量)。

例:100美元＝827.27元人民币。

出口结汇是银行付出本国货币,买入外汇,用买入价;进口付汇是银行买入本国货币,卖出外汇,用卖出价。

1. 将本币折成外币用买入价

外币=本币÷汇率(买入价)÷100

例:某公司出口一批玩具,价值人民币 40000 元,客户要求以美元报价。当时外汇汇率为买入价 100 美元=827.21 元,卖出价 100 美元=829.69 元,那么,对外美元报价应为 40000÷827.21÷100=4835.53 美元。

2. 将外币折成本币用卖出价

本币=外币×汇率(卖出价)÷100

例:某公司进口一批价值 4835.53 美元的货物,当时外汇汇率为买入价 100 美元=827.21,卖出价 100 美元=829.69 元,那么,付汇时需向银行支付人民币 4835.535×829.69÷100=40119.91 元。

3. 一种外币折成另一种外币

按照银行外汇牌价(用买价则都用买价)将两种外币都折成人民币,然后间接地算出两种外币的兑换率。

例:某出口商品,对外报价每公吨 300 英镑 CIF 纽约。国外客户要求改为美元报价。当日外汇牌价为:100 英镑=618.54 元(买入价)或 621.65 元(卖出价);100 美元=371.27 元(买入价)或 373.14 元(卖出价)。则 1 英镑=618.54 元÷371.27 元=1.666 美元。

因此,我们对外可改报 500 美元 CIF 纽约(300×1.666=499.80 美元)。

五、佣金与折扣的运用

佣金和折扣是国际贸易中一种惯用的做法,特别是在目前市场竞争激烈的情况下,采用明佣暗扣等方式已成为外商加强竞争、扩大销售的重要手段之一。为了调动客户的积极性,我们也可根据不同市场、商品、客户数量和销售时期等采用佣金和折扣的方法。价格条款中所规定的价格,可分为包含有佣金或折扣的价格和不包含佣金或折扣的净价(Net Price)。包含有佣金的价格,在业务中通常称为"含佣价"。

(一)佣金

1. 佣金的含义

佣金是卖方或买方付给中间商作为其代买代卖的酬金,通常在 1%~5%之间。在进出口贸易中,进出口商因为信息来源、销售技巧以及销售渠道等方面都存在一定的局限性,有些买卖的成交必须依靠中间商。中间商是专门介绍交易并从中获利的人,中间商为卖方促成出口,或为买方促成进口都要收取一定的报酬。

2. 佣金的表示方法

含有佣金的价格即为含佣价,不含佣金的价格即为净价。

含佣价的表示方法:

(1)佣金可用文字表示。

每公吨 500 美元 CIF 纽约包括 2%佣金(USD500.00 m/t CIF N. Y. including 2%

commission）。

例如：每打 100 英镑 CIF 伦敦包含佣金 2%，即£100 per doz. CIF London including 2% commission。

（2）也可以在贸易术语后面加注佣金的英文缩写"C"并注明佣金的百分比表示

例如：每打 100 英镑 CIFC2% 伦敦，即£100 per doz. CIFC2% London。

凡在价格中表明包含佣金若干的称为明佣。佣金也可不在价格中表明，由买卖双方另行约定。凡在价格中未表明，而实际上买卖双方另行约定含佣若干的称为暗佣。

3. 佣金的计算与支付

（1）佣金的计算

按国际贸易惯例，佣金一般是以交易额为基础进行计算的。有的以发票总金额作为计算佣金的基数，有的则以 FOB 总值为基数来计算佣金。如按 CIFC 成交，而以 FOB 值为基数计算佣金时，则应从 CIF 价中减去运费和保险费，求出 FOB 值，然后以 FOB 值乘佣金率，即得出佣金额。

① 以交易金额（发票金额）为基础计算（最常用）

即按照合同项下的贸易术语价格，不扣除任何费用。

佣金＝含佣价×佣金率

② 以 FOB 或 FCA 价值为基础计算（少数情况下采用）

净价＝含佣价×（1－佣金率）

含佣价＝净价÷（1－佣金率）

【小思考 4-2-10】

我国某公司对某商品对外报价为 CIF 价 850 美元，外商要求改报含佣价 CIFC4%。问我方报价应为多少？

（2）佣金的支付

佣金的支付，习惯上应先由卖方收到全部货款后，再支付给中间商。因为中间商的服务不仅在于促成交易，还应负责联系、督促实际卖主履约，协助解决履约过程中可能发生的问题，以使合同得以圆满履行，另一种支付方法就是由中间商直接从货价中扣除佣金。但是，为了防止误解，对佣金于货款全部收妥后才予以支付的做法，应由卖方与中间商在双方建立业务关系之初予以明确，并达成书面协议；否则，有的中间商可能于交易达成后，即要求卖方支付佣金，而有关合同日后是否能切实得到履行，货款能否顺利收到并无绝对保证。

（二）折扣

1. 折扣的含义

折扣是指卖方按照原价给买方以一定的减让或优惠。折扣是在竞争条件下推销商品的重要方法之一，其名目很多，如特殊情况下的特别折扣，因订购数量较大而给予的数量折扣，根据年度贸易成交额度的年终折扣，作为试订而给予的样品折扣等。

【小思考 4-2-11】

佣金与折扣有什么区别？

2. 折扣的表示方法

如果价格中允许给予折扣，一般应该用文字作具体表示。例如，每公吨 300 美元 FOB 上海，减 2%折扣，即 USD 300 per metric ton FOB Shanghai less discount 2%。折扣也有不用百分率而用具体金额的，如"减 2 英镑"（less discount 2）。折扣有时也用在价格术语后加注折扣的英文缩写"R"或"D"来表示。如上例表示为 USD 300 per metric ton FOBR 2% Shanghai。需要说明的是：

（1）在实践中除非事先另有约定，如有关价格条款中对佣金或折扣未作表示，通常理解为不含佣金或不给折扣的价格（即净价）。

（2）如净价成交，可在价格条款中明确表明"净价"字样。

例如：US $ 300 per metric ton FOB Shanghai net。

3. 折扣的计算与支付

（1）折扣的计算

折扣的计算比较简单，通常是以成交额或发票金额为基础计算出来的，折扣一般按发票金额乘以约定的折扣百分率，即得到应减除的折扣金额。其计算公式如下：

折扣额＝原价×折扣率或折扣＝发票金额×折扣率

卖方净收入＝原价－折扣额

（2）折扣的支付

①折扣一般由买方在支付货款时扣除。

②具体的支付时间应该在合同中详细列明。

【微型案例 4-2-8】

我国某出口公司拟出口化妆品去中东某国，正好该国某中间商主动来函与我方公司联系，表示愿为推销化妆品提供服务，并要求按每笔交易的成交额给予 5%的佣金。不久，我方公司经中间商介绍与当地进口商达成 CIFC5%总金额 5 万美元的交易，装运期为订约后 2 个月内从中国港口装运，并签订了销售合同。合同签订后，该中间商即来电要求我方公司立即支付佣金 2500 美元。我方公司复电称：佣金需待货物装运并收到全部货款后才能支付。于是，双方发生了争议。请分析这起争议发生的原因。

六、货物的价格核算

（一）出口货物的价格核算

1. 成本核算

我国实行出口退税制度，采取对出口商品中的增值税全额退还或按一定比例退还的做法，即将含税成本中的税收部分按照出口退税比例予以扣除，得出实际成本。

例：某公司出口陶瓷茶杯，每套进货成本人民币 90 元（包括 17%的增值税），退税率为 8%，实际成本计算公式如下：

退税金额＝进货成本÷（1＋增值税率）×退税率

$$=90÷(1+17\%)×8\%=6.15 元$$

实际成本＝进货成本－退税金额

$$＝90－6.15＝83.85 元$$

陶瓷茶杯的实际成本为每套 83.85 元。

2. 运费核算

班轮运输,根据是否装入集装箱可以分为件杂货与集装箱货:

(1)件杂货运费:基本费用＋附加运费。附加运费一般以基本运费的一定比率计收。

(2)集装箱货运费:件杂货基本费＋附加费(拼箱);包箱费＋附加费(整箱)。

3. 保险费核算

采用 CIF 或 CIP 术语时:

保险费＝保险金额×保险费率

保险金额＝CIF(CIP)价×(1＋投保加成率)

投保加成率一般是 10%,保险金额以 CIF(CIP)货价或发票金额为基础计算。

4. 佣金核算

佣金是付给中间商的报酬,佣金的计算通常以发票金额作为基础。

5. 利润核算

采用利润率核算利润时,一般是以某一成本或某一销售价格为基数。例:

某商品实际成本为人民币 180 元,利润率为 15%,计算价格和利润额的方法为:

(1)以实际成本为依据

销售价格＝实际成本＋利润额＝实际成本＋实际成本×利润率

$$＝180＋180×15\%＝207(元)$$

利润额＝实际成本×利润率＝180×15%＝27(元)

(2)以销售价格为依据

销售价格＝实际成本＋利润额＝实际成本＋销售价格×利润率

等式两边移项得:

销售价格－销售价格×利润率＝实际成本

销售价格×(1－利润率)＝实际成本

销售价格＝实际成本÷(1－利润率)＝180÷(1×15%)＝211.77(元)

利润额＝销售价格×利润率＝211.77×15%＝31.77 元

可见,计算利润的依据不同,销售价格和利润额也不一样。

6. 盈亏核算

盈亏核算的指标主要有两个:

(1)换汇成本

换汇成本是出口商品获得每一单位外币的成本,即出口净收入 1 单位外币所耗费的人民币数额。换汇成本高于外汇牌价,出口为亏损;反之则为盈利。公式为:

$$换汇成本＝\frac{出口总成本(人民币)}{出口销售外汇净收入(美元)}$$

出口总成本是指实际成本加上出口前的一切费用和税金。出口销售外汇净收入是指出口商品按 FOB 价出售所得外汇收入。

（2）出口盈（亏）额

出口盈（亏）额是出口销售净收入（人民币）与出口总成本的差额,净收入大于总成本为盈利;反之为亏损。公式为:

出口盈（亏）额＝（出口销售外汇净收入×外汇买入价）－出口总成本

例:出口麻底鞋（espadrilles）36000 双,出口价每双 0.60 美元 CIF 格丁尼亚（波兰）,CIF 总价21600 美元,其中海运费 3400 美元,保险费 160 美元。进货成本每双人民币 4 元,共计人民币 144000 元（含17%增值税）,出口退税率14%,费用定额率12%。当时银行美元买入价为 1 美元＝8.27 元人民币。麻底鞋换汇成本、盈利额及出口盈利率的计算如下:

换汇成本＝出口总成本（人民币）÷出口销售外汇净收入（美元）

$\quad$＝{进货成本－[进货成本÷（1＋增值税率）×退税率]＋（进货成本×费用定额率）÷（出口销售外汇收入－运费－保险费）

$\quad$＝{144000－[144000÷（1＋17%）×14%]＋（144000×费用定额率）÷（21600－3400－160）

$\quad$＝（144000－144000÷1.17×0.14＋17280）÷18040

$\quad$＝144049.23÷18040

$\quad$＝7.985 元/美元

麻底鞋换汇成本低于外汇牌价,盈利。

出口盈利额＝出口销售外汇净收入×外汇买入价－出口总成本

$\quad$＝USD18040×8.27－144049.23

$\quad$＝¥5141.57

麻底鞋出口盈利人民币 5141.57 元。

出口盈利率＝（盈利额÷出口总成本）×100%

$\quad$＝（5141.57÷144049.23）×100%

$\quad$＝3.57%

麻底鞋出口盈利率为 3.57%。

（二）三种贸易术语的对外报价核算

出口报价通常使用 FOB、CFR 和 CIF 三种价格,应按照如下步骤进行:明确价格构成,确定成本、费用和利润的计算依据,然后将各部分合理汇总。

例:吉信贸易公司收到爱尔兰某公司求购 6000 双牛粒面革腰高 6 英寸军靴（一个40 英尺集装箱）的询盘,经了解每双军靴的进货成本人民币 90 元（含增值税 17%）,进货总价为 90×6000＝540000 元;出口包装费每双 3 元,国内运杂费共计 12000 元,出口商检费 350 元,报关费 150 元,港区港杂费 900 元,其他各种费用共计 1500 元。吉信公司向银行贷款的年利率为 8%,预计垫款两个月,银行手续费率为 0.5%（按成交价计）,出口军靴的退税率为 14%,海运费为大连—都柏林,一个 40 英尺集装箱的包箱费率是

3800 美元，客户要求按成交价的 110％投保，保险费率为 0.85％，并包括 3％佣金。若吉信公司的预期利润为成交额的 10％，人民币对美元的汇率为 8.25：1，试报每双军靴的 FOB、CFR、CIF 价格。

1. FOB、CFR 和 CIF 三种价格的基本构成

FOB：成本＋国内费用＋预期利润

CFR：成本＋国内费用＋出口运费＋预期利润

CIF：成本＋国内费用＋出口运费＋出口保险费＋预期利润

2. 核算成本

实际成本＝进货成本－退税金额

　　　　＝90－10.7692＝79.2308 元/双

退税金额＝进货成本÷（1＋增值税率）×退税率

　　　　＝90÷（1＋17％）×14％＝10.7692 元/双

3. 核算费用

（1）国内费用＝包装费＋（运杂费＋商检费＋报关费＋港区港杂费＋其他费用）＋
　　　　进货总价×贷款利率÷12×贷款月份

　　　　＝3×6000＋（12000＋350＋150＋900＋1500）＋540000×8％÷12×2

　　　　＝18000＋14900＋7200＝40100 元

单位货物所摊费用＝40100÷6000＝6.6833 元/双（注：贷款利息通常以进货成本为基础）

（2）银行手续费＝报价×0.5％

（3）客户佣金＝报价×3％

（4）出口运费＝3800÷6000×8.25＝5.2247 元/双

（5）出口保险费＝报价×110％×0.85％

4. 核算利润

利润＝报价×10％

5. 三种贸易术语报价核算过程

（1）FOBC3 报价的核算

FOBC3 报价＝实际成本＋国内运费＋客户佣金＋银行手续费＋预期利润

　　　　＝79.2308＋6.6833＋FOBC3 报价×3％＋FOBC3 报价×0.5％＋
　　　　FOBC3 报价×10％

　　　　＝85.9141＋FOBC3 报价×（3％＋0.5％＋10％）

　　　　＝85.9141＋FOBC3 报价×13.5％

等式两边移项得：

FOBC3 报价－FOBC3 报价×13.5％＝85.9141

FOBC3 报价×（1－13.5％）＝85.9141

FOBC3 报价＝85.9141÷（1－13.5％）

　　　　＝99.3227 元

折成美元:FOBC3＝99.3227÷8.25＝12.04 美元/双

（2）CFRC3 报价的核算

CFRC3 报价＝实际成本＋国内运费＋出口运费＋客户佣金＋银行手续费＋预期
利润

＝79.2308＋6.6833＋5.2247＋CFRC3 报价×3％＋CFRC3 报价×
0.5％＋CFRC3 报价×10％

＝91.1388＋CFRC3 报价×（3％＋0.5％＋10％）

＝91.1388＋CFRC3 报价×13.5％

等式两边移项得：

CFRC3 报价－CFRC3 报价×13.5％＝91.1388

CFRC3 报价×（1－13.5％）＝91.1388

CFRC3 报价＝91.1388÷（1－13.5％）

＝105.3628 元

折成美元:CFRC3＝105.3628÷8.25＝12.77 美元/双

（3）CIFC3 报价的核算

CIFC3 报价＝实际成本＋国内运费＋出口运费＋客户佣金＋银行手续费＋出口
保险费＋预期利润

＝79.2308＋6.6833＋5.2247＋CIFC3 报价×3％＋CIFC3 报价×
0.5％＋CIFC3 报价×110％×0.85％＋CIFC3 报价×10％

＝91.1388＋CIFC3 报价×（3％＋0.5％＋110％×0.85％＋10％）

＝91.1388＋CIFC3 报价×0.14435

等式两边移项得：

CIFC3 报价－CIFC3 报价×0.14435＝91.1388

CIFC3 报价×（1－0.14435）＝91.1388

CIFC3 报价＝91.1388÷（1－0.14435）

＝106.5079 元

折成美元:CIFC3＝106.5079÷8.25＝12.91 美元/双

6. 三种价格对外报价

（1）USD12.04/pair FOBC3 Dalian（每双 12.04 美元,包括 3％佣金,大连港船上交
货）。

（2）USD12.77/ pair CFRC3 Dublin（每双 12.77 美元,包括 3％佣金,成本加运费至
都柏林）。

（3）USD12.91/ pair CIFC3 Dublin（每双 12.91 美元,包括 3％佣金,成本加运费、
保险费至都柏林）。

7. 对外报价的验算

成本＝收入－支出。下面以前述背景资料为例进行验算。

每双军靴的进货成本为 90 元人民币,吉信公司的 FOB 包含 3％佣金的报价为每

双 12.04 美元。那么：

出口收入＝12.04×8.25＝99.33 元/双

支出＝客户佣金＋国内费用＋银行手续费＋利润

$\qquad$＝99.33×3％＋6.6833＋99.33×0.5％＋99.33×10％

$\qquad$＝20.0929 元/双

实际成本＝出口收入－出口支出＝99.33－20.0929＝79.2371 元/双

进货成本＝实际成本÷(1＋增值税率－出口退税率)×(1＋增值税率)

$\qquad$＝79.2371÷(1＋17％－14％)×(1＋17％)

$\qquad$＝79.2371÷1.03×1.17

$\qquad$＝76.9292 ×1.17＝90.00 元/双

可见该报价是合理的。

(三)出口还价核算

1. 出口还价核算方法

销售利润＝销售收入－各种费用－实际成本(利润多少是能否接受对方还价的依据)

实际成本＝销售收入－销售利润－各种费用(成本多少是能否要求供货商调价的依据)

某项费用＝销售收入－销售利润－其他费用－实际成本(费用多少是经营者增减某项费用的依据)

2. 出口还价核算实例

2000 年,某公司出口陶瓷餐具,进货成本 150 元/套(含 17％增值税,退税率 9％)。20 英尺货柜所需费用:运杂费 900 元,商检报关费 200 元,港区港杂费 700 元,业务费 1300 元,其他费用 950 元,大连—温哥华 20 英尺集装箱包箱费 2250 美元。利润为报价的 10％,美元对人民币汇率 1∶8.27。外箱体积为:0.40×0.35×0.38 厘米。我方对外报价每套 25.10 美元 CFR 温哥华,客户还价每套 22 美元 CFR 温哥华。

(1)根据客户还价,出口公司准备做三种情况的核算

①按照客户还价,核算我方盈亏情况。

②保持 5％利润的还价情况。

③保持 8％利润的国内采购价调整情况。

(2)操作步骤

①按照客户还价,求出我方是否能得到利润

外箱体积:0.4×0.35×0.38 厘米＝0.0532 立方米

报价数量:20 英尺货柜(按 25 立方米计算)包装件数＝25÷0.0532＝470 箱(每箱装一套)

销售收入＝22×8.27＝181.94 元

退税金额＝进货成本÷(1＋增值税率)×退税率

实际成本＝进货成本－进货成本÷(1＋增值税率)×退税率

$\qquad$＝150－150÷(1＋17％)×9％

$$=150-11.5385$$
$$=138.4615 \text{ 元/套}$$

国内费用总额＝运杂费 900 元＋商检报关费 200 元＋港区港杂费 700 元＋公司业务费 1300 元＋其他费用 950 元＝4050 元。

每套餐具国内费用＝4050÷470＝8.617 元

海运费＝2250 美元÷470×8.27＝39.5901 元/套

销售利润＝销售收入－实际成本－国内费用－海运费
$$=181.94-138.4615-8.617-39.5901$$
$$=-4.7286 \text{ 元/套}$$

利润为负数,每套亏损 4.7286 元,亏损率为 4.7286÷181.94＝2.60%

②按照我方保持 5% 利润的还价情况

CFR 价＝实际成本＋国内费用＋海运费＋利润
$$=138.4615+8.617+39.5901+报价×5\%$$

将等式两边移项得:

CFR 价－报价×5%＝138.4615＋8.617＋39.5901

CFR 价×(1－5%)＝186.6686

CFR 价＝186.6686÷(1－5%)
$$=196.4933 \text{ 元}$$

折成美元:196.4933÷8.27＝23.7598 美元/套

按照我方保持 5% 利润,每套可以还价 23.8 美元。

(3)按照我方保持 8% 的利润,进行国内采购价的调整计算

实际成本＝销售收入－销售利润－海运费－国内费用
$$=22×8.27-22×8.27×8\%-39.5901-8.617$$
$$=181.94-14.5552-48.2071$$
$$=167.3848-48.2071$$
$$=119.1777 \text{ 元/套}$$

进货成本＝实际成本×(1＋增值税率)÷(1＋增值税率－出口退税率)
$$=119.1777×(1+17\%)÷(1+17\%-9\%)$$
$$=139.4379÷1.08$$
$$=129.1092 \text{ 元/套}$$

国内进货价调整为 129.11 元方可以成交。

对以上核算结果,出口商可根据国际市场的价格水平,结合自己的销售意图,合理妥当地对外还价。

3. 针对客户还价,出口商通常采用的对策

(1)说服对方接受,不作让步。

(2)减少利润,满足降价要求。

(3)减少费用开支,达到降价目的。

（4）降低进货价格。

(四)三种贸易术语的换算

在进出口贸易中,不同的贸易术语表示其价格构成因素不同,即包括不同的从属费用。例如,FOB术语不包括从装运港至目的港的运费和保险费;CFR术语则包括从装运港至目的港的通常运费;CIF术语除包括从装运港至目的港的通常运费外,还包括保险费。在对外洽商交易过程中,交易双方都希望选用于己有利的贸易术语。有时一方按某种贸易术语报价时,对方要求改报其他术语所表示的价格,如一方按FOB报价,对方要求改按CIF或CFR报价。为了把生意做活和有利于达成交易,也可酌情改报价格,这就涉及价格的换算问题。了解贸易术语的价格构成及其换算方法,乃是从事进出口贸易人员所必须掌握的基本知识和技能。

1.CIF的价格构成

CIF价格＝FOB价格＋国外运费＋国外保险费

这里要特别注意的是,国外保险费是以CIF价格为基础计算的。所以,如果写明保险费的计算方法,则应为:

CIF价格＝FOB价格＋国外运费＋CIF价格×保险费率×投保加成

如已知FOB价格,现改报CFR价格或CIF价格,则CFR价格和CIF价格分别为:

CFR价格＝FOB价格＋国外运费

CIF价格＝(FOB价格＋国外运费)÷(1－保险费率×投保加成)

【小思考4-2-12】

我国某进出口公司外销某种商品,对外报价为每箱450美元FOB大连,后外商要求改报CIF汉堡。问我方报价应改为多少?(运费每箱50美元,保险费率0.8%,投保加成率10%。)

2.贸易术语的换算

(1)如已知CIF价格,现改报FOB价格和CFR价格,则FOB价格和CFR价格分别为:

FOB价格＝CIF价格×(1－保险费率×投保加成)－国外运费

CFR价格＝CIF价格×(1－保险费率×投保加成)

【小思考4-2-13】

我国某公司向荷兰出口一批农产品,向客户发盘为每公吨800欧元CIF鹿特丹,按CIF金额120%投保,对方要求改报FOB价格,我方同意,经查自中国口岸至鹿特丹运费为每公吨100欧元,保险费率为2%,请计算我方改报价格应为多少?

【小思考4-2-14】

某公司对外报价牛肉罐头2.20美元/听CIF古晋(马来西亚),按发票金额加成10%投保一切险,保险费率0.3%,客户要求改报CFR价格,请问该报多少?

(2)如已知CFR价格,现改报FOB价格和CIF价格,则FOB价格和CIF价格分别为:

FOB价格＝CFR价格－国外运费

CIF 价格＝CFR 价格÷(1－保险费率×投保加成)

(3)FCA 价换算成 CPT 及 CIP 价

CPT＝FCA＋运费

CIP＝(FCA＋运费)÷[1－保险费率×(1＋投保加成率)]

【小思考 4-2-15】

我国某外贸公司以每 10000 英镑 CIP 伦敦(按一成投保,保险费率为 1%),向英商报盘出售一批工业产品,该外商拟自行投保,要求改报 CPT 价,问应报多少?

七、价格条款的约定

(一)价格条款的主要内容

在国际货物买卖中,进出口商通常采用固定作价方法,因此,合同中的价格条款一般包括两项内容:一是货物单价(Unit Price),二是货物总值(Total Amount)。而且确定单价的作价办法和与单价有关的佣金与折扣的运用,也属价格条款的内容。商品单价的表示通常由四个部分组成,缺一不可,即包括计量单位(如公吨)、单位价格金额(如200)、计价货币(如美元)和贸易术语(如 CIF 伦敦)。

例:USD1000.00/doz CIF London. 即 USD(货币名称)、1000.00(单价金额)、doz(计量单位)、CIF London(贸易术语)。

商品的总值是商品单价与成交商品数量的乘积,它是指一笔交易的货款总金额。进出口合同价格条款中的总值与单价所使用的货币,应当是一致的。

(二)价格条款实例

1. USD2130.00/mt FOB Dalian including 5% commission. The commission shall be payable only after seller has received the full amount of all payment due to seller.

每公吨 2130 美元含 5%佣金 FOB 大连,佣金以收付全部货款为条件。

2. Seller reserves the right to adjust the contracted price, if prior to delivery, there is any variation in the cost of labor or raw material or component parts.

如果在交货前劳动力原材料成本或其组成部分发生任何变化,卖方有权调整合同价格。

3. Exchange risks, if any, for buyer's account.

如有任何汇率风险,则由买方承担。

(三)规定价格条款的注意事项

商品单价和商品总值是商品价格条款的基本内容。由于价格条款是进出口合同中的核心条款,它与其他相关条款有着密切的联系,因此,价格条款涵盖的内容和涉及的问题是相当广泛的。

为了使价格条款的规定明确合理,除必须考虑前面那些因素外,还必须注意下列事项:

(1)根据品质、数量机动幅度制订相应条款。

①品质增减价条款。

②溢短装部分定价条款。

(2)加列银行费用条款。

(3)根据汇率浮动情况制订保值条款。

(4)根据金融货币市场情况,争取选择于己有利的计价货币,必要时,也可酌情增加保值条款,以免承担汇率变动的风险。

(5)根据成交的品种、数量和交货期限等因素,灵活运用各种不同的定价办法,以免承担价格变动的风险。

(6)参照国际贸易的习惯做法,注意佣金和折扣的合理运用,以便有效利用中间代理商和扩大交易。

(7)如果合同中对交货品质和数量约定有一定的机动幅度,则对机动部分的作价也应一并规定。

(8)如包装材料和包装费另行计价,对其计价办法也应一并规定。

(9)单价中涉及的计量单位、计价货币、装卸地名称,必须书写正确、清楚,以利合同的履行。

任务三　国际货款结算条款

【知识目标】

掌握汇票的含义、基本内容、种类与票据行为。

掌握本票和支票的定义及使用。

了解汇付的种类及程序。

掌握托收和信用证支付的程序。

【技能目标】

能够识别商业汇票的基本内容。

能够制订汇付、托收、信用证三种结算方式的支付条款。

熟练掌握信用证的操作技巧。

【引导案例】

支付方式选择不当造成我方损失案

某年11月底,大陆 A 公司与中国台湾 B 公司签订了一份出口合同,总价值10118.00美元,规定从上海运往基隆港,到港时间不得晚于同年12月17日,支付方式为 B 公司收到目的港代理的接货通知书后48小时内将全部货款办理电汇(T/T)给 A 公司。由于装运期较为紧迫,我方立即准备货物,并预定了12月10日船期(预计整个航程共需7天)。货物如期装船后,正本提单寄 B 公司。但因货物途经高雄时多停靠了

2 天,于 12 月 19 日才抵达目的港,B 公司于次日提货后,提出暂时拒付全部货款,待货物销完后再付,原因是货物未能如期到港,致使这批货物无法赶上当地圣诞节的销售高潮,其部分客户已取消订单,造成此批货物大量积压,给 B 公司带来巨大经济损失。A 公司多次电告 B 公司,告知货物未能如期到港(延误 2 天),是无法预料与控制的,再者,因备货时间短,A 公司已尽力将货物装上最早船期。A 公司多次要求 B 公司办理付款,B 公司均不予理睬。两个月后,A 公司只好请台湾某一友好客户 C 与 B 公司协商,B 公司才开始松口,条件是要求 A 公司降价 30% 后才同意给予付款(客户称约有价值 30% 货物积压仓库)。经 A 公司一再努力与之协商,终于以 A 公司降价 15% 告终,此案中 A 公司直接损失 1500 多美元。

🔍 案例分析

　　此案虽已了结,但给我们留下深刻的教训。在本案中,A 公司接受了货物到港后对方付款(电汇),实属赊销,是卖方收汇风险最大的一种方式,因我方已先行发货,且正本提单已寄客户,完全丧失物权,客户若借故拒付,是相当容易的。因此,可以说,A 公司选择了这一方式,为客户的日后拒付创造了条件。所以,在不了解对方资信或大宗交易的情况下,应尽量避免用赊销方式,最好采用预付款(即先收款后发货)或信用证,或两者并用的方式,这样在一定程度上可避免收汇风险。

　　这一案例表明在进出口贸易中,选取合适、恰当的支付方式才能安全、迅速地收回货款。然而,在进出口贸易中,货款的收付还不只是支付方式选择的问题,还包括支付工具的选择、各种支付方式的结合使用等内容,这些共同构成了支付条件,关系到买卖双方的利益,因此应当在合同中加以明确。

一、支付工具

　　在进出口贸易中,有货币和金融票据两种支付工具。但是,在实际操作中,采用现金结算非常不方便,而且风险大、周转慢,所以国际货款的收付一般都是使用信用工具或支付凭证来结算债权债务,即采用非现金结算的票据方式。金融票据主要包括汇票、本票和支票。在进出口贸易中,汇票的使用最为广泛。

(一)汇票(Bill of Exchange)

1. 汇票的含义和内容

英国《票据法》规定:"汇票是一人向另一人出具的无条件书面命令,要求对方见票时或在某一规定的时间或可以确定的时间,向某一特定人或其指定人或持票人支付一定的金额。"

我国《票据法》第 19 条明文规定:"汇票是出票人签发的,委托付款人在见票时或者在指定日期无条件支付确定的金额给收款人或者持票人的票据。"

汇票是一种要式证券,出票行为是一种要式行为,故汇票的做成必须符合法定的格式。汇票的格式就是做成汇票后表现于汇票之上的内容,该内容可分为绝对应记载事项、相对应记载事项和非法定记载事项。

(1)汇票的绝对应记载事项

汇票的绝对应记载事项是指票据法规定必须在票据上记载的事项,若欠缺记载,票据便为无效。根据《票据法》第 22 条之规定,汇票的绝对应记载事项包括 7 个方面的内容,如果汇票上未记载该 7 个方面事项之一的,汇票无效。具体内容如下:

①表明"汇票"的字样

这是指在票据上必须记载足以表明该票据是汇票的文字。如果没有该相关文字,汇票则为无效。

②无条件支付的委托

这是汇票的支付文句,即须表明出票人委托付款人支付汇票金额是不附带任何条件的。换言之,如果汇票附有条件(如收货后付款),汇票无效。

③确定的金额

这是指汇票上记载的金额必须是固定的数额。如果汇票上记载的金额是不确定的,汇票无效。

④付款人名称

付款人是指出票人在汇票上的委托支付汇票金额的人。付款人是汇票的主债务人。如果汇票上未记载付款人的名称,收款人或者持票人就不知道向谁提示承兑或提示付款。因此,汇票上未记载付款人,汇票便为无效。

⑤收款人名称

收款人是指出票人在汇票上记载的受领汇票金额的最初票据权利人。在英美法国家,法律允许签发无记名式汇票,没有将收款人名称规定为应记载事项,而我国《票据法》则不允许签发无记名汇票。故应将收款人名称作为汇票应记载的绝对之事宜,这有利于汇票的转让和流通,避免发生纠纷。

⑥出票日期

这是指出票人在汇票上记载的签发汇票的日期。出票日期在法律上具有重要的作用,即可以确定出票后定期付款汇票的付款日期、确定见票即付汇票的付款提示期限、确定见票后定期付款汇票的承兑提示期限、确定利息起算日、确定某些票据权利的时效期限、确定保证成立之日期、判定出票人于出票时的行为能力状态以及代理人的代理权限状态等,因此,如果汇票上不记载出票日期,这将不利于保护持票人的票据权利。故其应为绝对应记载事项。

⑦出票人签章

这是指出票人在票据上亲自书写自己的姓名或盖章。如果汇票出票人不在汇票上签章,汇票即为无效。

(2)汇票的相对应记载事项

这也是汇票上应记载的内容,但是,相对应记载事项未在汇票上记载,并不影响汇票本身的效力,汇票仍然有效。该等未记载的事项可以通过法律的直接规定来补充确

定。《票据法》第23条规定了这一内容,以下分别加以阐释:

①付款日期

这是指支付汇票金额的日期。汇票除见票即付外,其金额一般是在签发汇票后一段时间才支付。因此,汇票应记载一个付款日期以作为票据权利人行使票据权利的依据。但是,如果汇票上未记载付款日期的,并不必然导致票据的无效,根据《票据法》第23条第2款之规定,此为见票即付。

关于付款日期,《票据法》第25条规定了4种形式,即见票即付、定日付款、出票后定期付款、见票后定期付款。付款日期为汇票到期日。出票人签发汇票时,只能在这4种法定形式中选定,而不能选用法定形式以外的其他任何形式。见票即付是指汇票的付款人一经持票人提示付款,即应该予以付款的一种付款日期形式。汇票上未记载具体付款时间,表明了"见票即付"字样或依法推定为见票即付的,持票人提示汇票的提示日就是付款日期,即属汇票到期。但是,为了防止持票人久久不提示票据,损害债务人的利益,《票据法》第53条规定,见票即付汇票的法定付款提示期限为出票日起1个月。持票人未在此期限内为付款提示的,即丧失对其一切前手的追索权。定日付款是指汇票上记载特定年、月、日为支付款日期的一种形式。由于该形式的付款日期最为明确,故实践中使用较多。出票后定期付款是指汇票上记载的从出票日起经过一定期间方能付款的一种付款日期形式。这是从出票日作为起算日,直到汇票上记载的一定期间(如2个月)的末日为到期日。见票后定期付款是指出票人在汇票上记载的于付款人承兑日起经过一定期间方能付款的一种付款日期形式,如见票后3个月付款或承兑后6个月付款等。这里的起算日即是见票日。

②付款地

这是指汇票金额的支付地点。此一内容应在票据上加以明确记载,以便于收款人或持票人知道在何地提示付款。但是,如果汇票上未记载付款地的,也不必然导致票据无效,而是依据法律的规定确定付款地。根据《票据法》第23条第3款之规定,在此情况下,付款地为付款人的营业场所、住所或者经常居住地。付款人的营业场所为其从事生产经营活动的固定场所,付款人没有经营场所的,以其住所为付款地,住所与经常居住地不一致的,则以其经常居住地为付款地。根据我国有关法律解释,经常居住地一般是指公民最后连续居住满1年以上的日常生活居住地。

③出票地

这是指出票人签发票据的地点,此一内容亦应在票据上加以明确记载。如果汇票上未记载出票地的,依照《票据法》第23条第4款之规定,出票人的营业场所、住所或者经常居住地为出票地。

(3)汇票的非法定记载事项

这是指法律规定以外的记载事项。根据《票据法》第24条之规定,汇票上可以记载本法规定事项以外的其他出票事项,但是该记载事项不具有汇票上的效力。法律规定以外的事项主要是指与汇票的基础关系有关的事项,如签发票据的原因或用途、该票据项下交易的合同号码等。因此,这些事项尽管便于当事人清算,但却与票据本身关系不大,故其不具有票据上的效力。

2. 汇票的种类

按其不同的划分标准,汇票可分为以下几类:

(1)按出票人的不同,可分为银行汇票和商业汇票

银行汇票(Banker's Draft),是指汇款人将款项交存当地银行,由银行签发给汇款人持往异地办理转账结算或支取现金的票据。其出票人和付款人都是银行。

商业汇票(Commercial Draft),根据我国支付结算办法第 72 条规定,商业汇票是收款人或付款人签发,由承兑人承兑,并于到期日向收款人或被背书人支付款项的票据。商业汇票又分为银行承兑汇票和商业承兑汇票。其出票人是企业或个人,付款人可以是企业、个人,也可以是银行。

(2)按付款时间不同,可分为即期汇票和远期汇票

即期汇票(Sight Draft),指在提示或见票时立即付款的汇票。远期汇票(Time Bill),是指付款人在一定期限内或指定日期付款的汇票。对远期汇票的付款时间有以下几种规定:

见票后若干天付款(At * * days after sight)

出票后若干天付款(At * * days after date of draft)

提单签发后若干天付款(At * * days after date of Bill of Lading)

货物到达后若干天付款(At * * days after date of arrival of goods)

指定日期付款(Fixed date)

(3)按是否附商业单据,可分为光票汇票和跟单汇票

光票汇票(Clean Bill),是指付款人仅凭汇票付款,不得要求附带商业单据的汇票。跟单汇票(Documentary Bill),是指付款人凭票付款时,不仅要求受款人提交汇票,还要求其按约定条件,提交其他相关单据的汇票。

3. 汇票的使用

汇票使用过程中的各种行为,都由票据法加以规范。主要有出票、提示、承兑和付款。如需转让,通常应经过背书行为。如汇票遭拒付,还需做成拒付证书和行使追索权。

(1)出票(Issue)

出票是指出票人填写汇票,经签字交给受票人的行为。出票后,出票人即承担保证汇票得到承兑和付款的责任。如汇票遭到拒付,出票人应接受持票人的追索,清偿汇票金额、利息和有关费用。

在出票时,收款人一栏的填写通常有三种写法:

①限制性抬头(Restrictive Order)

这种汇票通常会标注"pay ABC Co. Ltd. only"或"pay ABC Co. Ltd. , not negotiable"。这种汇票不得流通转让,只能由抬头人收款。

②指示性抬头(Indicative Order)

这种汇票通常会标注"付××公司或其指定人"(pay * * Co. or order 或 pay to

the order of ＊＊Co.)。这种抬头的汇票，××公司既可收取货款，也可背书转让。

③持票人或来人抬头(To Bearer)

这种汇票通常会标注"付给来人"(pay Bearer)。这种抬头的汇票无须背书即可转让。

（2）提示(Presentation)

提示是指持票人将汇票提交给付款人要求承兑或付款的行为。付款人见到汇票叫见票(Sight)。提示可以分为两种：付款提示和承兑提示。前者是指持票人向付款人提交汇票，要求立即付款的行为；后者是指持票人向付款人提交远期汇票，要求付款人见票后办理承兑手续，到期付款的行为。提示需要在规定时间内向付款人提交，否则持票人将丧失对其前手的追索。

我国《票据法》规定，见票后定期付款的汇票，持票人应当自出票日起一个月内向付款人提示承兑；见票即付的汇票无须提示承兑。

（3）承兑(Acceptance)

承兑是指付款人对远期汇票表示承担到期付款责任的行为。办理承兑时，付款人应在汇票上写明"承兑"字样，注明承兑日期并签字，交还持票人。承兑后，付款人即成为汇票的第一债务人，而出票人处于从债务人的地位。

（4）付款(Payment)

对即期汇票，在持票人提示汇票时，付款人即应付款；对远期汇票，付款人经过承兑后，在汇票到期日付款。付款后，汇票上的一切债务即告解除。

（5）背书(Endorsement)

背书就是由汇票持有人在汇票背面签字，或再加上受让人（被背书人）的名字，并把汇票交给受让人的行为。

在国际市场上，汇票是一种流通工具，可以在票据市场上流通转让。背书是转让汇票权利的一种法定手续。经背书后，汇票的收款权利便转移给受让人。汇票可以经过背书不断转让下去。对于受让人来说，所有在他以前的背书人以及原出票人都是他的"前手"；而对于出让人来说，所有在他让与以后的受让人都是他的"后手"。前手对后手负有担保汇票必然会被承兑或付款的责任。

汇票持有人为了在汇票到期前先取得票款，可经过背书转让汇票，即将汇票进行"贴现"，受让人在受让时按汇票的票面金额扣除一定贴现利息后，将票款余额付给出让人。

（6）拒付(Dishonor)

拒付，也称退票，是持票人提示汇票时，遭到拒绝承兑或付款的统称。除此之外，付款人拒不见票、死亡或宣告破产，以致事实上不可能付款，也称为拒付。

（7）追索(Recourse)

如果汇票在合理时间内提示，遭到拒绝承兑，或在到期日提示，遭到拒绝付款，持票人立即取得追索权。所谓追索权(Right of Recourse)，是指汇票遭到拒付，持票人有对其前手（背书人、出票人）进行票款追索的权利。有些国家法律规定，持票人要行使追索权应及时做出拒付证书(Protest)。拒付证书是由付款地的法定公证人或其他依法有权做出证书的机构如法院、银行、邮局等,做出证明拒付事实的文件,是持票人凭以向其前手进行追索的法律依据。如拒付的汇票已经承兑,出票人可凭以向法院起诉,要求承兑汇票的承兑人付款。

汇票的出票人或背书人为了避免承担被追索的责任,可在出票时或背书时加注"不受追索"字样,但带有此种批注的汇票,在市场上难以流通。

【小资料 4-3-1】

关于汇票的持有者对其前手的追索权的时效,各国票据法都有明确的规定。我国《票据法》规定,持票人对前手的追索权,自被拒绝承兑或被拒绝付款之日起 6 个月内不行使则归于消灭。可见,持票人对其前手追索权的消灭时效为自被拒绝承兑或被拒绝付款日起 6 个月。

(二)本票(Promissory Note)

1. 本票的含义和内容

英国《票据法》关于本票的规定是:"本票是指一人向另一人签发的,保证即期或定期或在可以确定的将来的时间,对某人或其指定人或持票人支付一定金额的无条件书面承诺。"

我国《票据法》规定:"本票是出票人签发的,承诺自己在见票时无条件支付确定的金额给收款人或者持票人的票据。"

我国《票据法》第 76 条规定本票必须记载下列事项,否则无效:

①表明"本票"的字样。

②无条件支付的承诺。

③确定的金额。

④收款人的名称。

⑤出票日期。

⑥出票人签章。

2. 本票的种类

本票按其出票人不同,可分为商业本票和银行本票。商业本票,又称一般本票,是工商企业或个人所签发的本票,主要用于清偿出票人自身的债务。商业本票有即期和远期之分。银行本票,是指由银行签发的本票,都是即期的。根据我国《票据法》的规定,银行本票仅限于由中国人民银行审定的银行或其他金融机构签发。

3. 本票与汇票的区别

本票和汇票都属于票据的范畴,但二者之间又有较大的不同,主要区别如下:

①本票是一项付款承诺;而汇票是一项支付命令。

②本票只有两个基本当事人:出票人和收款人;而汇票则有三个基本当事人:出票人、付款人和收款人。

③本票的出票人始终是第一债务人,一旦拒付,持票人可以立即要求法院裁定,要求出票人付款;而汇票在承兑前出票人为第一债务人,在承兑后,承兑人为第一债务人,

出票人处于从债务人的地位。

④本票签发的份数只能是一式一份;而汇票可以开出一套,即一式两份或一式多份。

(三)支票(Check)

1. 支票的含义和内容

我国《票据法》第81条规定:"支票是出票人签发的,委托办理支票存款业务的银行或者其他金融机构在见票时无条件支付确定的金额给收款人或者持票人的票据。"

英美等国票据法把支票看成汇票的一种形式。英国《票据法》规定:"支票是以银行为付款人的即期汇票。它是银行存款人(出票人)对银行(付款人)签发的授权银行对某人或其指定人或持票人即期支付一定金额的无条件书面命令。"

支票有两个主要特点:一是付款人有资格限制,一是见票即付。

支票的出票人必须在付款银行有存款,其签发支票的票面金额不得超过其在银行的存款。凡票面金额高于其在银行存款的支票,称为空头支票。空头支票的持有人向付款银行提示支票要求兑付时会遭到拒绝,支票的出票人也要负法律责任。

根据我国《票据法》第84条规定,支票必须记载以下事项:

①表明"支票"的字样。

②无条件支付的委托。

③确定的金额。

④付款人的名称。

⑤出票日期。

⑥出票人签章。

支票上未记载上述规定事项之一的,支票无效。

2. 支票的种类

支票按抬头的不同,可分为记名支票和不记名支票;按支票出票人的不同,可分为银行支票和商业支票;按支票本身的基本特征可分为保付支票、空头支票等。

我国《票据法》规定,支票分为现金支票和转账支票两种,用以支取现金或转账,并应当分别在支票正面注明。现金支票只能用于支取现金。转账支票只能用于通过银行或其他金融机构转账结算。但在许多国家,支取现金或转账,通常可由持票人或收款人自主选择。若选择转账,则可由出票人或收款人或代收银行在支票的左上角画两道平行线,那么这种支票只能通过银行转账,此类支票称为"画线支票";对于"未画线支票",收款人既可通过自己的往来银行代向付款银行收款,存入自己的账户,也可亲自到付款银行提现。

【小思考 4-3-1】

本票需要办理承兑手续吗?

答:不需要,因为本票的出票人即为付款人,因此远期本票无须承兑。

【微型案例 4-3-1】

甲为汇票的出票人,指定乙为持票人,丙为受票人。乙将该汇票背书转让给丁,丁在到期日前向受票人丙提示汇票并获承兑。但至汇票到期日,丙以资金周转困难为由,拒绝向丁付款。

请问:丁此时有何权利? 如何行使?

二、国际贸易货款的支付方式

国际贸易的支付方式是在长期的贸易发展和交往中逐步形成和发展起来的。它的出现和发展能够在一定程度上满足不同国家或地区贸易需求,能够提高安全收汇和加快资金的周转速度,使得贸易商应付货款在时间上和空间上统一起来,特别是银行的介入,通过提供信用、融通资金、买卖票据等业务来更高效地完成国际贸易的结算。

在国际贸易的支付方式中,按照资金的流向和支付工具传送的方向是否一致,可分为顺汇和逆汇两类。顺汇,指付款人主动将款项交给银行,委托银行使用某种结算工具,把此款项交付给收款人的结算方法,其特点是资金的流动方向和支付工具的传递方向相同,汇付方式属于顺汇。逆汇,指货款的债权人开出汇票,委托银行向国外债务人索取一定金额的结算方式,其特点是资金的流动方向和支付工具的传递方向相反,托收方式和信用证方式属于逆汇。

(一)汇付(Remittance)

1. 汇付的含义和当事人

汇付又称汇款,是指付款人主动通过银行或其他途径将款项汇交收款人的支付方式。汇付属于商业信用,采用的是顺汇法。

汇付方式的基本当事人有四个:

①汇款人(Remitter),是指汇出款项的人,在进出口业务中,通常是合同的买方。

②收款人或受益人(Payee of Beneficiary),是指汇款人指定接受汇款的人,在进出口业务中,通常是合同的卖方。

③汇出行或汇款行(Remitting Bank),是指接受汇款人委托汇出款项的银行,通常是汇款人所在地或进口地银行。

④汇入行或解付行(Paying Bank),是指接受汇出行委托,解付款项给收款人的银行,通常是收款人所在地或出口地银行。

2. 汇付的种类

按汇兑工具的不同,汇付可分为三种:电汇、信汇、票汇。

(1)电汇(Telegraphic Transfer,简称 T/T)

电汇是汇出行应汇款人的申请用电报或电传委托国外汇入行向指定收款人解付货款的汇付方式。采用电汇方式的费用较高,但收款人收汇迅速。

电汇的业务流程如图 4-3 所示。

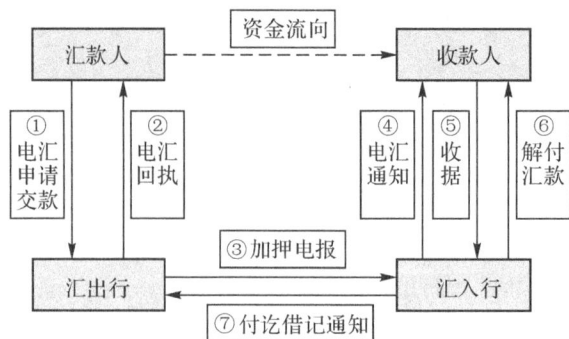

图 4-3　电汇业务流程

说明：①汇款人填写电汇申请书，并向汇出行付款；②汇出行向汇款人出具电汇回执；③汇出行拍发电传、电报或 SWIFT 给汇入行；④汇入行核对密押后将电汇通知书送达收款人；⑤收款人将收款收据盖章，交给汇入行；⑥汇入行借记汇出行账户，解付汇款给收款人；⑦ 汇入行将付讫借记通知书寄给汇出行。

（2）信汇（Mail Transfer，简称 M/T）

信汇是汇出行应汇款人的指示，用银行信件邮寄国外汇入行，授权其向收款人解付货款的方式。这种汇付方式比电汇慢，但费用比较低廉。

信汇的业务流程如图 4-4 所示。

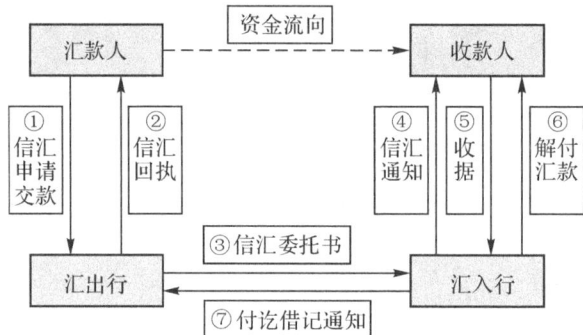

图 4-4　信汇业务流程

说明：①汇款人填写信汇申请书，并向汇出行付款；②汇出行向汇款人出具信汇回执；③汇出行制作委托书，邮寄给汇入行；④汇入行核对签字后将信汇通知书送达收款人；⑤收款人将收款收据盖章，交给汇入行；⑥汇入行借记汇出行账户，解付汇款给收款人；⑦ 汇入行将付讫借记通知书寄给汇出行完成汇款。

（3）票汇（Demand Draft，简称 D/D）

票汇是指汇款人在本地银行购买银行汇票径寄收款人，收款人凭汇票上指定的银行取款的汇付方式。

票汇与电汇、信汇有两点不同：一是票汇的汇入行无须通知收款人取款，而由收款人持票登门取款；二是票汇使用的是银行汇票，经过收款人背书可以转让，而电汇和信汇的收款人则不能将收款权转让。

票汇的业务流程如图 4-5 所示。

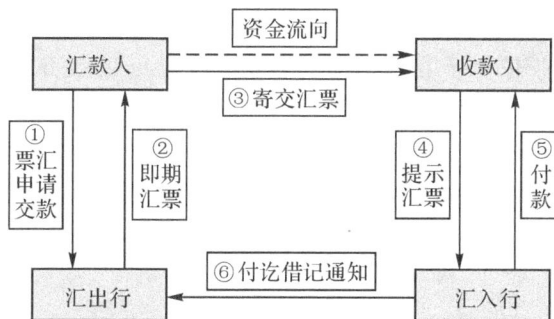

图 4-5　票汇业务流程

说明：①汇款人填写票汇申请书，并向汇出行付款；②汇出行开立即期汇票交给汇款人；③汇款人向收款人寄交汇票（也可自行携带出国）；④收款人提示汇票（也可转让）；⑤汇入行借记汇出行账户，凭票付款给收款人；⑥汇入行将付讫借记通知书寄给汇出行，通知它付款完毕。

（二）托收（Collection）

1. 托收的含义和当事人

托收，"委托收款"的简称，是指出口人在货物装运后，开具以进口人为付款人的汇票（随附或不随附货运单据），委托出口地银行通过它在进口地的分行或代理行向进口人收取货款的一种结算方式。托收也属于商业信用，采用的是逆汇法，即资金的流动方向与支付工具的传递方向相反。

在进出口贸易中，托收方式的基本当事人有委托人、托收行、代收行和付款人。

①委托人（Principal），是指委托银行办理托收业务的人。由于委托人通常开出汇票委托银行向国外付款人代收货款，因此，也称为出票人，在进出口贸易中，通常为出口商。

②托收行（Remitting Bank），是指接受委托人的委托，代为收取货款的银行，一般为出口地银行。

③代收行（Collecting Bank），指接受托收行的委托代向付款人收取票款的银行，一般为进口地银行，且通常是委托行在进口地的分行或代理行。

④付款人（Drawee），是指汇票中的付款人，也就是代收行向其提示汇票要求付款的债务人，通常为进口商。

除上述基本当事人外，托收业务有时还可能涉及另外两个当事人：

⑤提示行（Presenting Bank），指向付款人提示汇票和托收单据的银行，属代收行系列。提示行可以是由代收行委托的与付款人有账户往来关系的银行，也可以由代收行自己兼任。

⑥需要时的代理，是指委托人为了防止因付款人拒付而发生无人照料货物的情形而在付款地事先指定的代理人。这种代理人一般在拒付情况下负责照料货物存仓、转售、运回等事宜。

2. 托收的性质和特点

托收的性质是商业信用。在托收业务中,银行只提供服务,不提供信用。也就是说,无论是委托人和托收行之间,还是托收行与代收行之间,都是委托代理关系。托收行和代收行都只是按照委托人的指示办事,及时向付款人提示汇票,将收到的货款及时转交给委托人;若发生拒付情况,及时通知委托人等;但不保证付款人必然付款,对货运单据和到港货物也无审查和看管责任。委托人发货后能否安全及时收回货款,完全取决于进口商的信用。

托收方式对出口商来说是先发货、后收款,这实际上是向进口商提供了信用。而货款是否能按时全部收回,则完全依赖于进口商的信誉,这在一定程度上使出口商失去了对货物和货款的主动权,因此对出口商来说风险较大。虽然托收方式对出口方有一定风险,但对进口方比较有利。通过这种结算方式,进口方可减少费用,有利于资金融通和周转,因此,有利于调动进口商的积极性,从而有利于促进成交和扩大出口。因此,许多出口商都把托收方式作为加强对外竞争的手段。

3. 托收的种类和程序

(1)托收的种类

根据托收中是否使用商业单据,托收可分为光票托收和跟单托收两种。

光票托收(Clean Collection),是指出口商只凭金融票据不附有商业票据的托收。它通常用于信用证的余额结算,也用于代垫费用、佣金、样品费等的结算。

跟单托收(Documentary Collection),是指出口商在收取货款时,凭附有金融单据的商业票据或不附金融单据的商业票据的托收。

在进出口贸易的托收业务中,大多采用跟单托收。跟单托收根据商业票据交单条件的不同,又可以分为付款交单和承兑交单两种。

(2)跟单托收的种类

第一种:付款交单(Documents against Payment,简称 D/P),是指出口商发货后取得货运单据,委托银行代收货款时,指示银行只有在进口商付清货款后才能将商业单据交给进口商。可见,在跟单托收业务中,出口商的交单是以进口商的付款为条件的。

付款交单,按照货款支付的时间不同,可分为即期付款交单和远期付款交单。

A. 即期付款交单(D/P at Sight),是指出口商发货后,开具即期汇票,连同商业单据通过银行向进口商做出提示,进口商审单无误,见票即付,领取商业单据。其一般程序如图 4-6 所示。

说明:

①进出口双方签订合同,在合同中规定采用即期付款交单方式支付货款。出口方按合同规定装运货物并取得货运单据后,填写托收申请书,开出即期汇票,连同全套货运单据交托收行,委托其收取货款。

②托收行填写托收委托书,连同汇票和货运单据寄送进口地代收行由其代收货款。

③代收行收到汇票和货运单据后,向进口方做付款提示。

④进口方见票后立即付清货款。

⑤代收行将全套货运单据交进口方。

⑥代收行通知托收行款项已收妥并转账。

⑦托收行将货款交付给出口方。

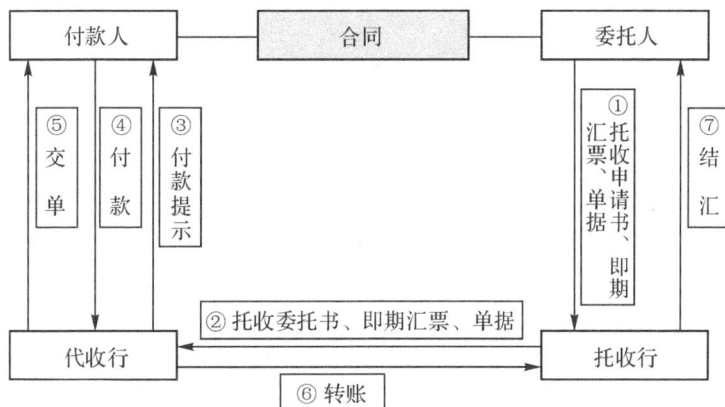

图 4-6 即期付款交单流程

B. 远期付款交单(D/P after Sight),是指出口商发货后,开具远期汇票,连同商业单据通过银行向进口商做出提示,进口商审单无误后在远期汇票上办理承兑手续,于汇票到期日付清货款后再领取商业单据。其一般程序如图 4-7 所示。

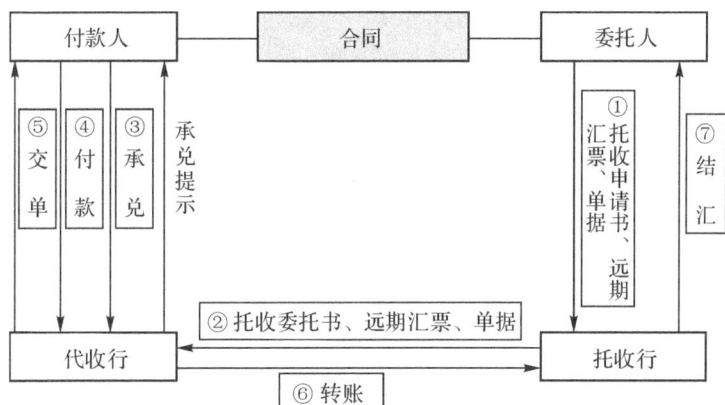

图 4-7 远期付款交单流程

说明:

①出口方按合同规定装运货物后,填写托收申请书,开出远期汇票,连同全套货运单据交托收行,委托其收取货款。

②托收行填写托收委托书,连同远期汇票和货运单据寄送进口地代收行由其代收货款。

③进口方见票后立即承兑,代收行保留汇票和全套单据。

④进口方于汇票到期后付清货款。

⑤代收行将全套货运单据交进口方。

⑥代收行通知托收行款项已收妥并转账。

⑦托收行将货款交付给出口方。

在远期付款交单条件下,若付款日和实际到货日基本一致,则不失为对进口商的一种资金融通。若付款日晚于到货日,进口商为了抓住有利时机转售货物,可采取两种方法:一是在付款到期日之前付款赎单,扣除提前付款日至原付款到期日之间的利息,作为买方享受的一种提前付款的现金折扣;另一种做法是代收行对于资信较好的进口商,允许其凭信托收据(Trust Receipt)借取货运单据,先行提货,于汇票到期时再付清货款。

第二种:承兑交单(Documents against Acceptance,简称 D/A),是指出口商发货后,开具远期汇票,连同商业单据通过银行向进口商做出提示,进口商审单无误后立即作承兑手续,便可领取商业单据、提取货物,待远期汇票到期时再付清货款。可见,使用承兑交单方式,出口商的交单是以进口商承兑远期汇票为条件的,它与远期付款交单的不同之处是远期付款单条件下进口商承兑远期汇票后不能立即领取商业单据。

使用承兑交单方式,进口商承兑汇票后即可取得货运单据,有利于进口商利用出口商的资金进行买卖,但却使出口商处于可能货、款两失的风险下,因此,采用这种方式,必须从严掌握。其业务流程如图 4-8 所示。

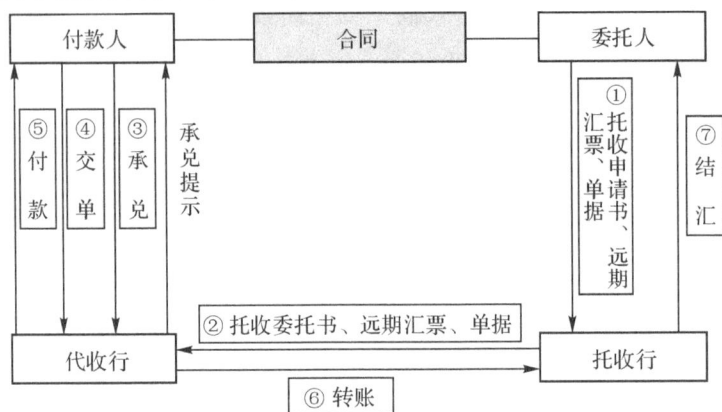

图 4-8 承兑交单业务流程

说明:

①进出口双方签订合同,在合同中规定采用承兑交单方式支付货款。出口方按合同规定装运货物并取得货运单据后,填写托收申请书,开出远期汇票,连同全套货运单据交托收行,委托其收取货款。

②托收行填写托收委托书,连同远期汇票和货运单据寄送进口地代收行由其代收货款。

③代收行收到汇票和货运单据后,向进口方做承兑提示,进口商见票后立即承兑。

④代收行将全套货运单据交进口方并保留承兑后的汇票。

⑤进口方于汇票到期后付清货款。

⑥代收行通知托收行款项已收妥并转账。

⑦托收行将货款交付给出口方。

【小思考 4-3-2】

远期付款交单与承兑交单有哪些相同和不同的地方？

【微型案例 4-3-2】

我方的一笔出口货款请银行按 D/P 即期托收,在托收申请书中,我方没有增加银行责任,该项托收货款被买方拒付,银行即告知我方。时隔数周,我方向银行交代货物处理方法,此时,货物已有部分被盗,我方认为银行没有保管好货物,并要求赔偿,银行断然拒绝。

请问:银行这样做是否有道理?

【小资料 4-3-2】

托收的注意事项

由于托收的性质是商业信用,出口方要承担较大的风险,因此,在出口合同中规定使用托收作为支付方式时,应注意以下问题:

(1)事先应认真考察进口商的资信状况和经营作风,据此,针对客户的具体情况掌握授信额度和交单条件。

(2)对进口管制和外汇管制较严的国家的出口交易,不宜使用托收方式,以免货到目的地后,由于不准进口或收不到外汇而蒙受损失。

(3)要了解进口国家的商业惯例,以免某些习惯做法可能给出口商带来的损失。例如,有些欧洲和拉美国家的银行,基于当地的法律和习惯,在进口商承兑远期汇票后立即把单据交给进口商,即把远期付款交单改为承兑交单处理,这就会使出口商的风险大为增加。

(4)出口合同应争取按照 CIF 或 CIP 条件成交,由出口商办理货运保险,或投保出口信用险。在采用 FOB/FCA 或 CFR/CPT 等价格条件成交时,要注意投保卖方利益险。

(5)要建立健全管理制度,注意定期检查,及时催收清理,发现问题迅速采取适当措施,以避免或减少可能发生的损失。

(三)信用证(Letter of Credit,L/C)

1. 信用证的含义与性质

(1)信用证的含义和性质

信用证,指一项不可撤销的安排,无论其名称或描述如何,该项安排构成开证行对相符交单予以交付的确定承诺。

银行承付即指:

①如果信用证为即期付款信用证,则即期付款。

②如果信用证为延期付款信用证,则承诺延期付款并在承诺到期日付款。

③如果信用证为承兑信用证,则承兑受益人开出汇票并在汇票到期日付款。

确切地说,信用证是开证银行根据开证申请人的请求或以其自身的名义向受益人开立的承诺在一定期限内凭规定的单据支付一定金额的书面文件。简而言之,信用证是一种银行开立的有条件的付款凭证。银行付款的条件就是受益人必须提交符合信用证规定的各种单据。在符合条件的情况下,银行将向受益人付款或承兑其出具的远期汇票并到期付款。付款的方式有三种:开证行直接付款,开证行指定另一家银行付款,开证行授权另一家银行议付。

与前面所述托收和汇付两种支付手段不同,信用证支付方式属于银行信用。使用前两种支付方式,进出口双方都会担心对方不履行合同义务而使自己遭受损失,不利于进出口贸易的发展;而在信用证业务中,只要出口人按照信用证的要求提交单据,银行即保证付款。因此,建立在银行信用基础之上的信用证支付方式在国际货物买卖中被广泛应用,成为进出口贸易中普遍采用的一种主要的支付方式。目前,我国在进出口贸易中,也以信用证为主要支付方式。

2. 信用证的特点

信用证支付方式的特点,主要表现在以下三个方面:

(1)开证行负第一性付款责任

信用证支付方式是一种银行信用。在信用证业务中,开证行以自己的信用做出付款承诺,因此,开证行处于第一付款人的地位。当受益人提交的单据与信用证规定相符时,不管进口商是否破产或拒付,开证行必须向受益人或其指定人付款、承兑或议付。

(2)信用证是一种自足文件

信用证的开立是以买卖合同为依据的,在内容上反映买卖合同的内容。但是信用证一经开立,就成为独立于合同以外的另一种契约,不受合同的约束。因此,开证行和参与信用证业务的其他银行只按信用证的规定办事。假如受益人提交的单据与合同条款相符,却与信用证条款不一致,仍会遭到银行拒付。

(3)信用证业务是一种单据买卖

根据《跟单信用证统一惯例》(UCP 600)第5条的规定,银行处理的是单据,而不是单据可能涉及的货物、服务或履约行为。所以,信用证业务是一种纯粹的凭单据付款的单据业务。也就是说,只要受益人提交的单据表面上符合信用证的规定,开证行就应承担付款或承兑的责任,而不管单据的真实性、完整性和准确性,不管货物是否和合同条款相符。因此,单据成为银行付款的唯一依据。

综上所述,信用证支付方式的特点就是"一个原则""两个只凭"。"一个原则"是指严格符合原则,即"单证一致,单单一致",即受益人提交的单据在表面上要与信用证的条款一致,受益人提交的各种单据之间表面上要一致。"两个只凭"是指只凭信用证办事,不受买卖合同约束;只凭有关单据办事,不管货物的真实情况。

3. 信用证的作用

采用信用证支付方式,给进出口双方以及银行都带来一定的好处。信用证在国际结算中的作用主要表现在以下几个方面:

(1)对出口商的作用

①保证出口商凭单取款。信用证支付所遵循的原则是单证严格相符,出口商提交的单据只要做到与信用证规定相符,银行就保证支付货款。在信用证支付方式下,出口商交货后不必担心进口商到时不付款,而是由银行承担付款责任,这种银行信用要比商

业信用可靠。因此,信用证支付为出口商收取货款提供了较为安全的保障。

②保证出口商得到外汇。在严格实行外汇管制和进口管制的国家里,进口商要开立信用证,首先要得到本国外汇管理当局的批准,只有使用外汇的申请得到批准后,方能向银行提出开证的申请。出口商若能按时收到信用证,就说明进口商已获得相关的外汇,因此可以保证出口商履约后如期收到有关的外汇。

③可以取得资金融通。在出口商资金周转困难时,可凭进口商开来的信用证做抵押,向出口地银行申请打包贷款(Packing Credit),用以收购、加工、生产出口货物和打包装船;或出口商在收到信用证后,按规定办理货物出运,并将汇票和信用证规定的各种单据提交议付行议付,通过押汇可及时取得货款。这是出口地银行对出口商提供的资金融通,从而有利于资金周转,扩大出口。

(2)对进口商的作用

①保证取得代表货物所有权的单据。在信用证方式下,无论是开证行、付款行、保兑行的付款,还是议付行的议付货款都要对有关单据表面的真伪进行审核,只有单证相符、单单相符才履行付款义务,因此可以保证进口商交付货款后,取得代表货物所有权的单据,特别是提单。

②保证按时、按质、按量收到货物。进口商可以通过信用证条款来控制和约束出口商交货的时间、交货的品质和数量,如在信用证中规定最迟的装运期以及要求出口商提供由信誉良好的公证机构出具的品质、数量或重量证明书等,从而保证进口商按时、按质、按量收到货物。

③提供资金融通。进口商在申请开证时,需要交纳一定的押金,有些国家的银行对信誉良好的开证人还可减免押金,而全部货款待单据到达后再支付,这样就减少了资金的占用。如采用远期信用证,进口商还可凭信托收据向银行借单,先行提货、转售、使用,到期再向开证行支付货款,这就为进口商提供了资金融通的便利。

(3)对银行的作用

开证行接受开证申请人的开证申请后,即承担了开立信用证和履行付款的责任,这是银行以自己的信用做出的保证,是一种银行信用。因此,开证申请人在申请开证时要向银行交付一定的押金或担保品,为银行利用资金提供便利。此外,在信用证业务中,银行每提供一项服务均可取得一定的收益,如开证费、通知费、议付费、保兑费、修改费、利息、手续费等收入。

总之,信用证支付方式在进出口贸易中可起到以下两个作用:

第一,安全保证作用。信用证支付方式是一种银行信用,它把进口人履行的付款责任转为由银行来履行,保证了出口方能迅速安全地收到货款,进口方能收到代表货物的单据,有效地缓解了买卖双方互不信任的矛盾,使进出口贸易能够顺利地进行。

第二,资金融通作用。在信用证业务中,银行不仅提供信用和服务,还可以通过打包贷款、叙做出口押汇向出口人融通资金;通过凭信托收据、叙做进口押汇向进口人融通资金。

4. 信用证付款涉及的当事人

信用证涉及的当事人很多，且因具体情况的不同而有差异。一般来说，信用证的基本当事人有四个：

(1)开证申请人(Applicant)

开证申请人又称为开证人(Opener)，是指向银行申请开立信用证的人，一般是进口商或中间商。如果开证银行以自身名义开立信用证，则信用证所涉及的当事人中没有开证申请人。

(2)受益人(Beneficiary)

受益人是指信用证上指明有权使用该证并享有权益的人，通常是出口商。

(3)开证行(Opening Bank，Issuing Bank)

开证行是指接受开证申请人的委托，代表申请人或根据自身需要开立信用证并承担付款责任的银行，一般是进口地的银行。开证行通过开证承担了根据受益人提交的符合信用证规定的单据付款的全部责任。

(4)通知行(Advising Bank，Notifying Bank)

通知行指受开证行的委托，将信用证转交或通知受益人的银行，一般是出口商所在地的银行，且通常是开证行的代理银行。通知行除应谨慎核查信用证的表面真实性，并及时、准确地将其通知受益人外，无须承担其他义务。

一般来说，上述四方当事人是几乎所有信用证业务都会涉及的。此外，应受益人要求，还可能出现其他当事人。

(5)议付行(Negotiating Bank)

议付行是指根据开证行的授权买入或贴现受益人提交的符合信用证规定的汇票或单据的银行。议付行可以是信用证上指定的银行，也可以是非指定的银行。若议付行遭开证行拒付，可以向受益人追索。

(6)付款行(Paying Bank)

付款行是指信用证上指定的付款银行。如果信用证未指定付款银行，开证行即为付款行。

(7)偿付行(Reimbursement Bank)

偿付行是指受开证行的委托或授权，对议付行或付款行进行垫款清偿的银行，一般是开证行指定的账户行。偿付行仅凭索汇行的索汇证明付款，而不受单，不审单，单据仍是寄给开证行。

(8)保兑行(Confirming Bank)

保兑行是指受开证行的请求在信用证上加具保兑的银行，具有与开证行相同的责任和地位。保兑行对信用证独立负责，承担必须付款或议付的责任。在付款或议付后，不论开证行倒闭或无理拒付，保兑行都不能向受益人追索。

5. 信用证的主要内容及其开立的形式

(1)信用证的内容

国际上各银行的信用证没有固定、统一的格式，但其内容基本相同，主要包括以下几项：

①对信用证本身的说明,如信用证的编号、种类、金额、开证日期、有效日期、交单日期和到期地点等。

②信用证的当事人,如开证申请人、受益人、开证行及其指定的通知行、议付行、付款行、偿付行、保兑行等的名称、地址。

③有关货物的描述,如商品的名称、规格、数量、包装、单价、总值等。

④对运输的要求,如运输方式、装运期限、起运地、目的地、可否分批和中途转运等。

⑤对单据的要求。对单据的要求包括:对汇票的要求,信用证上如规定出口商提交汇票,则应列明汇票的必要项目,如出票人、受票人、期限、主要条款等;对货运单据的要求,主要是商业发票、海关发票、提单或运输单据、保险单证及其他单据。

⑥特别条款,主要是根据进口国的政治、经济、贸易情况的变化或不同业务需要规定的一些条款,如要求加具保兑、限制议付、限装某船或不许装某船、限制港口和航线等。

⑦开证行对受益人及汇票持有人保证付款的责任文句以及适用的国际惯例,如"该证受国际商会《跟单信用证统一惯例》第 500 号出版物的约束"字样。

（2）信用证开立的形式

信用证的开证方式主要有以下两种：

①信开,是指开证行采用印刷的信函格式开立信用证正本一份和副本若干份,航空邮寄给通知行。这种形式现在已经很少使用。

②电开,是指开证行将信用证内容加密押后,通过电报、电传、传真等电讯工具将信用证传达给通知行。电开又可分为以下几种：

a.简电,是指开证行只是将信用证的一些主要内容预先通知,仅供受益人备货、定舱时参考,不能作为议付的凭证,详细条款将另行寄送通知行。简电一般会注明"详情后告"等类似词语,开证行必须毫不延误地向通知行寄送有效的信用证文本。

b.全电,是指开证行把信用证的全部条款传达给通知行通知受益人,它是有效的信用证文件,是受益人交单议付的凭证。一般来讲,开证行不再寄送证实书,如果寄证实书,则该证实书无效。

c.SWIFT 信用证,是采用 SWIFT 系统开出的信用证。采用 SWIFT 信用证,必须遵守 SWIFT 使用手册的规定,而且信用证必须按照国际商会制定的《跟单信用证统一惯例》(UCP600)的规定。这种信用证具有标准化和格式化的特点,而且传送速度快、成本低。现已被西北欧、美洲和亚洲等国家和地区的银行广泛使用。我国银行在电开信用证或收到的信用证电开本中,SWIFT 信用证也占了很大比例。

6.信用证付款的基本程序

信用证的业务流程因信用证的类型不同而有所差异,但就其基本环节而言,大体都要经过申请、开证、通知、议付、索偿、付款、赎单等环节,如图4-9所示。

（1）订立合同

进出口双方在进出口合同中规定采用信用证方式收付货款。

（2）申请开证

进口方向当地银行提出开证申请，按照合同的各项规定填写开证申请书，并交纳押金或提供其他担保，要求开证行向受益人开出信用证。

（3）开立信用证

开证行根据开证申请书的内容，向出口方（受益人）开出信用证，并寄送给出口方所在地的通知行。

（4）通知

通知行在收到开证行寄送的信用证并核对印鉴和密押无误后，将信用证转交给受益人。

（5）审证、交单

受益人收到经通知行转来的信用证后，应审核信用证条款是否和合同条款相符。如果发现信用证中的条款有差错、表述不清或不能接受等情况时，均应通知开证申请人，请求修改信用证。修改后的信用证的传递方式与信用证相同。

受益人收到信用证审核无误，或需修改的收到修改通知书后，可按信用证规定装运货物。发货后，受益人备妥信用证规定的各项货运单据，开出汇票，在信用证的有效期和其规定的交单期内，送议付行议付。

（6）议付

议付行按信用证条款审核单据无误后，按照汇票金额扣除的利息和手续费，将货款垫付给受益人。

（7）索偿

议付行办理完议付后，将单据和汇票以及索偿证明分次航寄开证行或其指定的付款行请求偿付。

（8）偿付

开证行或其指定的付款行审核单据无误后，付款给议付行。

（9）付款赎单

开证行履行完偿付责任后，向开证人提示单据，开证人审单无误后，付清货款取得货运提单。

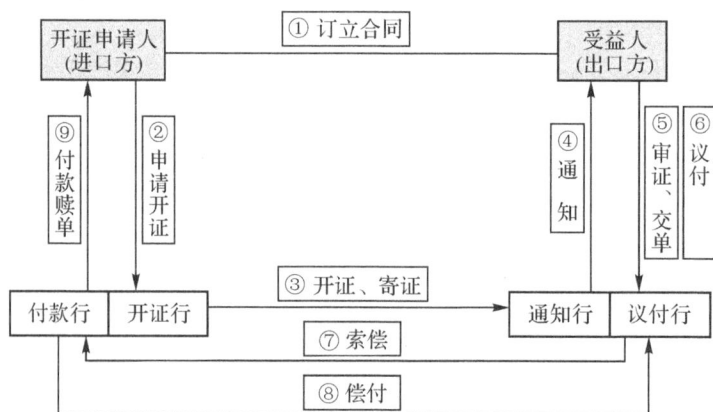

图 4-9　信用证业务流程

7. 信用证的种类

在国际结算中使用的信用证种类繁多,根据用途、性质、期限、流通方式的不同可以有以下分类:

(1)按信用证项下的汇票是否附有货运单据,可分为跟单信用证和光票信用证

跟单信用证(Documentary L/C)是指开证行凭跟单汇票或仅凭单据付款的信用证。跟单信用证主要用于贸易结算,是当前进出口贸易支付的主要方式。光票信用证(Clean L/C)是指开证行仅凭不附单据的汇票付款的信用证,一般来讲较少使用。

(2)按有无另一家银行在信用证上加以保证兑付,可分为保兑信用证和不保兑信用证

保兑信用证(Confirmed L/C)是指由另一家银行接受开证行的请求,对其开立的信用证加负保证兑付责任的信用证。这另一家银行叫作保兑行(Confirming Bank),它通常是由通知行担任,有时也可以是出口地的其他银行或第三国银行。保兑行一经在信用证上加保兑,就和开证行一样承担第一性付款责任,即付款后对其前手或受益人无追索权。这种信用证是由两家银行对受益人做出付款承诺,具有双重保障,对出口人安全收汇最为有利。保兑手续一般是由保兑行在信用证上加列保兑文句。不保兑信用证(Unconfirmed L/C)是指开证行开出的、未经另一家银行保兑的信用证。当开证行资信好时,一般都使用这种不保兑信用证。

(3)按付款时间的不同,可分为即期信用证和远期信用证

即期信用证(Sight L/C)是指开证行或开证行指定的付款行收到符合信用证条款的跟单汇票或装运单据后,立即履行付款义务的信用证。其特点是出口人收汇安全迅速,因而在进出口贸易结算中使用最广。在即期信用证中,为了加速收汇时间,有时还加列电汇索偿条款(T/T Reimbursement Clause),即指开证行允许议付行在审单后,可以用电报或电传通知开证行或指定付款行,说明单证相符并要求付款。开证行或其指定付款行也有义务立即用电汇将货款拨交议付行。使用这种方式比一般即期信用证收汇要快,通常只要两三天,有时当天即可收回货款;远期信用证(Usance L/C)是指开证行或议付行收到信用证项下的单据时,不立即付款,而是在规定的期限内履行付款义务的信用证。

远期信用证又可分为以下几种:银行承兑远期信用证、延期付款信用证、假远期信用证。银行承兑远期信用证(Banker's Acceptance L/C)是指以开证行或其指定的另一银行作为远期汇票付款人的信用证。使用这种信用证时,一般由出口地的议付行对受益人交来的远期汇票和单据进行审查,审查无误后再送交进口地的分行或代理行,委托其向开证行提示汇票要求承兑;议付行也可直接将汇票和单据寄交开证行,请求承兑。开证行承兑后,寄"承兑书"给议付行,或将经承兑的汇票退给议付行在进口地的分行或代理行保存,待汇票到期时,再向开证行请求付款,款项收妥后交出口商。延期付款信用证(Deferred Payment L/C)是指不要求受益人开具汇票,开证行在收到符合信用证规定的单据后若干天,或货物装船后若干天付款的信用证。由于这种信用证不用汇票,受益人便不能通过贴现获取资金,只能自行垫款或向银行借款。假远期信用证(Usance L/C Payable at Sight)是指信用证规定受益人开具远期汇票,由付款行负责贴现,其一切费用和利息由开证申请人负担的信用证。这种信用证,从表面看是远期信用证,受益人却能即期十足收款,因而被称为"假远期信用证";而对开证人来说则属于远期付款的信用证,因为开证人要到远期汇票到期时才将货款付给付款行,故也称为"买方远期信用证"。进口商之所以愿意使用假远期信用证,是因为它可以用贴现市场或银行资金来解决资金周转不足的困难,或摆脱进口国在外汇管制上的限制。

(4)按受益人对信用证的权利是否可转让,可分为可转让的信用证和不可转让信用证

可转让信用证(Transferable L/C)是指信用证的受益人(第一受益人)可以要求授权付款、承担延期付款责任、承兑或议付的银行(统称"转让银行")或在信用证是自由议付的情况下,可以要求信用证中特别授权的转让银行将该信用证全部或部分转让给一个或数个受益人(第二受益人)使用的信用证。可转让信用证的可转让条件十分严格,即唯有开证行在信用证中明确注明"可转让",信用证方可转让。使用诸如"可分割"(Divisible)、"可分开"(Fractionable)、"可让渡"(Assignable)和"可转移"(Transmissible)之类措辞,不能使信用证可转让。如使用此类措辞,银行可不予置理。UCP 600 规定,只要信用证允许部分支款或部分发运,信用证可以分部分转让给数名第二受益人。已转让的信用证不得应第二受益人的要求转让给任何其后受益人。第一受益人不视为其后受益人。也就是说,第二受益人不得将信用证转让给其后的第三受益人,但第二受益人再将信用证回转让给第一受益人,不属被禁止转让的范畴;而且,只要信用证不禁止分批装运/分批支款,可转让信用证可以分为若干部分分别转让(但总和不超过信用证金额),这些转让的总和将被认为该证只转让一次。上述惯例还规定,信用证只能按原证中规定的条款转让,但信用证金额、单价、到期日、交单日、装运期限等内容可以减少或缩短;投保加成可增加。第一受益人有权用自己的发票(和汇票)替换第二受益人的发票(和汇票),其金额不得超过原信用证金额;如信用证对单价有规定,应按原单价出具发票。经过替换发票(和汇票),第一受益人可以在信用证项下支取其发票与第二受益人发票间的可能产生的差额。在实际业务中,可转让信用证的第一受益人通常是中间商。他们将信用证转让给实际供货人,由其办理出运手续。但是信用证的转让不等同于买卖合同的转让,若第二受益人不能按时交货或单据与信用证条款不符,则第一受益人仍要对买卖合同负卖方责任。不可转让信用证(Non-Transferable L/C)是指受益人不能将信用证的权利转让给他人的信用证。凡信用证中未注明"可转让"字样的,就是不可转让信用证。

(5)按付款方式不同,可分为付款信用证、承兑信用证和议付信用证

UCP600 规定:"所有信用证都必须清楚地表明该证适用于即期付款、延期付款、承兑或议付。"因此,根据付款方式的不同,信用证可分为以下三种:

①付款信用证(Payment L/C)

付款信用证是指在信用证上明确指定某一银行付款的信用证,如上述的即期付款信用证和延期付款信用证。付款信用证一般不要求受益人开具汇票,仅凭受益人提交

的单据付款。

②承兑信用证(Acceptance L/C)

承兑信用证是指在信用证上明确指定某一家银行承兑的信用证,如上述的银行承兑远期信用证。当受益人向指定银行开具远期汇票并提示时,指定银行即行承兑,并于汇票到期日履行付款义务。

③议付信用证(Negotiation L/C)

议付信用证是指在信用证中明确指示受益人可以在某一指定的银行或任何银行议付的信用证。根据 UCP600 的规定,议付是指被授权议付的银行对汇票及/或单据付出对价。只审核单据而不支付对价不是议付。议付和付款的主要区别在于议付行如因开证行无力偿付等原因而未能收回款项时,可向受益人追索;而开证行或付款行一经付款,就无权向受款人及其前手进行追索。

议付信用证可分为自由议付信用证和限制议付信用证。前者又称为公开议付信用证,是指任何一家银行均可按照信用证条款办理议付;后者指在信用证中限定由某一银行或开证行本身对该证进行议付。

(6)循环信用证(Revolving L/C)

循环信用证是指信用证在金额部分或全部使用后,其金额又恢复到原金额并被受益人再度使用,直至达到规定的次数或总金额为止的信用证。它与一般信用证的不同之处在于它可以多次循环使用,而一般信用证在使用完即告失效。这种信用证一般适用于长期分批均衡供货合同。对进口商来说,可以减少开证手续、免去逐笔开证的费用;对出口商来说,也免去了催证、审证的麻烦,有利于合同的履行。

循环信用证按循环计算方式不同,可分为两种:按时间循环,是指受益人在一定的时间内可以多次支取信用证规定的金额;按金额循环,是受益人在按规定金额向议付行交单议付后,可以恢复到原金额再使用,直至用完规定的总额为止。恢复到原金额的具体做法有以下三种:

一是自动循环(Automatic Revolving),是指无须开证行通知,信用证即可自动恢复到原金额继续使用。

二是非自动循环(Non-Automatic Revolving),是指受益人用完信用证规定的每次金额后,必须经过开证行通知,才能恢复原金额继续使用。

三是半自动循环(Semi-Automatic Revolving),指受益人用完信用证规定的每次金额后,开证行在规定期限内未做出不能恢复原金额的通知,即可自动恢复原金额继续使用。

8. 对开信用证(Reciprocal L/C)

对开信用证是指买卖双方各自开立以对方为受益人的信用证。这两个互开的信用证叫作对开信用证。两张信用证的金额可以相等,也可以不相等。两张信用证可以同时生效,也可以先后生效。对开信用证特点有二:一是双方互为进出口贸易的买卖双方,必须承担购买对方货物的义务,一方的出口必以另一方的进口为条件,双方互相联系、互相约束、互为条件,常用于易货交易、来料加工和补偿贸易;二是第一张信用证的受益人就是第二张信用证的开证人,而第二张信用证的受益人又是第一张信用证的开证行人;第一张信用证的开证行通常是第二张信用证的通知行,第二张信用证的开证行又是第一张信用证的通知行。

9. 对背信用证(Back to Back L/C)

对背信用证,又称背对背信用证,是指信用证的受益人在收到进口商开来的信用证后,要求该证的通知行或其他银行以该信用证为基础,另开一张内容近似的新证给实际供货人,这另开的信用证即为对背信用证。

对背信用证的内容除开证人、受益人等有关当事人及金额、单价、保险金额、装运期限、有效期限等可有变动外,其他条款一般与原证相同。对背信用证往往用于信用证的受益人是中间商,而进口商要求开证行开出的是不可转让信用证的情况。

10. 预支信用证(Anticipatory L/C)

预支信用证是指开证行授权付款行在受益人交单以前向受益人预先垫付信用证金额的全部或部分的信用证。若遇出口商事后不交单议付,则垫款银行可向开证行追索,开证行保证偿还并负担利息,然后它再向开证申请人追索。由于预支是开证行应开证申请人的要求授权的,因此,其后果全部由开证申请人承担,与开证行和付款行无关。预支信用证可凭受益人开具的光票付款,也有要求受益人附一份保证补交信用证规定单据的声明书。

传统的预支货款的条款都是用红字打出的,习惯上称其为"红条款信用证"(Red Clause L/C)。现在的预支条款不一定采用红色表示,但效力相同。

11. 跟单信用证的国际惯例

随着国际贸易的发展,跟单信用证已经成为国际结算中普遍采用的一种支付方式。但是,由于国际上对信用证各有关当事人的权利、义务以及条款的定义、术语等缺乏统一、公认的标准和解释,各国银行往往依据各自的习惯和利益办事,因此,信用证的当事人之间常常发生争议。为了调和各当事人之间的矛盾,也为了有利于国际贸易的进一步发展,国际商会于1930年拟订了一套《商业跟单信用证统一惯例》,并于1933年正式公布实施,建议各国银行采用。随着国际贸易的发展,国际商会先后于1951年、1962年、1974年、1978年对该惯例进行修改,并于1983年对该惯例再次修改,称为《跟单信用证统一惯例》(国际商会第400号出版物,简称 UCP 400)。

UCP400 施行以来,随着国际运输工具和运输方式的发展变化,通信工具的电子化、网络化和计算机的广泛使用,国际贸易、运输、保险、单据处理和结算工作也发生了巨大变化。为了适应时代的发展,国际商会于1993年又着手对 UCP 400 进行修改,修改后的《跟单信用证统一惯例》即国际商会第500号出版物(UCP 500),于1994年1月1日施行。2007年7月1日实施的新修改的 UCP 600 共有39条。

《跟单信用证统一惯例》不是一个国际性的法律规章,但是它已为各国银行普遍接受。在我国对外出口业务中,如采用信用证方式支付,国外来证绝大多数会加注:"除另有规定外,本证根据国际商会《跟单信用证统一惯例》即国际商会第600号出版物办理。"

【微型案例 4-3-3】

某出口公司收到一份国外开来的 L/C,出口公司按 L/C 规定将货物装出,但在尚未将单据送交当地银行议付之前,突然接到开证行通知,称开证申请人已经倒闭,因此开证行不再承担付款责任。

请问:出口公司应如何处理?

三、支付条款的约定

(一)约定支付条款的注意事项

各种不同的支付方式对不同的当事人来说,有不同的利弊,因此在具体运用的时候必须针对不同情况、不同客户、不同国家全面衡量与斟酌,才能在达成交易的前提下,保证安全收取外汇、加速资金周转。

在选择支付方式时,首先要考虑安全问题,其次是资金占用的问题,至于办理手续的繁简、银行费用的多少也应给予适当的注意。在选择支付方式时应当考虑以下重要因素:

1. 客户信用

在进出口贸易中,买卖合同能否顺利履行,关键在于客户的信用,它是选择支付方式时应当考虑的首要因素。因此,在外贸业务中做到安全收汇、安全用汇,就必须事先做好对外国客户的信用调查。与经过长期业务往来且信誉高的客户交易时,由于风险相应较小,可采用手续比较简单、费用较低的支付方式,比如汇付、托收等;对信用不好或不甚了解的客户,进行交易时,就应选择风险较小的支付方式,例如跟单信用证方式、预付款方式等。

2. 经营意图

选用支付方式,还应考虑到企业的经营意图。在交易磋商中,支付条件仅次于价格条件,是买卖双方需要反复磋商,而且是经常会影响到交易能否达成的重点问题。在货物畅销时,出口商不仅可以提高售价,而且可选择对他最为有利的支付方式,包括在资金占用方面对他最有利的方式;而在货物滞销时或者产品竞争激烈时,则不仅售价可能要降低,而且在结算方式上也要做必要让步,否则可能难以达成交易。

3. 贸易术语

国际货物买卖合同中采用不同的贸易术语,表明各合同交货方式和运输方式是不同的;而不同的交货方式和运输方式并不都能适用于任何一种支付方式。例如,在使用CIF、CFR 等象征性交货术语的交易中,卖方交货和买方收货不在同时发生,货物所有权的转移是以单据为媒介的,因此可选择跟单信用证方式结算货款;在买方信用较好时,也可采用跟单托收,如付款交单方式收取货款。但是,在使用 EXW、DAF 等属于实际交货方式的交易中,由于是卖方或通过承运人直接向买方交货,卖方交货和买方收货同时发生,卖方无法通过单据控制物权,因此,一般不使用托收。因为如果通过银行向进口商收款,其实质是货到收款业务,属于赊销性质,卖方承担的风险极大,银行也难以控制货物,一般也不愿开立信用证。即使是在以 FOB、FCA 条件下达成的买卖合同,虽然在实际业务中也可凭运输单据交货和付款,但因这种合同的运输由买方安排,卖方或接受委托的银行很难控制货物,所以也不宜采用托收方式。

4. 运输单据

若货物通过海上运输,出口商装运货物后得到海运提单,因提单是物权凭证,是凭以在目的港向船公司提取货物的凭证,所以在交付进口商之前,出口商尚能控制货物,因此可适用于信用证和托收结算货款。若货物通过航空、铁路或邮政运输时,出口商装运货物后得到的运输单据为航空运单、铁路运单或邮包收据,这些都不是货物所有权凭证,收货人提取货物时也不需要这些单据,因此不适宜选择托收方式。即使采用信用证方式,大多也规定必须以开证行作为运输单据的收货人,以便银行控制货物。

(二)支付条款的基本内容

1. 合同中的汇付条款

使用汇付方式时,应在买卖合同中明确规定汇付的时间、具体的汇付方式和金额等。例如,"买方应于 2006 年 9 月 15 日前将全部货款以电汇方式汇付给卖方"。

2. 合同中的托收条款

采用托收方式时,应在合同中明确规定交单条件、买方付款和(或)承兑责任以及付款期限等。

(1)即期付款交单

例如,"买方应凭卖方开具的即期跟单汇票于见票时立即付款,付款后交单"。

(2)远期付款交单

例如,"买方对卖方开具的见票后××天付款的跟单汇票,于提示时应即予承兑,并于汇票到期日立即予以付款,付款后交单"。

(3)承兑交单

例如,"买方对卖方开具的见票后××天付款的跟单汇票,于提示时应即予承兑,并于汇票到期日立即予以付款,承兑后交单"。

(三)合同中的信用证条款

在进出口贸易中若买卖双方同意以信用证方式支付,则必须就将来所开信用证的有关事项在合同中加以明确。其主要内容包括:

1. 开证时间

在信用证业务中,按时开立信用证是买方的一项基本义务,也是卖方履约的基础。若合同中明确规定开证时间,对卖方较为有利,如买方不按时开证,即构成违约;若合同中未规定开证时间,实际业务中,由于市场情势的变化买方可能拖延开证,则卖方处于不利地位。为了明确开证责任,开证时间应在合同中加以规定。

【微型案例 4-3-4】

我国某公司与欧洲某客户达成一笔圣诞节应季礼品的出口交易。合同规定的交货期为 2005 年 12 月 1 日前,但未对买方的开证时间予以规定。我方于 2005 年 11 月上旬开始向买方催开 L/C,经多次催证,买方才于 11 月 25 日将 L/C 开抵我方,致使我方货物装运时间超过了合同规定时间,影响了我方货款的及时回收。

请问:此案例中,我方有哪些失误?

2. 信用证的种类

信用证的种类繁多。在我国出口业务中,一般只接受不可撤销的信用证,其他类别的信用证则应视每笔交易的不同情况灵活加以选择。如专业外贸公司在货源比较分散时,可要求买方开立不可撤销的可转让信用证;对交货时间较长且分批交货的合同,可考虑使用循环信用证,这样可省去买方分批开证的手续和费用,也便于卖方安排出口。

3. 信用证的金额

信用证的金额一般都规定为发票金额的100％,若预计可能发生一些额外费用如港口拥挤费、超保险费等,可要求买方在证中规定,超过的有关费用凭受益人提交的有关费用收据,在信用证金额外给受益人。

4. 付款的日期

付款的日期关系到买卖双方收付货款的时间。实际业务中,卖方希望收到货款越快越好,这样一方面能加速资金的周转,另一方面减少汇率波动的风险;而买方则希望远期付款,这样便于资金的融通。因此,在合同中必须确定付款日期。在采用远期信用证情况下,卖方在报价时应考虑利息因素。

5. 信用证的有效期及到期地点

信用证的有效期是指信用证中规定的交单付款、承兑或议付的到期日。在我国的出口业务中,大部分采用议付信用证,所以合同条款一般都规定"议付有效期为装运月后第15天在中国到期"。

信用证的到期地点是指信用证有效期的终止地点。一般有三种情况:①在出口方到期;②在进口方到期;③在第三国到期。不同的到期地点对卖方交单有着不同的影响。在出口方到期对受益人最为有利,因为便于掌握交单时间;而在进口方到期或在第三国到期,有可能因为单据传递延误而错过了信用证的交单期。因此,在我国出口业务中,基本上都要求信用证在中国到期。

6.现我国出口合同中信用证支付的条款

①即期信用证支付条款

例如,"买方应通过卖方所接受的银行于装运月前30天开立并送达卖方不可撤销即期信用证,有效期至装运月后第15天在中国议付"。

②远期信用证支付条款

例如,"买方应于×年×月×日前通过卖方可以接受的银行开立并送达卖方不可撤销的见票后×天付款的银行承兑信用证,有效期至装运月后15天在中国到期"。

任务四　进出口货物运输条款

【知识目标】

了解国际货物运输常用的运输方式,理解各种运输方式的优缺点。

熟悉进出口合同中装运条款的内容。

掌握运费计算的具体方法。

了解各种运输单据的相关知识。

【能力目标】

能根据具体业务情况,选用合适的国际运输方式。

能订立进出口合同的装运条款。

能正确计算运费。

能缮制或审核海运提单。

【引导案例】

某年我方公司与非洲客户签订一项商品销售合同。当年 12 月起至次年 6 月交货。每月等量装运一定量米,凭不可撤销信用证,提单签发后 60 天付款。对方按时开来信用证,证内装运条件仅规定:最迟装运期为 6 月 30 日,分数批装运。我经办人员见证内未有"每月等量装运××万米"字样,为了早日出口,早收汇,便不顾合同装运条款,除当年 12 月按合同规定等量装运第一批外,其余货物分别与次年 1 月底,2 月底装完,我银行凭单认付。

请问:这样交货有无问题?

案例分析

这样交货有问题。从分批装运的含义来说,有装运港交货和目的港交货两种方式。此案的关键在于我方能否提前交货,根据《联合国国际货物销售合国公约》第 52 条,卖方在规定日期之前交货,买方可接受也可拒绝,应该按照合同规定交货,不应该提前交货。

在进出口贸易中,货物由卖方交付给买方,都要经过一定的运输方式来完成。装运条款是合同中关于卖方应该如何交货以及何时交货等问题的规定。国际货物买卖合同中,装运条款通常包括装运时间、装运港(地)和目的港(地)、分批装运和转运、装运通知、滞期和速遣条款。买卖双方在签订装运合同时,必须将各项装运条款载明,以便合同的履行。

一、运输方式

在国际贸易中,要完成一笔交易,货物必须从一国转移到另一国,要完成这种转移,就必须使用一定的运输方式。国际货物运输包括海洋运输、铁路运输、公路运输、航空运输、邮包运输、管道运输、集装箱运输及国际多式联运等多种运输方式。这些运输方式都有各自的特点,在实际业务中,应根据贸易的具体情况做出合适的选择。

(一)海洋运输

海洋约占地球总面积的71%,国际贸易中80%以上的货物要通过海上运输,因此,海运是国际贸易中主要的运输方式。

1. 海洋运输的特点

与其他运输方式相比,海洋运输的特点如下:

(1)运力强

它利用天然航道四通八达的优势,不受道路限制,遇到特殊情况还可改道航行。

(2)运量大

海上货轮小的能载几千吨,大的能载货几万吨,一般杂货船可载1～2吨。集装箱船第五代可载重6～7吨,巨型的油轮可装50万吨以上。其载重量远远大于铁路运输,如一艘万吨级货轮载重量相当于250～300个车皮的载重量。

(3)运费低

由于海运运量大,分摊于每货运吨的运输成本就少,因此运价相对低廉,约为铁路运费的1/5,公路运费的1/10,航空运费的1/30。

(4)速度慢

由于船体大,水的阻力高,所以速度慢。

(5)风险大

易受自然条件的影响,如遇到暴风、巨浪、冰冻、雷击及迷雾等容易出事故。每年全世界遇险船只约300艘。

2. 海洋运输的当事人

主要有承运人、托运人、货运代理。

①承运人是指承办运输货物事宜的人,如船公司、船方代理。他们有权签发提单。

②托运人是指委托他人办理货物运输事宜的人,如出口单位。

③货运代理是指货运代理人接受货主或者承运人委托,在授权范围内以委托人名义或以代理人身份,办理货物运输事宜的人。受货主委托的代理人,称"货代";受承运人委托的代理人,称"船代"。

3. 海洋运输的方式

海洋运输按船舶经营方式的不同,可分为班轮运输(Liner Transport)和租船运输(Shipping by Chartering)。

(1)班轮运输

班轮运输又称定期船运输,是指船舶在固定的航线上和固定港口间,按事先公布的船期表航行,并按事先公布的费率计收运费,从事客货运输的经营方式。

①班轮运输的特点

具有"四固定"的基本特点,即固定航线、固定来往港口、固定船期表和相对固定的运费。

船方负责货物装卸。装卸费含在班轮运费中,由船方支付,货方不再另付。

船货双方的权利义务与责任豁免,以船方签发的提单条款为依据。

班轮承运货物比较灵活,不论数量多少,只要有舱位,都可接受装运。为货主提供了较便利的条件。

②班轮运费的组成

班轮运费是班轮公司运输货物向货主收取的费用,它以班轮运费率为基础进行计算。每一班轮公司都事先公布有班轮运价表,根据不同的货物种类,设定有不同的运价。

班轮运费包括基本运费和附加费两部分。基本运费是指将货物从装运港运输到卸货港所收取的基本费用;附加费是针对一些需要特殊处理的货物,而需另外加收的费用。

③班轮基本运费

基本运费的计算有不同的计收标准,通常有下列几种:

a.重量法。按货物的毛重计收运费,称重量吨(weight ton),运价表内用"W"表示。一重量吨一般为1公吨,运费等于实际重量吨乘以单位费率,主要适用于重量较大的货物,如钢材、矿产品、金属等。

b.体积法。按货物的体积或容积计收,称尺码吨(measurement ton),运价表内用"M"表示。一尺码吨一般为1立方米,运费等于实际尺码吨乘以单位费率,主要适用于尺码较大的轻泡货物,如棉花等。

【小思考4-4-1】

从大连港装150箱自行车运往香港,总重量为16.96公吨,体积为53立方米,经查运费表自行车为M9级,基本运费率为198元,试计算基本运费是多少?

c.从价法。按商品价格(一般是FOB价)计收,又称从价运费,运价表内用"A. V."或"Ad. Val."表示。运费等于FOB价乘以单位费率,主要适用于贵重物品,如黄金、珠宝等。

d.选择法。选择法有三种情况:

一是W/M,即按商品毛重或体积计收,由船公司选择较高的收取,运价表内用"W/M"表示。重量吨和尺码吨统称为运费吨。运费等于实际运费吨乘以单位运费。

二是W/M or A. V.,在前三者中选择最高的一种计收,运价表内用"W/M or A. V."表示。

三是W/M Plus A. V.,按货物重量吨或尺码吨选择较高者,再加上从价运费计算,运价表中用"W/M Plus A. V."表示。

e.按货物件数计收。如头(活牲畜)、辆(车辆)等。一般只对包装固定,包装内的数量、重量、体积也是固定不变的货物，才按每箱、每捆或每件等特定的运费额计收。这种方法又称最终运费，是办理一批货物所能接受的最低运费，不论货物的重量或体积大小，且运输一批货物应收的最低金额。

f.按协定价格(open rate)计算。这种方法通常是在承运粮食、豆类、矿石、煤炭等运量大、货价较低、装卸容易、装卸速度快的农副产品和矿产品时采用。

g.按起码运费(mini rate)计收。

这种方法是指办理一批货物所能接受的最低运费而不论货物的重量或体积大小，是运输一批货物应收的最低金额。

【小思考 4-4-2】

某 FOB 价值为 20000 美元的货物由甲地运往乙地，基本费率为每运费吨 30 美元或从价费率 1.5%。体积为 6 立方米，毛重为 5.8 公吨，以 W/M or A.D.Val. 选择法计费，以 1 立方米或 1 公吨为 1 运费吨，求运费。

④班轮附加费

班轮公司对需要特殊处理的货物或由于客观情况的变化使运输费用增加，为弥补损失而额外加收的费用。常见的附加费主要有：因商品特点不同而征收的附加费，如超重附加费(Heavy Lift Additional)、超长附加费(Long Length Additional)等；因港口情况不同而征收的附加费，如转船附加费(Transhipment Surcharge)、直航附加费(Direct Additional)、港口拥挤附加费(Port Congestion Additional)、港口附加费(Port Add)等；因其他原因而临时征收的附加费，如燃油附加费(Bunker Adjustment Factor，BAF)、绕航附加费(Deviation Surcharge)、选卸附加费(Additional on Optional Discharging Port)、货币贬值附加费(Devaluation Surcharge 或 Currency Adjustment Factor，CAF)等。

各种附加费的计算方法主要有两种，一种是以百分比表示，即在基本费率的基础上增加一个百分比，计算公式表示为：附加费＝基本运费×运费吨×附加费率；另一种是用绝对数表示，即每运费吨增加若干金额，可以与基本费率直接相加计算，计算公式表示为：附加费＝基本运费＋固定数值(/运费吨)。

⑤班轮运费的计算方法

班轮运费的计算方法有以下几种：

a.临时议定(基本运费采用临时议定方式时)。

b.采用单项费率运价表时，按表列费率计算基本费率。

c.采用等级费率表时，基本步骤及计算方法如下：

基本步骤：先根据货物的英文名称从货物分级表中查出货物的计费等级和计算标准，再从航线费率表中查出有关货物的基本费率，然后加上各项须支付的附加费率，总和即为有关货物的单位运费，最后乘以计费重量吨或尺码吨。

计算公式：在没有任何附加费的情况下，其计算公式为：总运费＝基本费率×货运量(即 $F=f \times Q$)；在拥有附加费，且附加费按基本费率的百分比收取的情况下，其计算公式为：$F=f \times Q \times (1+S_1+S_2+\cdots+S_n)$，式中 $S_1 \cdots S_n$ 为各项附加费的百分比。

d. 从价运费,按 FOB 货值乘以规定的百分率。

【小思考 4-4-3】

我国某公司出口箱装货物一批,报价为 CFR 利物浦每箱 35 美元,英国商人要求改报 FOB 价。该批货物的体积为 45×40×25(厘米),每箱毛重为 35 千克,商品计费标准为 W/M,基本运费为 120 美元/运费吨,并加收燃油附加费 20%,货币贬值附加费 10%。

请问:我方应如何报价?

【小思考 4-4-4】

出口箱装货物共 100 箱,报价为每箱 4000 美元 FOB 上海,基本费率为每运费吨 26 美元或 1.5%,以 W/M or Ad. val. 选择法计算,每箱体积为 1.4m × 1.3m × 1.1m,毛重为每箱 2 公吨,并加收燃油附加费 10%,货币贬值附加费 20%,转船附加费 40%,求总运费。

(2)租船运输

租船运输,又称不定期船运输,是指船舶所有人把船舶租给租船人用于运输货物的运输方式。租船运输的特点与班轮运输的特点正好相反,即航线、装卸港口、船期、运费都不固定,船租双方的权利责任义务以租船合同为准,按租船合同安排航行。租船运输多适用于大宗货物运输。

租船运输的方式有定程租船和定期租船两大类,其主要区别见表 4-3。

①定程租船(Voyage Charter)

定程租船又称航次租船,是以航程为基础的租船方式。它是指由船舶所有人负责提供船舶,在指定港口之间进行运输指定货物的租船业务。定程租船又可分为单程航次、来回程航次、连续单程航次和连续来回程航次四种方式。定程租船主要有以下特点:船舶的经营管理由船方负责,船方还应对货物的运输负责;由租船人和船方在程租船合同中规定一定的航线和装运的货物种类、名称、数量及装卸港口;规定装卸费率和速遣费、滞期费等。

程租船费用主要包括程租船运费和装卸费,另外还有速遣费、滞期费等。

②定期租船(Time Charter)

定期租船是指船舶所有人将船舶出租给承租人,供其使用一定时期的租船运输。租期内的燃料费、港口费和拖轮费等在内的一切营运费用,都由租船人支付,船方只负责船舶的维修、保险、配备船员和供给船员的给养及支付其他固定费用。

定期租船有以下几方面的特点:

a. 在租船期内,船舶的经营和管理由租船人负责。

b. 不规定船舶航线和装卸港,只规定船舶航行区域。

c. 不规定装卸费率和速遣费、滞期费。

d. 除特别规定外,可以装运各种合法货物。

e. 船方负责船的维护、维修和机器的正常运转,负责配备船员并支付船员的工资等。

定期租船租金,取决于船舶的装载能力和租期长短。一般规定按月每载重吨若干金额计算或整船每天若干金额计算。

表 4-3　定程租船和定期租船的区别

租船方式	定程租船	定期租船
租用方式	按航程租用	按期限租用
租船合同	定程租船合同	定期租船合同
船租双方的责任	船方直接负责船舶的经营管理,除负责船舶的航行、驾驶和管理外,还应对货物运输负责	船方仅对船舶的维护、修理、机器正常运转和船员工资与给养负责,而船舶的调度、货物运输、船舶在租期内的营运管理的日常开支,均由租船方负责
租金或运费	一般按装运货物的数量计算,也有按航次包租总金额计算,要规定装卸期限和装卸率,以计算滞期费和速遣费。	一般按租期每月每吨若干金额计算,船租双方不再另行规定装卸率和滞期费、速遣费等

(3)光船租船(Bareboat Charter)或净船期租

是指租船不带船员,在租船期内,由租船人配备全套人员,支配船舶进行经营管理和航行。在当前国际贸易中很少使用。

4. 海洋运输的单据

在海洋运输中使用的单据主要有两种:海运提单和海运单。

(1)海运提单

海运提单(Ocean Bill of Lading,简称 B/L)是证明海上运输合同与货物由承运人接管或装船,以及承运人据以保证交付货物的凭证。

①海运提单的性质和作用

海运提单的性质和作用涉及以下三个方面:第一,海运提单是货物收据。海运提单是承运人或其代理人出具的货物收据,证明承运人已收到或接管提单上所列的货物。第二,海运提单是运输契约的证明。海运提单是承运人与托运人之间订立的运输契约的证明。提单条款明确规定了双方的权利和义务,责任与豁免,是处理承运人与托运人之间争议的法律依据。第三,海运提单是物权凭证。海运提单是货物所有权的凭证。它在法律上具有物权证书的作用。在目的港,持单人可以向承运人提取货物。提单通过背书转让,货物所有权也随之转移。

②海运提单的格式和内容

世界各船运公司都有自己印制的提单格式,形式不一,但内容大致相同。一般都是正面记载相关事项,如托运人、收货人、通知人、船名航次、装运港、目的港、商品描述等,背面印有运输条款。

③海运提单的分类

海运提单可从不同的角度分为以下几种：

a. 按货物是否装船，可分为已装船提单和备运提单

已装船提单（On Board B/L），是指承运人已将货物装上指定船舶后所签发的提单。其特点是提单上必须有文字表明货物已装上（On Board）某船字样，并有装载日期和船长或其代理人签字。根据《跟单信用证统一惯例》规定，银行一般接受已装船海运提单作为议付单据。

备运提单（Received for Shipment B/L）是指承运人已收到托运货物等待装运期间所签发的提单。在货物装船后，备运提单经签注即成为已装船提单。

【微型案例 4-4-1】

A 公司经青岛港向日本出口一批货物。A 公司从船运公司代理人处拿到海运提单，但没有注意到提单上没有"On Board"字样，在向银行议付时被拒付。

请问：A 公司该如何处理？

b. 根据提单上对货物外部状况有无不良批注可分为清洁提单和不清洁提单

清洁提单（Clean B/L）是指货物在装船时"表面状况良好"，承运人没有标明货物或包装有缺陷状况的文字或批注的提单，清洁提单是提单转让的必备条件，银行一般只接受清洁提单；不清洁提单（Unclean B/L）是指带有明确宣称货物或包装有缺陷状况的条款或批注的提单。

c. 根据提单收货人抬头的不同可分为记名提单、不记名提单和指示提单

记名提单（Straight B/L）是指提单上收货人栏内填写特定收货人名称，只能由该特定收货人提货。由于这种提单不能背书转让给第三方，故很少使用。

不记名提单（Bearer B/L）是指提单收货人栏内没有指明任何收货人，只注明提单持有人（Bearer），承运人应将货物交给提单持有人。谁持有提单，谁就可以提货。承运人交货，只凭单，不凭人。不记名提单流通性很强，无须背书转让。采用这种提单风险大，故亦很少使用。

指示提单（Order B/L）是指提单上收货人栏填写"凭指定"（To Order）或"凭某人指定"（To Order of...）字样。这种提单使用最广，它可经过背书转让。背书的方式又有空白背书和记名背书之分。空白背书是指提单转让人（背书人）在提单背面签名，而不注明提单受让人（被背书人）名称；记名背书是指提单转让人除在背面签名外，还写明提单受让人名称。记名背书的提单受让人如需转让，必须再加背书。目前，在实际业务中使用最多的是"凭指定"并经空白背书的提单，习惯上称其为"空白抬头，空白背书"提单。

d. 按运输方式分类，可分为直达提单、转船提单和联运提单

直达提单（Direct B/L）是指轮船中途不经过换船而直接驶往目的港所签发的提单。凡合同和信用证规定不准转船者，必须使用直达提单。

转船提单（Transshipment B/L）是指从装运港装货的轮船，不直接驶往目的港，而需在中途换装另外船舶所签发的提单。在此种提单上要注明"转船"或"在×××转船"字样。

联运提单(Through B/L)是指经过海运和其他运输方式联合运输时,由第一承运人所签发的包括全程运输的提单。中途转换运输工具和货物交接,由第一承运人向下一承运人办理。

e.根据内容繁简不同来划分,可分为全式提单(Long Term B/L)和简式提单(Short Term B/L)。

f.根据运费支付方式不同来划分,可分为运费预付提单(Freight Prepaid B/L)和运费到付提单(Freight to Be Collected B/L)。

g.根据船舶营运方式的不同来划分,可分为班轮提单(Liner B/L)和租船提单(Charter Party B/L)。

h.根据提单使用效力的不同来划分,可分为正本提单(Original B/L)和副本提单(Non-Negotiable or Copy B/L)。

i.根据签发人的不同来划分,可分为船公司提单和货代提单。

j.其他种类提单

一是起码提单(Mini B/L)。船方按最低运费计收所签发的提单。

二是舱面提单(On Deck B/L)。指承运人签发的提单上注有"货装甲板"字样的提单。这种提单的托运人一般都向保险公司加保舱面险,以保货物安全。一般不接受舱面提单。

三是迟期提单(Stale B/L)。信用证项下,是指错过规定的交单日期或者晚于货物到达目的港的提单。前者是指卖方超过提单签发日期后21天才交单议付的提单,银行拒绝接受此类提单;后者是在近洋运输时,货物先到单据后到,所以在近洋国家间的贸易合同中,一般都订有"过期提单可以接受"的条款。

四是倒签提单(Antidated B/L)。货物装船后,应托运人请求船方签发的早于货物实际装船日期的提单。如实际装船日期是6月25日,为了符合客户6月21日之前装货的要求,则将提单日期倒签至6月21日,以符合客户规定的装运期。

【微型案例 4-4-2】

我国出口公司于1990年10月与德国P公司成交某商品2000公吨,每公吨单价为DM345 CIF鹿特丹,交货日期为11—12月。货物临装船时,发现包装有问题,必须整理,不得已商请船公司改配B轮,但B轮实际上于1月18日将货物装船,为了符合信用证的规定,该出口公司凭保证函向轮船公司取得了装船日期为12月31日的海运提单,并向银行交单议付,收妥货款。

B轮于3月21日到达鹿特丹港,从提单日期推算,该轮在途达80余天,德国P公司认定提单日期存在问题,因此拒绝提货,并提出索赔。

五是预借提单(Advanced B/L)。货物尚未装船,预先签发的、借给托运人的一种提单。

按规定,提单须于货物装船完毕时签发。倒签也好预借也好,提单日期都不是真正的装船日期。这种行为侵犯了收货人的合法权益,故应尽量减少或杜绝使用。上述两种提单均须托运人提供担保函(Letter of Indemnity)才能获得。

【小思考4-4-5】

某公司托运一批货物，取得海运公司签发的海运提单，这一提单有哪些作用？

（2）海运单

海运单（Sea Waybill），又称海上运送单或海上货运单，正面内容与提单基本一致，但是印有"不可转让"的字样。它是"承运人向托运人或其代理人表明货物已收妥待装的单据，是一种不可转让的单据，即不须以在目的港揭示该单据作为收货条件，不须持单据寄到，船主或其代理人可凭收货人收到的货到通知或其身份证明而向其交货"。

海运单是证明海上货物运输合同和承运人接收货物或者已将货物装船的不可转让的单证。海运单的正面内容与提单的基本一致，但是印有"不可转让"的字样。有的海运单在背面订有货方定义条款，承运人责任、义务与免责条款，装货、卸货与交货条款，运费及其他费用条款，留置权条款，共同海损条款，双方有责碰撞条款，首要条款，法律适用条款等内容。有的海运单没有背面条款，仅在海运单的正面或者背面载明参照何种运输条件或某种提单或其他文件中的规定。

海运单不能背书转让，收货人无须凭海运单，只需出示适当的身份证明，就可以提取货物。因此海运单迟延到达、灭失、失窃等均不影响收货人提货，这样可以有效地防止海运欺诈、错误交货的发生。海运单在无转卖货物意图的贸易运输中焕发了勃勃生机。1990年在国际海事委员会第34届大会上通过了《国际海事委员会海运单统一规则》，供当事人选择采纳。

①适用范围

a.跨国公司的总、分公司或相关的子公司间的业务往来。

b.在赊销或双方以买方付款作为转移货物所有权的前提条件下，提单已失去其使用意义。

c.往来已久，充分信任，关系密切的伙伴贸易间的业务。

d.无资金风险的家用的私人物品，商业价值的样品。

e.在短途海运的情况下，往往是货物先到而提单未到，宜采用海运单。

②使用优点

海运单仅涉及托运人、承运人、收货人三方，程序简单，操作方便，有利于货物的转移。首先，海运单是一种安全凭证，它不具有转让流通性，可避免单据遗失和伪造提单所产生的后果。其次，提货便捷、及时、节省费用，收货人提货无须出示海运单，这既解决了近途海运货到而提单未到的常见问题，又避免了延期提货所产生的滞期费、仓储费等。再次，海运单不是物权凭证，扩大海运单的使用，可以为今后推行EDI电子提单提供实践的依据和可能。

③不足之处

a.进口方作为收货人，但不是运输契约的订约人，与承运人无契约关系，如果出口方发货收款后，向承运人书面提出变更收货人，则原收货人无诉讼权。

《海运单统一规则》第3条规定："托运人订立运输合同，不仅代表自己，同时也代表收货人，并且向承运人保证他有此权限。"同时，第6条规定："托运人具有将支配权转让收货的选择权,但应在承运人收取货物之前行使,这一选择权的行使,应在海运单或类似的文件上注明。"这一规定既明确了收货人与承运人之间也具有法律契约关系,也终止了托运人在原收货人提货前变更收货人的权利。

b. 对出口托运人来说,海运单据项下的货物往往是货到而单未到,进口方已先行提货,如果进口收货人借故拒付、拖付货款,出口方就会有货、款两失的危险。为避免此类情况,可以考虑以银行作为收货人,使货权掌握在银行手中,直到进口方付清货款。

海运单作为海运提单的替代单据,将得到更加广泛的应用,了解海运单的相关知识才能更好地适应国际贸易的不断发展。

(3)海运单与海运提单的区别和联系

①提单是货物收据、运输合同,也是物权凭证;海运单只具有货物收据和运输合同这两种性质,它不是物权凭证。

②海运提单可以是指示抬头形式,背书流通转让;海运单是一种非流通性单据,海运单上标明了确定的收货人,不能转让流通。

③海运单和海运提单都可以做成"已装船"(Shipped onboard)形式,也可以是"收妥备运"(received for shipment)形式。海运单的正面各栏目格式和缮制方法与海运提单基本相同,只是海运单收货人栏不能做成指示性抬头,应缮制确定的具体收货人。

④海运提单的合法持有人和承运人凭提单提货和交货;海运单上的收货人并不出示海运单,仅凭提货通知或其身份证明提货,承运人凭收货人出示适当身份证明交付货物。

⑤海运提单有全式和简式提单之分;而海运单是简式单证,背面不列详细货运条款,但载有一条可援用提单背面内容的条款。

⑥海运单和记名提单(Straight B/L),虽然都具名收货人,不作背书转让,但它们有着本质的不同,记名提单属于提单的一种,是物权凭证,收货人可以持记名提单提货,却不能凭海运单提货。

(二)铁路运输

铁路运输具有运载量较大、运行速度较快、受天气影响条件小、安全可靠、风险小且有高度的连续性等特点。因此,铁路运输量仅次于海洋运输。但是,与海洋运输相比,铁路运输费用较高,还要受固定线路的限制,需要进行辅助运输。

铁路运输可分为国内铁路货物运输和国际铁路货物联运两种。

1. 国内铁路货物运输

国内铁路货物运输是指在本国范围内按《国内货物运输规程》办理的货物运输。我国的进口货物卸船后经铁路转运到内陆各地,出口货物经铁路运至港口码头。

内地将货物运往港澳地区一般要使用铁路运输,港澳货物运输也属国内铁路运输的范围,但和内地铁路运输稍有区别。

(1)对香港的铁路运输

对香港的铁路运输是由大陆段和港九段两部分铁路运输组成,其特点是"两票运输、租车过轨"。

货物在内地装车发运到深圳北站,再由设在深圳的外贸机构通过原车直接过轨至香港九龙车站,或者将货物运至深圳北站后卸车再装汽车经文锦渡公路口岸运至香港。也可将货物运至广州南站,再用驳船转运至香港。

（2）对澳门的铁路运输

出口单位在发送地车站将货物运至广州,整车到广州南站新风码头 42 道专用线,零担到广州南站,危险品零担到广州吉山站,集装箱和快件到广州车站,收货人均为广东省外运公司,货到广州后由广东外运办理水路中转将货物运往澳门,货到澳门由南光集团的运输部负责接货并交付收货人。

（3）托运程序

①出口单位或货代(当地外运公司)向当地铁路办理托运后,均凭托运地外运公司签发的"承运货物收据"(cargo receipt)向银行办理结汇。

②出口单位或货代应委托深圳外运公司为收货人办理接货、保管、租车过轨等中转手续。

③出口单位或货代将有关单证如供港货物委托书、出口许可证(如需要)、报关单、商检证、商业发票、装箱单或重量单等寄给深圳外运公司,货物装车后 24 小时内发起运电报以便深圳外运办理中转。如单证不全或有差错,电报不及时,发生货物破损、变质、被盗等,货车不能过轨,造成压车留站,需支付很多压车费用。

④凡具备过轨手续的货车,由深圳外运报关,经海关审单无误后,即会同联检单位对过轨货车进行联检,没有问题则由海关、边检站共同在"出口货车组成单"上签字放行。

⑤放行后的货车由铁路运到深圳北站以南 1 公里与港段罗湖站连接处,然后由罗湖站验收并托运过境。过境后由"中旅"向港段海关报关,并在罗湖站办理起票,港段承运后,即将过轨货车送到九龙站,由"中旅"负责卸车并将货物分别交给收货人。

去港澳地区的货物运费由内地至圳北运费、中转费、港段运杂费三部分构成。内地城市往往通过铁路将货物运往港澳地区,因此,对其了解非常必要。

2. 国际铁路货物联运

国际铁路货物联运是指在两国或两国以上的铁路运送中使用一份统一的国际联运票据,并且由一国铁路向另一国铁路移交货物时不需要发货人和收货人参与,由铁路运输方负责全程运送,办理交接的一种运输方式。

采用国际铁路货物联运,有关当事国事先必须有书面的约定。欧洲国家的铁路联运开始较早,许多欧洲国家先后加入了《国际铁路货物运送公约》(简称"国际货约")。从 1954 年 1 月起,我国加入了《国际铁路货物联运协定》(简称"国际货协"),开始了国际铁路联运。

【小资料 4-4-1】

1890 年,欧洲各国在瑞士首都伯尔尼举行的各国铁路代表大会上制定了《国际铁路货物运送规则》,1938 年修改后为《国际铁路货物运送公约》。

1951 年 4 月 1 日起,我国同苏联开办了铁路联运,同年 11 月,苏联和东欧各国签订

《国际铁路货物联运协定》。1954年1月我国加入了《国际铁路货物联运协定》，接着，朝鲜、蒙古、越南也参加了。

采用国际铁路货物联运，对简化运输手续，节省运输时间，加速资金周转，减少运输费用都非常有利。目前，我国对朝鲜、俄罗斯的大部分进出口货物和东欧一些国家的进出口货物，都是采用国际铁路联运的方式运送。

（1）托运程序

①出口单位或货代向铁路车站填报铁路运单一式五联。第三联为"运单副本"，由始发站盖章后交发货人供办理货款结算和索赔用；第五联为"到达通知单"，随货物交收货人。

②始发站审核运单合格后签署货物进站日期或装车日期，表示接受托运。

③发货人按照规定日期将货运往车站或指定的货位。

④车站核对单货无误，装车后由始发站在运单上加盖承运日期戳，负责发运。火车装运完毕后加以铅封，铅封内容有站名、封志号、年、月、日。

⑤对零担货，发货人无须事先安排要车计划，但须向始发站申请托运。车站受理后，发货人按指定日期将货运到车站，经检查、过磅后交铁路保管，车站在运单上加盖承运日期戳，负责发运。

（2）出口货物的交付

货抵终点站时，由该站通知收货人领取货物。

（3）国际铁路货物联运运单

国际铁路货物联运运单是国际铁路联运的运输单据。它是铁路与发货人、收货人之间缔结的运输合同，其中规定了参加联运的各国铁路和收、发货人的权利、义务、责任和豁免等内容，对各方都具有法律约束力。

联运运单由铁路方签发，运单所列各栏由发货人和铁路部门按要求分别填写清楚，记载有关货物和承运的有关内容。运单正本随同货物到达终点站交给收货人，运单副本经铁路部门签戳后交发货人，作为发货人向收货人结算货款的主要证件。

（三）国际航空货物运输

航空运输是一种现代化的运输方式，与海洋运输、铁路运输相比，它具有速度快、货运质量高且不受地面条件限制等优点。航空运输最适宜运送急需物资、鲜活商品、精密仪器和贵重物品等。

1. 航空货运方式

国际航空货物运输主要的运输方式包括：班机运输（Scheduled Airline）（有固定时间、航线、始发站、经停站和目的站）、包机运输（Chartered Carrier）（包租整架飞机或由几个发货人联合包租一架飞机运送货物）、集中托运（Consolidation）（将若干单独发运的货物组成一整批货物，采用一份航空总运单发运到同一目的站，收货、报关后分拨给收货人）、航空快递（Air Express Service）（专业经营此项业务的机构，与航空公司密切合作，用最快速度在"货主—机场—收件人"之间传送）。

2. 航空运单

航空运单(Air Waybill)是承运人与托运人之间签订的航空运输契约,也是承运人签发的已接收货物的收据。但航空运单不是代表货物所有权的凭证,也不能通过背书转让。收货人提货不是凭航空运单,而是凭航空公司的提货通知单。在航空运单的收货人栏内,必须详细填写收货人的全称和地址。

航空运单依签发人的不同可分为主运单和分运单。主运单由航空公司签发,是航空公司和托运人订立的运输合同;分运单在办理集中托运人时使用,由集中托运人向单独托运人签发。

3. 空代办理出口货物的程序

①出口单位向空代提供"空运出口货物委托书"和出口合同各一份。

②空代根据委托书向航空公司办理订舱手续,订妥后及时通知发货人备货备单。

③出口单位备妥货物及所有出口单证后送交空代,以便办理报关手续。

④空代接货时,根据发票、装箱单,逐一清点、核对,查验有无残损。

⑤空代向航空公司交货时,应预先制作交接清单一式两份。

⑥空代将报关单证交海关后,如未发现问题,便在航空运单正本、出口收汇核销单和出口报关单上加盖放行章。

⑦出口单位凭空代签发的分运单向银行办理结汇。如出口单位向航空公司托运,就凭其签发的主运单办理结汇。

⑧货到目的地后,航空公司以书面或电话通知当地空代或收货人提货。

4. 航空运价

①特种货物运价(special cargo rate):特定货物在特定航线上享有的特别优惠的运价。特定运价规定有起始重量(100千克),达不到则不能按此价计算。

②等级货物运价(class cargo rate):仅适用于少数货物。通常在一般货物运价基础上增加或减少一定的百分比计收,其起始重量为5千克。

③一般货物运价(general cargo rate):货物的种类既不适用特种货物运价也不适用等级货物运价,就必须按一般货物运价计收。以45千克为划分点,45千克以上比45千克以下的运价低。

(四)集装箱运输和国际多式联运

1. 集装箱运输

集装箱运输是以集装箱作为集合包装和运输单位进行货物运输的一种现代化运输方式。集装箱是货物运输的辅助设备,能反复使用,有固定的长度、宽度和高度。它适合海洋运输、铁路运输及国际多式联运等。

与传统的货物运输相比,集装箱运输有以下特点:

①集装箱装卸效率很高,提高了货运速度,加快了运输工具、货物及资金的周转。

②减少了运输过程中的货损、货差,提高了货运质量。

③节省了货运包装费用,减少货物运杂费支出。

④方便货物的转运,简化货运手续,可以做到"门到门"的连贯运输。

在国际货物运输中,集装箱使用较多的有两种规格:20英尺和40英尺。

2. 集装箱运输机构

(1)集装箱堆场

堆场(Container Yard,CY)是专门用来保管和堆放集装箱(重箱和空箱)的场所,是整箱货(Full Container Load,FCL)办理交接的地方,一般设在港口的装卸区内。

(2)集装箱货运站

集装箱货运站(Container Freight Station,CFS)又叫中转站或拼装货站,是拼箱货(Less Container Load,LCL)办理交接的地方,一般设在港口、车站附近,或内陆城市交通方便的场所。

3. 装箱、交接方式

(1)装箱方式

①整箱货(FCL):在海关的监督下,货方负责装拆箱的货物(可在货主仓库或集装箱货场交货)。

②拼箱货(LCL):由承运人负责装拆箱的任何数量的货物(在集装箱货运站交货)。

(2)交接方式(四种九类)

①FCL—FCL(整箱交,整箱收),适用于 CY—CY,Door—Door,CY—Door,Door—CY。

②FCL—LCL(整箱交,拆箱收),适用于 CY—CFS,Door—CFS。

③LCL—FCL(拼箱交,整箱收),适用于 CFS—CY,CFS—Door。

④LCL—LCL(拼箱交,拆箱收),适用于 CFS—CFS(很少使用)。

其中 CY—Door,Door—Door,CFS—Door 目的港至收货人仓库这段路运费很难掌握,故一般不接受。

4. 计费方法及运输单据

(1)计费方法

集装箱运费包括内陆运费、拼箱费、堆场服务费、海运运费、集装箱及其设备使用费等。集装箱运费计收方法一般有两种:以每运费吨(freight ton)为计算单位(按件杂货费率);按包箱费率以每个集装箱为计费单位。

(2)货运单证

①托运单(booking note):货代接受出口企业的订舱委托后缮制的单据,是向船公司订舱配载的依据。该托运单一式数联,含场站收据。

②装箱单(container load plan,CLP):一式数份,整箱货由货主或货代填制,拼箱货由货运站填制,该单要与托运单完全一致。

③设备交接单(equipment interchange receipt):是货柜所有人与用柜人之间划分责任的依据,是用柜人进出港区、场站及提柜、换柜的凭证。

④集装箱提单(container,B/L):上面载有货柜的收货地点、交货地点、集装箱号和铅封号等。

⑤提货单(delivery order):收货人收到"到货通知"后,持正本提单向船方换取提货

单,然后办理报关,经海关在"提货单"上盖章放行后,才能凭此单向船方委托的货场或货运站提箱或提货,收货人在提货单上盖章证明船方责任已经结束。

5. 货物装柜要领

①熟悉货柜规格、容积、重量。

②根据货柜尺寸,确定堆码的层次和方法,利用好空间,但不得超过规定的重量。

③查点货物有无短损。

④紧密、稳固,适当衬垫,减少损坏,视单件包装的强度决定堆码的层次。

⑤干货与轻货置上面,湿货与重货放下面。

⑥干湿货物同置一柜,用垫板隔离。

⑦避免柜内前后或左右轻重不均,关箱前,采取措施防止开箱时箱口的货物倒塌造成货损甚至伤人。

⑧制作装箱单要翔实。

6. 集装箱运输出口操作程序

①订舱(即订箱)。

②接受托运并出具手续。

③发送空箱。

④整箱货的装箱与交货。

⑤拼箱货的装箱与交货。

⑥货物进港。

⑦换取提单。

⑧货箱装船。

⑨寄送资料。

7. 国际多式联运

国际多式联运(International Multimodal Transport)是在集装箱运输的基础上产生和发展起来的一种综合性连贯运输方式。它以集装箱为媒介,把海、陆、空各种传统的单一运输方式有机地结合起来,组成一种国际的连贯运输。根据《联合国国际货物多式联运公约》的规定,国际多式联运必须具备以下条件:

①必须有一个多式联运合同。

②必须使用一份包括全程的多式联运单据。

③必须有两种或两种以上不同运输方式的连贯运输。

④必须是国际的货物运输,且有一个联运经营人。

⑤必须是全程单一的运费费率。

开展国际多式联运是实现"门到门"运输的有效途径。它简化了手续,减少了中间环节,加快了货运速度,降低了运输成本,提高了货运质量。

8. 国际多式联运的货物托运和交接方式

(1)货物托运

多式联运经营人根据托运人的委托安排运输路线,进行订舱(或订车)委载,办理接货、仓储、装箱,再将集装箱发往实际承运人指定的场站备运。

（2）交接方式

与一般集装箱运输相同,四类九种方式。

9. 多式联运单据

它是由多式联运经营人签发的提单,在提单上列明发货港和卸货港、收货地和交货地、最终目的地以及前段运输工具名称等。多式联运单据是多式联运合同的证明,是多式联运经营人收到货物的收据和凭此交付货物的凭证。根据发货人的要求,它可以做成可转让的,也可以做成不可转让的。

根据《联合国国际货物多式联运公约》的规定,多式联运单据应载明:货物类别;识别货物所必需的主要标志;货物外表状况;多式联运经营人的名称和主要营业所;发货人名称;如指定收货人,收货人的名称;多式联运经营人接管货物的地点和日期;表示该单据可转让或不可转让的声明;多式联运单据的签发地点和日期;多式联运经营人或其授权人的签字;有关运费的说明;如签发多式联运单据,已确知其预期经过的路线,运输方式和转运地点。

（五）其他运输方式

1. 公路运输

公路运输与铁路运输同为陆上运输的基本方式。它机动灵活、速度快、简捷方便,可深入到有公路的各个角落,做到"门到门"服务。同时,它又是其他运输方式不可缺少的辅助运输手段。但是,公路运输载货量有限,运输成本高,风险大。随着高速公路网的逐步形成,公路运输将担负更重要的作用。

2. 邮政运输

邮政运输是一种简便的运输方式,是通过邮局寄发进出口货物的一种运输方式。按国际惯例,卖方将邮包交给邮局取得邮政包裹收据即完成了交货义务。国际上各国邮政部之间签订有协议和公约,可以相互传递邮件包裹,从而形成国际邮件运输网。

邮政运输可分为邮件和包裹两大类。近年来,随着民航快递服务和特快专递业务的迅速发展,许多国家都设有专递公司,传递范围遍及全球各地。

3. 管道运输

管道运输是一种特殊的运输方式。它是在管道内借助高压气泵的压力将液体或气体货物输往目的地。这种方式不受地面条件影响,可连续作业,并且运量大、速度快、成本低、货损小。但管道建设固定投资大。

管道运输在美国、欧洲的许多国家以及石油输出国组织的石油运输方面起到了积极作用。我国管道运输起步较晚,因石油、天然气运输的需要也逐步发展起来。

【小思考 4-4-6】

若一批货物从我国运往荷兰,有哪些运输方式可选择?

答:根据货物种类、数量及运输费用考虑,可选择海洋运输、铁路运输、航空运输或国际多式联运。

(六)约定运输方式的注意事项

①要充分考虑各种运输方式的特点。

②要考虑成交商品的种类及其特点。

③要考虑成交商品数量的大小。

④要考虑运输距离的远近。

⑤要考虑轻重缓急。

⑥要考虑运费因素。

⑦要考虑货运安全。

二、装运条款

(一)装运时间

装运时间又称装运期(time of shipment),是卖方将合同规定的货物装上运输工具或交给承运人的期限。装运时间是国际贸易买卖合同的主要交易条款,卖方必须严格按规定时间交付货物,不得任意提前和延迟。否则,如造成违约,则买方有权拒收货物,解除合同,并要求损害赔偿。

在国际贸易中,交货时间和装运时间是两种不同的概念。在使用 FOB、CIF、CFR以及 FCA、CIP、CPT 等贸易术语签订的买卖合同中,卖方在装运港或装运地,将货物装上船只或交付给承运人监管,就算已完成交货义务。因此,按照上述贸易术语订立的合同,交货和装运的概念是一致的,可以把两者当作同义词。在国际贸易中,有关装运日期,过去一般是从狭义上理解。随着国际贸易和运输方式的发展,国际惯例的最新解释是:装船、发运、收妥待运、邮局收据日期等,以及在多式联运方式下承运人的"接受监管"均可理解为装运日期。

1. 装运时间的规定方法

(1)规定明确、具体的装运时间

这又可分为规定一段时间和规定最后期限两种。例如,"7月份装运"(shipment during July)、"7/8/9 月份装运"(shipment during July/Aug. /Sep.);又如,"装运期不迟于 7 月 31 日"(shipment not later than July 31st)、"9 月底或以前装运"(shipment at or before the end of Sep.)。此种规定方法明确、具体,使用较为广泛。

(2)规定收到信用证后若干天装运

如规定,"收到信用证后 30 天内装运"(shipment within 30 days after receipt of L/C)。为防止买方不按时开证,一般还规定"买方必须不迟于某月某日将信用证开到卖方"(the relevant L/C must reach the seller not later than...)的限制性条款。对某些进口管制较严的国家或地区,或专为买方制造的特定商品,或对买方资信不够了解,为防止买方不履行合同而造成损失,可采用此种规定方法。

(3)规定近期装运术语

如规定"立即装运"(immediate shipment)、"即期装运"(prompt shipment)、"尽快

装运"(shipment to be made as soon as possible)等。由于这些术语在各国、各行业中解释不一,不宜使用。国际商会制定的《跟单信用证统一惯例》也明确规定不宜使用此类词,如果使用,银行将不予受理。

2.规定装运时间应注意的问题

(1)买卖合同中的装运时间的规定要明确具体,装运期限应当适度

海运装运期限的长短,应视不同商品的租船订舱的实际情况而定。装运期限过短,势必给货船安排带来困难;装运期过长也不适合,特别是在收到信用证后多少天内装运的条件下,装运期过长,会造成买方积压资金,影响资金周转,从而反过来影响卖方的售价。

(2)应注意货源情况、商品的性质和特点以及交货的季节性等

如雨季一般不宜装运烟叶,夏季一般不宜装运沥青、易腐性肉类及橡胶等。

(3)应结合考虑交货港、目的港的特殊季节因素

如北欧、加拿大东海沿岸港口冬季易封冻结冰,故装运时间不宜订在冰冻时期。在热带某些地区,则不宜订在雨季装运等。

(4)在规定装运期的同时,应考虑开证日期的规定是否明确合理

装运期与开证日期是相互关联的,为保证按期装运,装运期和开证日期应该互相衔接起来。

(5)装运期的规定应明确、具体、规范

力戒诸如"11/07/12"、"Immediate shipment"(立即装运)、"Prompt shipment"(迅速装运)、"Shipment to be made as soon as possible"(尽快装运)一类模棱两可、含混不清的规定方法。

另外,国际标准化组织(ISO)曾经建议使用如"2014-6-17"(2014年6月17日)一类的年月日书写方法,但迄今在世界范围内的国际商务领域里,响应的人似乎并不多。为了避免买卖双方因为认识不统一而造成不必要的误会和麻烦,我们还是提倡使用像"June 17,2014"一类比较规范、大家都不会误解的日期表达方式。

(6)装运期不能定得太死

例如,"Shipment:Oct 15,2014."(2014年10月15日装运)像这种没有弹性、不留回旋余地、作茧自缚似的装运条款是很难执行的,万一中间发生一点变故,比如,工厂在生产的节骨眼上停电,偶尔出现机器故障,汽车在赶送货物的途中抛锚,或者海关的电脑在报关过程中遭病毒袭击停摆等,这一天就肯定无法装运了。

(7)装运期应尽量避开大型节假日

大型节假日前夕往往是国际贸易货物装运的高峰期,每当这种时候,工厂、商检、海关、运输公司等相关部门都特别忙碌,而且,越忙,心越急,纰漏越多,工作越不顺利。为了避免工作上的麻烦和被动,我们在规定装运期限的时候,还是应该尽量不要去凑这个"热闹",要么赶在节假日来临之前,要么安排在节假日过完之后比较从容地装运货物。

【微型案例 4-4-3】

中国某外贸公司(卖方)曾在广交会上与英商(买方)按CIF伦敦签订了一份出口

白薯干的合同。由于卖方货源充沛,急于出售,所以约定当月交货。后因卖方临时租不到船,未能按期交货。试分析此案带给我们的启示。

(二)装运港(地)和目的港(地)

装运港是指货物起运装运的港口,目的港是最终卸货的港口。在国际贸易中,装运港(地)一般由卖方提出,经买方同意后确认;目的港(地)一般由买方提出,经卖方同意后确认。

1. 装运港(地)和目的港(地)的规定方法

在买卖合同中,装运港和目的港的规定方法有以下几种:

(1)在一般情况下,装运港和目的港分别规定各为一个

如装运港:上海(port of shipment:Shanghai);目的港:伦敦(port of destination:London)。

(2)有时按实际业务的需要,也可规定两个或两个以上的装运港或目的港

如装运港:大连/上海(Dalian/Shanghai),大连/青岛/上海(Dalian/Qingdao/Shanghai);目的港:伦敦/利物浦(London/Liverpool)。

(3)在磋商交易时,如明确规定装运港或目的港有困难,可以用选择港办法规定

选择港有两种方法:一种是两个或两个以上港口中选择一个,如 CIF 伦敦,选择港汉堡或鹿特丹(CIF London,optional Hamburg/Rotterdam),或者 CIF 伦敦/汉堡/鹿特丹(CIF London/Hamburg/Rotterdam);另一种是笼统规定某一航区为装运港或目的港,如"地中海主要港口",即最后交货选择地中海一个主要港口为目的港。

2. 规定国外装运港(地)和目的港(地)应注意的事项

(1)规定国外装运港或目的港,应力求具体明确。在磋商交易时,如国外商人笼统地提出以"欧洲主要港口"或"非欧洲主要港口"为装运港或目的港时,不宜轻易接受。因为欧洲或非欧洲港口众多,究竟哪些港口为主要港口,并无统一解释,而且各港口距离远近不一,港口条件也有区别,运费和附加费相差很大,所以应避免采用此种规定方法。

(2)不能接受内陆城市为装运港或目的港的条件。因为若接受这一条件,我方要承担从港口到内陆城市这段路程的运费和风险。

(3)必须注意装卸港的具体条件,主要有有无直达班轮航线、港口和装卸条件以及运费和附加费水平等。如果租船运输,还应进一步考虑码头泊位的深度,有无冰封期,冰封的具体时间以及对船舶国籍有无限制等港口制度。

(4)应注意国外港口有无重名问题。世界各国港口重名的很多,例如维多利亚(Victoria)港,世界上有 12 个之多,波特兰(Portland)港等也有数个。为防止发生差错,引起纠纷,在买卖合同中应明确注明装运港或目的港所在国家和地区的名称。

(5)如采用选择港规定,要注意各选择港口不宜太多,一般不超过三个,而且必须在同一航区、同一航线上,同时在合同中应明确规定,如所选目的港要增加运费、附加费等,应由买方负担,同时要规定买方宣布最后目的港的时间。

3. 规定国内装运港(地)或目的港(地)应注意的问题

在出口业务中,对国内装运港的规定,一般以接近货源地的对外贸易港口为宜,同时考虑港口和国内运输的条件和费用水平。在进出口业务中,对国内目的港的规定,原则上应选择以接近用货单位或消费地区的对外贸易港口最为合理。但根据我国目前港口的条件,为避免港口到船集中而造成堵塞现象或签约时目的港尚难确定,在进口合同中,也可酌情规定为"中国口岸"。

总之,买卖双方在确定装运港时,通常都是从自身利益和实际需要出发,根据产、销和运输等因素考虑。为了使装运港和目的港条款订得合理,必须从多方面加以考虑,特别是国外港口很多,情况复杂,在确定国外装运港和目的港时,应格外谨慎。

【微型案例 4-4-4】

我国某出口公司按 CFR 条件向日本出口红豆 250 吨,合同规定卸货港为日本口岸。发货物时,正好有一船驶往大阪,我公司打算租用该船,装运前,我方主动去电询问哪个口岸卸货。时值货价下跌,日方故意让我方在日本东北部的一个小港卸货,我方坚持要在神户、大阪等大港口卸货。双方争执不下,日方就此撤销合同。

试问我方做法是否合适? 日本商人是否违约?

(三)分批装运和中途转运

1. 分批装运

分批装运(Partial Shipment)是指一个合同项下的货物分若干批装运。买卖双方应根据成交数量、运输条件和市场需要等因素考虑,是否允许分批装运,并在合同中订立明确。

对于分批装运,一般有三种规定方法:一是只规定"允许分批装运",不加任何限制;二是订明分若干批次装运,而不规定每批装运的数量;三是订明每批装运的时间和数量,即定期、定量分批装运。《跟单信用证统一惯例》规定,对于同一船只、同一航次中多次装运的货物,即使提单表示不同的装船日及不同的装船港口,也不作为分批装运。故本章开篇案例这种情况,就不属于分批装运。

【微型案例 4-4-5】

大连某公司向新加坡出口一批水果,共 6000 千克。国外开来信用证规定:不允许分批装运,在 9 月 30 日之前装船。我方于 9 月 8 日和 9 月 10 日分别在大连和烟台各装 3000 千克于"东方"号货轮运往新加坡。提单上也注明了不同的装船港和不同的装船日期。

试问:这应视为分批装运吗?

2. 中途转运

转船(Transhipment)是指货物装运后,在运输途中换装其他船舶运至目的港。能否允许卖方在装运货物途中转船,在合同中,买卖双方也要订立明确,即"允许转船条款"。如果到目的港没有直达船或无合适的船,卖方在订立合同时必须写明"允许转船"。

【微型案例 4-4-6】

大连某公司向新加坡出口一批水果,共 6000 千克。国外开来信用证规定:不许分批装运,在 9 月 30 日以前装船。我方于 9 月 8 日和 9 月 10 日分别在大连和烟台各装 3000 千克于"东方"号货轮运往新加坡,提单上也注明了不同的装运港和装船日期。

请问:我方的行为是否构成违约?银行能否拒付?

(四)装卸滞期、速遣条款

在国际贸易中,大宗商品大多使用定程租船运输。由于装卸时间直接关系到船方的经营效率,如果装卸货物由承租人负责,船方对装卸货物的时间都要作出规定。如承租人未能在约定的装卸时间以前将全部货物装完和卸完,而延长了船舶在港停泊时间,从而延长了航次时间,这对船方来说,既可能因为停泊时间延长而增加了港口费用的开支,又因航次时间延长相对降低了船舶的周转率,从而相对地减少了船方的营运收入。与此相反,如果承租人在约定的装卸时间以前,将全部货物装完或卸完,从而缩短了船舶在港停泊时间,使船方可以更早地将船投入下一航次的营运,取得新的运费收入,这对船方来说是有利的。正由于装卸时间的长短和装卸效率的高低直接关系到船方的利害得失,故船方出租船舶时,都要求在定程租船合同中规定装卸时间、装卸费,并规定延误装卸时间和提前完成装卸任务的罚款与奖励办法,以约束承租人。

但是,在实际业务中,负责装卸货物的不一定是租船人,而是买卖合同的一方当事人,如 FOB 合同的租船人是买方,而装货是由卖方负责;反之,CIF 合同的租船人是卖方,而卸货是由买方负责,因此,负责租船的一方为了促使对方及时完成装卸任务,在买卖合同中也要求规定装卸时间、装卸率和滞期条款。

1. 装卸时间

装卸时间(lay time)是指完成装卸任务所约定的时间。具体有以下几种规定:

(1)按连续日(running days)计算。采用这种方法计算时,从装卸日开始,即使中间遇到实际不进行装卸的周末、假日或因天气影响而不能进行装卸的时间,也不扣除,一律作为装卸日计算。这种计算方法对租船人十分不利,因而一般很少使用。

(2)按连续 24 小时好天气工作日(weather working days of 24 consecutive hours)计算。这一术语表示在好天气情况下,以实际的昼夜连续 24 小时为一个工作日。中间因天气影响而不能作业的时间应该扣除。我国进出口合同中,一般都采用这种术语来计算装卸时间。

(3)按累计 24 小时好天气工作日计算。这是指在好天气情况下,不论港口习惯作业几小时,均以累计 24 小时作为一个工作日。如果港口规定每天作业 8 小时,则一个工作日便跨及几天的时间。这种规定对租船人有利,而对船方不利。

(4)按港口习惯快速装卸。这一术语不具体规定可用于装卸的天数或装卸率,而是指在晴天工作日内,按港口正常装卸时间速度进行装卸,但周末、假日及因天气影响而不能进行装卸的时间,都不按装卸日计。这项规定,除港口装卸条件好、装卸效率高时采用外,一般不宜使用。

2. 装卸率

所谓装卸率,即指每日装卸货物的数量。装卸率的具体确定,一般应按照港口习惯的正常装卸速度,遵循实事求是的原则。装卸费的高低,关系到完成装卸任务的时间和运费水平,装卸率制定过高或过低都不合适。规定过高,完不成装卸任务,要承担滞期费的损失;规定过低,虽能提前完成装卸任务,可得到船方的速遣费,但船方会因装卸率低,船舶在港时间长而增加运费,致使租船人得不偿失。因此,装卸率的规定应当适当。

3. 滞期费和速遣费

滞期费是指在规定的装卸期限内,租船人未完成装卸作业,给船方造成经济损失,租船人就超过的时间应向船方支付一定罚金。速遣费是指在规定的装卸期限内,租船人提前完成装卸作业,使船方节省了船舶在港的费用开支,船方应向租船人就可节省的时间支付一定的奖金。按惯例,速遣费一般为滞期费的一半,滞期费和速遣费通常约定为每天若干金额,不足一天者,按比例计算。

【微型案例 4-4-7】

我方向澳大利亚按 FOB 价格购进一批矿产品共 30000 公吨。在贸易合同中规定卖方每天应负责装货 2000 公吨,按晴天工作日计算。我方在运进这批货物的租船合同中规定每天装货 2500 公吨,按连续工作日计算。在上述两个合同中滞期费每天均为 6000 美元,速遣费每天均为 3000 美元。结果卖方公司只用了 13 天(包括两个星期日)便全部装完。

请问:我方签订上述两个合同有何失算之处?

任务五　国际货物运输保险条款

【知识目标】

熟悉国际货运保险的保障范围。
了解中国人民保险公司的保险险种。

【技能目标】

能进行保险费计算。
能够进行投保操作。
能撰写进出口合同中的保险条款。

【引导案例】

我某公司进口货物,已投平安险加战争险。运载该批货物的海轮在航行途中遇到敌对两国交战,船舶被炮火击中,但货物未受损害。当该船驶到附近港口修理时,却因遭遇恶劣气候,船舶沉没,货物遭到全部损失。

请问:(1)本案中保险公司是否应当承担赔偿责任?(2)如果本案中卖方投保的是一切险,但未加保战争险,保险公司是否应该赔偿?

案例分析

> 保险公司理赔时遵循"近因原则",即被保险货物所遭受的损失必须是由承保范围内的风险直接导致的,保险人才负责赔偿。本例中,货物遭到全部损失的直接原因是战争而不是恶劣气候,因为在船沉没前,船舶被炮火击中的部位未得到修复,因而货物一直处于战争的风险之中,所以导致货物受损的直接原因是战争,而该公司又已经投保了战争险,故保险公司应予赔偿。
>
> 由于战争险的责任范围不在一切险的责任范围内,因此,被保险人如果投保了一切险而未加战争险,则保险公司不予理赔。

在进出口贸易中,货物往往要经过长途运输。在运输途中,货物可能会遇到各种风险而导致损失。买方或卖方为转嫁可能遭受的损失,就需要对货物进行投保。通过向保险公司投保,使货物在遭受损失后能得以补偿。所以有必要了解保险公司对哪些风险导致的货物损失给予赔偿,买方或卖方如何办理保险,投保什么险别为好。

一、保险的基本原则

(一)保险利益原则

财产保险的被保险人在保险事故发生时对保险标的应当有保险利益。保险利益是指被保险人或投保人对保险标的具有的法律上承认的利益。有三个成立条件:①合法的利益。保险利益必须是符合法律规定,符合社会公共秩序要求,为法律认可并受到法律保护的利益。如果投保人以非法律认可的利益投保,则保险合同无效。②经济有价的利益。保险利益必须是可以用货币、金钱计算和估价的利益。保险不能补偿被保险人遭受的非经济上的损失。精神创伤、刑事处罚、政治上的打击等,虽与当事人有利害关系,但这种利害关系不是经济上的,不能构成保险利益。但人身保险的保险利益不纯粹以经济上的利益为限。③确定的利益。保险利益必须是已经确定的利益或者能够确定的利益。这包括两层含义:第一,该利益能够以货币形式估价。如属无价之宝而不能确定价格,保险人则难以承保;第二,该利益不是当事人主观估价的,而是事实上的或客观上的利益。所谓事实上的利益包括现有利益和期待利益。

(二)近因原则

近因原则是指保险人只对承保风险与保险标的的损失之间有直接因果关系的损失负赔偿责任,而对保险责任范围外的风险造成的保险标的的损失,不承担赔偿责任。

(三)补偿原则

保险事故发生后,被保险人从保险人处得到的赔偿正好填补被保险人因保险事故造成的保额范围内的损失。实际运用过程中,应当以实际损失为限,以保额为限,以保险利益为限。

损失补偿原则有三个派生原则,即重复保险分摊原则,代为追偿原则,委付原则。在重复保险的条件下,为了避免被保险人因保险事故获得超额赔偿,因此采用顺序、限责和分摊等原则。代位求偿是指因第三者对保险标的的损害造成保险事故时,保险人向被保险人赔偿保险金以后,在赔偿金额范围内取代被保险人的地位行使对第三者请求赔偿的权利。《中华人民共和国保险法》第60、61条就有关情况作了详细规定。委付是被保险人在发生保险事故造成保险标的推定全损时,将保险标的物的一切权利连同义务移转给保险人而请求保险人赔偿全部保险金额的法律行为。

(四)最大诚信原则

最大诚信是指诚实、守信。保险合同就是建立在诚实信用基础上的一种射幸合同,《中华人民共和国保险法》第5条规定,保险合同当事人行使权利、履行义务应当遵循诚实信用原则。它主要通过保险合同双方的诚信义务来体现,具体包括投保人或被保险人如实告知的义务及保证义务,保险人的说明义务及弃权和禁止反言义务。《中华人民共和国保险法》第16、17条作了详细规定。

二、海上货物运输保险承保的范围

进出口贸易的货物运输保险,因运输方式的不同可分为海上货物运输保险、陆上货物运输保险、航空货物运输保险和邮包运输保险等,其中最重要的是海上货物运输保险。在发生风险导致货物损失时,保险人是按照不同险别所规定的风险、损失和费用来承担赔偿责任的。

(一)风险

保险公司承保的海上货物运输的风险包括两大类:

1. 海上风险(Perils of the Sea)

海上风险,又称为海难,一般指海上航行途中发生的或随附海上运输所发生的风险。它包括海上发生的自然灾害和意外事故,但并不包括海上的一切风险,如海运途中因战争引起的损失不含在内。另外,海上风险又不仅仅局限于海上航运过程中发生的风险,它还包括与海运相连接的内陆、内河、内湖运输过程中的一些自然灾害和意外事故。

(1)自然灾害(Natural Calamities)

自然灾害是指不以人们意志为转移的自然界力量所引起的灾害。它是客观存在的,人力不可抗拒的灾害事故,是承保人承保的主要风险。但在海运保险业中并不是泛指一切由于自然力量造成的灾害,而是仅指以下人力不可抗拒的自然力量造成的灾害:

①恶劣气候(Heavy Weather)。又叫暴风雨(Wing Storm),是指海上发生的飓风、大浪引起船只颠覆和倾斜造成船体机械设备的损坏或者因此引起的船上所载货物相互折压碰撞而导致破碎、泄漏、凹瘪等损失。

②雷电(Lightning)。雷电常在积雨云层中产生,若云层之间、云层和地面之间电

位差增大到一定程度时就会发生猛烈的放电现象。雷电、云层之间以及云层和空气之间的放电，一般不会危及人的生命和财产安全，而云层和地面之间的放电，往往会危及生命和财产并造成损失。

③地震(Earthquake)。地震是指由于地壳发生急剧的自然变化，使地面发生震动、坍塌、地陷、地裂等造成的保险货物的损失。

④海啸(Tsunami)。海啸是指由于海底地壳发生变异，有的地方下陷，有的地方升高引起剧烈震荡而产生巨大波浪，致使保险货物遭受损害或灭失。

⑤火山爆发(Volcanic Eruption)。火山爆发是指由于火山爆发产生的地震以及喷发出的火山岩灰造成的保险货物的损失。

⑥洪水(Flood)。洪水是指因江河泛滥、山洪爆发、湖水上岸及倒灌或暴雨等致使保险货物遭受泡损、淹没、冲散等损失。

⑦浪击落海(Washing Overboard)。浪击落海是指存放在舱面上的货物在运输过程中受海浪的剧烈冲击而落海造成的损失。我国现行海运货物保险条款的基本险条款不保此项风险，但该项风险可以通过附加投保舱面险而获得保障。

【小思考 4-5-1】

上述自然灾害中，洪水、地震、火山爆发等风险，是真正发生在海上的风险吗？

(2)意外事故(Fortuitous Accidents)

意外事故是指由于偶然的、难以预料的原因所造成的事故。一般是指人或物体遭受外来灾害的非意料之中的事故。但意外事故并不是泛指海上所有的意外事故，而仅指运输工具遭遇的以下风险：

①搁浅(Grounded)。搁浅是指船舶在航行中，由于意外或异常的原因，船底与水下障碍物紧密接触牢牢地被搁住，并且持续一定时间失去进退自由的状态。

②触礁(Stranding)。触礁是指船舶在航行中触及海中岩礁或其他障碍物如木桩、渔栅等造成的一种意外事故。

③沉没(Sunk)。沉没指船舶因海水侵入失去浮力，船体全部沉入水中，无法继续航行的状态，或虽未构成船体全部沉没，但是大大超过船舶规定的吃水标准，使应浮于水面的部分浸入水中无法继续航行，由此造成保险货物损失。如果船体只有部分浸入水中而仍能航行，则不能视为船舶沉没。

④碰撞(Collision)。碰撞是指载货船舶同水以外的外界物体，如码头、船舶、灯塔、流冰等发生的猛烈接触，由此造成的船上货物的损失。若发生碰撞的是两艘船舶，则碰撞不仅会带来船体及船上货物的损失，还会产生碰撞责任损失。碰撞是船舶在海上航行中的一项主要风险。

⑤倾覆(Capsized)。倾覆是指船舶在航行中遭受自然灾害或意外事故导致船体翻倒或倾斜，失去正常状态，非经施救不能继续航行，由此造成保险货物的损失。

⑥火灾(Fire)。火灾是指由于意外、偶然发生的燃烧失去控制，蔓延扩大而造成的船舶和货物的损失。海上货物运输保险不论是直接被火烧毁、烧焦、烧裂，或者间接被火熏黑、灼热或为救火而致损失，均属火灾风险。

⑦爆炸(Explosion)。爆炸是指物体内部发生急剧的分解或燃烧,迸发出大量的气体和热力,致使物体本身及其周围的其他物体遭受猛烈破坏的现象。

2. 外来风险(Extraneous Risks)

外来风险是指由于自然灾害和意外事故以外的其他外来原因造成的风险,但不包括货物的自然损耗和本质缺陷。外来风险可分为一般外来风险和特殊外来风险两种。

(1)一般外来风险

海上货运保险业务中承保的一般外来风险主要有偷窃、提货不着、渗漏、短量、碰损破碎、钩损、淡水雨淋、生锈、混杂玷污、受潮受热、串味、包装破裂等。

(2)特殊外来风险

特殊外来风险是指战争、种族冲突或一国的军事、政治、国家政策法律以及行政措施等的变化所造成的全部或部分损失。例如,战争,罢工,因船舶中途被扣而导致交货不到,以及货物被有关当局拒绝进口或没收而导致的损失等。

除上述各种风险损失外,保险货物在运输途中还可能发生其他损失,如运输途中的自然损耗以及由于货物本身特点和内在缺陷所造成的货损等,这些损失不属于保险公司承保的范围。

(二)损失

货物在海上运输过程中,可能面临各种海上风险及外来风险,由于这些风险的客观存在,必然会给运输途中的货物造成各种损失,我们把被保险货物在运输途中因遭遇海上风险所造成的各种损失称为海上损失(简称海损)。按照海运保险业务的一般习惯,海上损失还包括与海运相连接的陆上或内河运输中所发生的损失。

就货物损失的程度而言,海损可分为全部损失和部分损失;就货物损失的性质而言,海损又可分为共同海损和单独海损。

1. 全部损失(Total Loss)

简称全损,是指运输中的整批货物或不可分割的一批货物的全部损失。就其损失情况不同,又可分为实际全损和推定全损。

实际全损(Actual Total Loss)是指该批保险货物完全灭失或货物受损后已失去原有的用途。如整批货物沉入海底无法打捞、船被海盗劫去、货物被敌方扣押,船舶失踪无音讯等。具体来讲,构成被保险货物实际全损的情况有下列几种:

第一,保险标的完全灭失。指保险标的的实体已经完全毁损或不复存在。如大火烧掉船舶或货物,糖、盐这类易溶货物被海水溶化,船舶遭遇飓风沉没,船舶碰撞后沉入深海等。

第二,保险标的的丧失属性。即指保险标的的属性已被彻底改变,不再是投保时所描述的内容。例如货物发生了化学变化使得货物分解,在这类情况下,保险标的的丧失商业价值或使用价值,均属于实际全损。如水泥遭海水浸泡后变成水泥硬块,无法使用;茶叶被海水浸泡后,丧失了茶叶的香味,无法再食用。但如果货物到达目的地时损失虽然严重,但属性没有改变,经过一定的整理,还可以以原来的商品名义降价处理,那就只是部分损失。

第三,被保险人无法挽回地丧失了保险标的。在这种情况下,保险标的仍然实际存在,可能丝毫没有损失,或者有损失而没有丧失属性,但被保险人已经无可挽回地丧失了对它的有效占有。比如,一根金条掉入了大海,要想收回它是不可能的。再如,船、货被海盗劫去或被敌对国扣押。

第四,保险货物的神秘失踪。按照海上保险的惯例,船舶失踪满一定合理的期限,就被宣布为失踪船舶。在和平时期,如无相反证据,船舶的失踪被认为是由海上风险造成的实际全损。船舶如果失踪,船上所载货物也随之发生"不明原因失踪",货主可以向货物保险人索赔实际全损。

推定全损(Constructive Total Loss),又称商业全损,是指被保险货物在海上运输途中遭遇到承保风险之后,虽未达到完全灭失的状态,但是可以预见到它的全损将不可避免;或者为了避免全损,需要支付的抢救、修理费用加上继续将货物运抵目的地的费用之和将超过货物的保险价值或超过货物到达目的地时的价值,这种情况下,被保险人可以推定货物发生了全部损失。

具体来讲,保险货物的推定全损有以下几种情况:

第一,被保险货物遭受严重损害,完全灭失已不可避免,或者为了避免实际全损需要施救等所花费用,将超过获救后被保险货物的价值。如船舶触礁地点在偏远而危险的地方,因气候恶劣,不能进行救助,尽管货物实际全损还没有发生,但实际全损将不可避免地发生;又如货物在运输途中严重受损,虽然当时没有丧失属性,但可以预计到达目的地时丧失属性不可避免。这类情况下被保险人就可以按推定全损索赔。

第二,被保险人丧失对保险标的的实际占有。被保险人丧失对保险标的的实际占有,在合理的时间内不可能收回该标的,或者收回标的的费用要大于标的回收后的价值,就构成推定全损。

第三,保险货物严重受损,其修理、恢复费用和续运费用总和大于货物本身的价值,该批货物就构成了推定全损。

【微型案例 4-5-1】

有一台精密仪器价值 15000 美元,货轮在航行途中触礁,船身剧烈震动而使仪器受损。事后经专家检验,修复费用为 16000 美元,如拆为零件销售,可卖 2000 美元。问该仪器属于何种损失?

实际全损和推定全损虽然都各为全损,但两者是有区别的:被保险货物遭受实际全损时,被保险货物确定已经或不可避免地完全丧失,被保险人自然可以向保险人要求全部赔偿,而不需要办理委付手续;在被保险货物遭受推定全损时,被保险货物并未完全丧失,是可以修复或者可以收回的,只是支出的费用将超过被保险货物的价值或者收回希望很小,因此,被保险人可以向保险人办理委付,要求保险人按全部损失赔偿,也可以不办理委付,由保险人按部分损失进行赔偿。

2. 部分损失(Partial Loss)

部分损失是指被保险货物的损失,没有达到全部损失的程度。部分损失又可分为共同海损和单独海损两种。

（1）共同海损（General Average）

共同海损是指载货运输的船舶在运输途中遭遇自然灾害、意外事故等，使船舶、货物或其他财产的共同安全受到威胁，为了解除共同危险，由船方有意识地、合理地采取救难措施，所直接造成的特殊牺牲和支付的特殊费用。例如，暴风雨把部分货物卷入海中，使船身发生严重倾斜，如果不及时采取措施，船货会全部沉入大海，这时船长下令扔掉部分货物以维持船身平衡，这部分牺牲就属于共同海损。

常见的共同海损牺牲项目有：

①抛弃：指抛弃船上载运的货物或船舶物料。

②救火：为扑救船上的火灾，向货舱内灌浇海水、淡水、化学灭火剂造成舱内货物或船舶的灭失。

③自动搁浅：为了共同安全，采取紧急的人为搁浅措施造成舱内货物或船舶的灭失。

④起浮脱浅：船舶因意外情况搁浅，无法浮起来继续航行。

⑤船舶在避难港卸货、重装或倒移货物、燃料或物料，这些操作造成货物或船舶的损失。

⑥将船上货物或船舶物料当作燃料以保证船舶继续航行。

⑦割断锚链：为避免发生碰撞等紧急事故，停泊的船舶来不及进行正常起锚，有意识地砍断锚链、丢弃锚具，以便船舶启动，由此造成的断链、弃锚损失。

构成共同海损必须具备以下条件：第一，必须确实遭遇危难。即共同海损的危险，必须是实际存在的，或者是不可避免的，而不是主观臆测的。第二，必须是自动地、有意识地采取的合理措施，其费用必须是额外的。第三，必须是为船、货共同安全而采取的措施。如果只是为了船舶或货物单方面的利益而造成的损失，则不能作为共同海损。第四，必须是属于非常性质的损失。

根据惯例，共同海损的牺牲和费用，应由受益方，即船方、货方和运费方按最后获救的价值多少，按比例分摊。这种分摊叫作共同海损分摊（General Average Contribution）。

【微型案例 4-5-2】

某公司出口卡车 700 辆，该批货物均装于船面（国外买方同意接受舱面提单），航行途中遇到大风浪，有 20 辆卡车被冲入海中，后该船又触礁，严重漏水，为了挽救船和其他货物，船长果断下令将余下的 680 辆卡车推入海中。

请问：上述两种情况是否都属共同海损？

（2）共同海损分摊（General Average Contribution）

① 共同海损分摊时，涉及的受益方包括：货方、船方和运费方。

② 共同海损的分摊有两个原则：分摊以实际遭受的损失或额外增加的费用为准；无论受损方还是未受损方均应按标的物价值比例分摊。

③ 进行共同海损分摊时，一般遵循《约克-安特卫普规则》。

【微型案例 4-5-3】

有一载货船舶在航行途中发生共同海损，货物共损失 50 万美元，其中货主 A、B、C、D 分别损失 5 万美元、15 万美元，10 万美元、20 万美元，船体损失 25 万美元，救助费

3 万美元,运费损失 1 万美元。货主 A、B、C、D 的货物价值分别为 120 万美元、140 万美元、120 万美元、100 万美元。船舶价值 500 万美元,承运人运费总计 20 万美元。

请问:船货运费三方各应分摊多少共同海损的牺牲和费用?

【小思考 4-5-2】

有一货轮在航行中与流冰相撞。船身一侧裂口,舱内部分乙方货物遭浸泡。船长不得不将船就近驶入浅滩,进行排水,修补裂口。尔后为了浮起又将部分甲方笨重货物抛入海中。船体撞裂和部分货物遭受浸泡损失了 3 万美元,将船舶驶上浅滩以及产生的一连串损失共为 8 万美元,该船舶价值为 100 万美元,船上载有甲、乙、丙三家的货物,分别为 50 万、33 万、8 万美元,待收运费为 2 万美元。那么应该如何分摊损失?

(3)单独海损(Particular Average)

单独海损,是指除共同海损以外的意外损失,即由于承保范围内的风险所直接导致的船舶或货物的部分损失。这种损失只属于特定利益方,而不属于所有其他的货主或船方,由受损方单独承担。例如,在运输过程中,有面粉、机器设备、钢材三种货物,途中遇到暴风雨,部分海水进入船舱,海水浸泡了部分面粉,使其变质。面粉的损失只是使面粉一家货主的利益受到影响,跟同船所装的其他货物的货主和船东利益无关,因而属于单独海损。

【微型案例 4-5-4】

一载有茶叶和儿童玩具的船舶在航行途中不慎搁浅,情况非常紧急,为脱险,船长下令抛货(茶叶)300 公吨,并反复开倒车,强行起浮,终于脱险。但船上轮机受损且船底被划破,致使海水渗进货舱,造成船货部分受损。该船驶进附近的港口修理并暂卸大部分货物,共花一周时间,增加了各项费用支出,包括船员工资等。船修复后装上原货重新起航,不久,A 舱突然起火,火势有蔓延的趋势,船长下令灌水灭火。灭火后,发现部分儿童玩具和茶叶被水浸湿,造成损失。

试分析上述各项损失各属于何种损失?为什么?

共同海损与单独海损都属于部分损失,两者的主要区别为:第一,造成海损的原因不同。单独海损是承保风险所直接导致的船货损失;共同海损则不是承保风险所直接导致的损失,而是为了解除船货共同危险而有意采取的合理措施所造成的损失。第二,损失的承担责任不同。单独海损,由受损方自行承担;而共同海损,则应由各受益方按照受益大小的比例共同分摊。第三,损失的构成不同。单独海损一般是指货物本身的损失,不包括费用损失;而共同海损既包括货物损失,又包括因采取共同海损行为而引起的费用损失。

(三)海上费用

海上风险除了使货物本身受到损毁导致经济损失外,还会造成费用上的损失。保险人即保险公司对这些费用也会给予赔偿。主要包括施救费用和救助费用两种。

1. 施救费用(Sue & Labour Expenses)

施救费用是指保险标的遭受保险责任范围内的灾害事故时,由被保险人或他的代理人、雇佣人和受让人等,为了防止损失的扩大,采取各种措施抢救保险标的所支付的合理费用。保险人对这种施救费用负责赔偿。

2. 救助费用(Salvage Charges)

求助费用是指保险标的遭受了保险责任范围内的灾害事故时,由保险人和被保险人以外的第三者采取救助行动并获成功,而向他支付的劳务报酬。

三、我国海运货物保险的险别

我国为适应对外经济贸易业务发展的需要,由中国人民保险公司(PICC)根据我国的实际情况,分别制订了海洋、陆地、航空等多种运输方式的货物保险条款,总称为《中国保险条款》(China Insurance Clause,CIC)。

我国现行的货物保险条款是1981年1月1日的修订本,根据不同的运输方式分别订有适用不同运输方式的保险条款,以《中国人民保险公司海洋运输货物保险条款》使用最普遍,其主要内容有:保险人承保责任范围、除外责任、责任起讫、被保险人的义务和索赔期限。

(一)保险人的承保责任范围

海运货物保险险别是保险人对风险和损失的承保责任范围,它是保险人和被保险人履行权利和义务的基础,也是确认保险人承保责任大小和被保险人缴付保险费多少的依据。按《中国人民保险公司海洋运输货物保险条款》的规定,我国海运货物保险的险别分为基本险别和附加险别两类。基本险又称主险,是可以独立投保的险别,包括平安险(Free from Particular Average,简称FPA)、水渍险(With Particular Average,简称WPA 或 WA)和一切险(All Risks)三种;附加险是对基本险的补充和扩展,它不能单独投保,只能在投保了基本险的基础上加保,包括一般附加险和特殊附加险。

1. 基本险

(1)平安险

平安险,其原意是单独海损不负责赔偿,根据国际保险界对单独海损的解释,它是指部分损失,故 FPA 原来的保障范围只赔全部损失。但在长期实践中,对 FPA 的责任范围进行了补充和修订,当前 FPA 的责任范围已超出只赔全损的限制。

平安险是三个基本险别中承保责任范围最小的一个,承保的具体责任范围如下:

①在运输过程中,由于自然灾害和运输工具发生意外事故,造成被保险货物的实际全损或推定全损。

②由于运输工具遭遇搁浅、触礁、沉没、互撞、与流冰或其他物体碰撞以及失火、爆炸等意外事故造成被保险货物的全部或部分损失。

③在运输工具已经发生搁浅、触礁、沉没、焚毁等意外事故的情况下,货物在此前或此后又在海上遭受恶劣气候、雷电、海啸等自然灾害所造成的部分损失。

【微型案例 4-5-5】

有一批货物已投保了平安险,载运该批货物的海轮于5月3日在海面遇到暴风雨的袭击,使该批货物受到部分水渍,损失货值1000元。该货轮在继续航行中,又于5月8日发生触礁事故,又使该批货物损失1000元。

请问:保险公司应该如何赔偿?

④在装卸转船过程中,被保险货物一件或数件落海所造成的全部损失或部分损失。

⑤被保险人对遭受承保责任内风险的货物采取抢救、防止或减少货损措施而支付的合理费用,但以不超过该批被救货物的保险金额为限。

⑥运输工具遭遇自然灾害或意外事故,需要在中途的港口或者在避难港口停靠,因而引起的卸货、装货、存仓以及运送货物所产生的特别费用。

⑦发生共同海损所引起的牺牲、分摊和救助费用。

⑧运输契约中有"船舶互撞条款",按该条款规定应由货方偿还船方的损失。

【微型案例 4-5-6】

有批玻璃制品出口,由甲乙两轮分别载运,货主投保了平安险。甲轮在航行途中与他船发生碰撞事故,玻璃制品因此发生部分损失,而乙轮却在航行途中遇到暴风雨使玻璃制品相互碰撞发生部分损失,事后,货主向保险人提出索赔。

请问:保险人该如何处理?

(2)水渍险(With Particular Average,WPA 或 With Average,WA)

水渍险的责任范围,除包括上列平安险的各项责任外,还负责被保险货物由于恶劣气候、雷电、海啸、地震、洪水等自然灾害所造成的部分损失。

由此可见,水渍险承保的责任范围较大,它并不只是承保由于水渍引起的损失,同时,它也不是承保所有水渍引起的损失,例如,对淡水所导致的损失不予赔偿。

【微型案例 4-5-7】

我方向澳大利亚出口坯布 100 包。我方按合同规定加一成投保水渍险。货物在海上运输途中因舱内食用水管漏水,致使该批坯布的 30 包浸有水渍。

请问:对此损失应向保险公司索赔还是向船公司索赔?

(3)一切险(All Risks)

一切险的责任范围,除包括平安险和水渍险的所有责任外,还包括货物在运输过程中的一般外来原因所造成的被保险货物的全损或部分损失。

【微型案例 4-5-8】

某远洋运输公司的"东风轮"在 6 月 28 日满载货物起航,出公海后由于风浪过大偏离航线而触礁,船底划破长 2 米的裂缝,海水不断渗入。为了船货的共同安全,船长下令抛掉 A 舱的所有钢材并及时组织人员堵塞裂缝,但无效。为使船舶能继续航行,船长请来救援队施救,共支出 5 万美元施救费。船修好后继续航行,不久又遇恶劣气候,入侵海水使 B 舱底层货物严重受损,甲板上的 2000 箱货物也被风浪卷入海里。

请问:以上损失各属什么性质的损失?投保何种险别的情况下保险公司给予赔偿?

投保了一切险,并不是指保险公司承保了一切的风险,海运中的特殊外来原因引起的损失并不含在内。此外,投保了一切险后不必再投保一般附加险,因为已包含在内,以免多支付不必要的保险费。由于一切险承保责任范围大,其保险费在三种基本险中也最高。

2.附加险

在海运保险业务中,进出口商除了投保货物的上述基本险别外,还可根据货物的特点和实际需要,酌情再选择若干适当的附加险别。附加险别包括一般附加险和特殊附加险。

(1)一般附加险

一般附加险承保由一般外来风险造成的损失,主要有:偷窃提货不着险、淡水雨淋险、渗漏险、短量险、钩损险、混杂玷污险、碰损破碎险、锈损险、串味险、受热受潮险、包装破裂险,共11种。

①偷窃提货不着险(Theft,Pilferage and Non-Delivery,简称 TPND):对偷窃所致的损失和整体提货不着等损失。

②淡水雨淋险(Fresh Water and Rain Damage):对直接遭受雨水、淡水以及雪溶水浸淋所致的损失。

③渗漏险(Risk of Leakage):对因容器损坏而引起的渗漏损失,或用液体储藏的货物因液体渗漏而引起的货物腐蚀等损失。

④短量险(Risk of Shortage):对因外包装破裂或散装货物发生数量损失和实际重量短缺的损失。

⑤钩损险(Hook Damage):对在装卸过程中使用手钩、吊钩所造成的损失。

⑥混杂玷污险(Risk of Contamination):对在运输过程中混进杂质或被玷污所致的损失。

⑦碰损破碎险(Risk of Clash and Breakage):对金属、木质等货物因震动、颠簸、挤压所造成的碰损和对易碎性货物在运输途中由于装卸野蛮、粗鲁、运输工具的颠震所造成的破碎损失。

⑧锈损险(Risk of Rust):对运输过程中发生的锈损。

⑨串味险(Risk of Odour):对被保险的食用物品、中药材、化妆品原料等因受其他物品的影响而引起的串味损失。

⑩受潮受热险(Damage Caused by Heating and Sweating):对因气温突然变化或由于船上通风设备失灵致使船舱内水汽凝结、受潮或受热所造成的损失。

⑪包装破裂险(Breakage of Packing Risk):对因运输或装卸不慎,包装破裂所造成的损失,以及为继续运输安全的需要对包装进行修补或调换所支付的费用,保险公司均负责赔偿。

在我国,一般附加险不能单独投保,只能在投保基本险别平安险和水渍险的基础上加投。

【小思考4-5-3】

上海某单位以 CIF 条件从国外进口某货物一批,卖方已代办了一切险。该批货物在上海卸货后,当晚在码头被偷窃。

请问:买方能否向保险公司要求赔偿?

(2)特殊附加险

特殊附加险是指承保由于军事、政治、国家政策法令以及行政措施等特殊外来原因所引起的风险与损失的险别。中国人民保险公司承保的特别附加险,除包括战争险和罢工险,还有交货不到险、进口关税险、舱面险、拒收险、黄曲霉素险和出口货物到香港或澳门存储仓火险责任扩展条款。

①战争险(War risk)

战争险的责任范围包括直接由于战争、类似战争行为、敌对行为、武装冲突或海盗等所造成运输货物的损失;由于上述原因所引起的捕获、拘留、扣留、禁止、扣押等所造成的运输货物的损失;各种常规武器(水雷、炸弹等)所造成的运输货物的损失;由本险责任范围所引起的共同海损的牺牲、分摊和救助费用。

战争险的除外责任包括对由于敌对行为使用原子弹或热核制造的武器导致被保险货物的损失和费用不负责赔偿。

战争险的保险责任起讫为:仅限于水面危险,是指保险人的承保责任自货物装上保险单所载明的启运港的海轮或驳船开始,到卸离保险单所载明的目的港海轮或驳船为止。如果货物不卸离海轮或驳船,则从海轮到达目的港当日午夜起算满 15 日之后责任自行终止;如果中途转船,不论货物在当地卸货与否,保险责任以海轮到达该港可卸货地点的当日午夜起算满 15 天为止,等再装上续运海轮时,保险责任才继续有效。

【微型案例 4-5-9】

某公司出口某货物,投保一切险加战争险,该船抵达目的港开始卸货时,当地发生武装冲突,部分船上货物及部分已卸到岸上的货物被毁。

请问:保险公司如何赔偿?

②罢工险(Risk of Strike,Riots and Civil Commotions,简称 SRCC,也称罢工暴动民变险)

罢工险是保险人承保罢工者、被迫停工工人,参加工潮、暴动和战争的人员采取行动所造成的承保货物的直接损失,对间接损失不负责。例如由于劳动力短缺或无法使用劳动力,致使堆放码头的货物遭到雨淋日晒而受损、冷冻机因无燃料中断造成的被保险货物的损失不负责赔偿。

罢工险的责任起讫:除外责任与战争险一样,责任起讫是仓至仓。

【微型案例 4-5-10】

我方按 CIF 条件出口大豆 1000 千克,计 10000 包。合同规定投保一切险加战争险、罢工险。货物卸至目的港码头后,当地码头工人开始罢工。在工人与政府的武装力量对抗中,该批大豆有的被撒在地面,有的被当作掩体,有的丢失,总共损失近半。

请问:这种损失保险公司是否负责赔偿?

③交货不到险(Failure to Deliver)

被保险货物从装上船开始,6 个月仍不能运到原定目的地交货,则不论何种原因,保险公司均按全损赔付。

④进口关税险(Import Duty Risk)

承保货物已发生保险责任范围内的损失,但被保险人仍需按货物的完好状态完税而遭受的损失。

⑤舱面险(On Deck Risk)

当货物置于船舶甲板上时，保险公司除按保险单所载条款负责外，还赔偿被抛弃或浪击落海的损失。

⑥拒收险(Rejection Risk)

对被保险货物在进口港被进口国政府或有关当局拒绝进口或没收，保险公司按货物的保险价值负责赔偿。

⑦黄曲霉素险(Aflatoxin Risk)

花生、谷物等易产生黄曲霉素，对其含量超过进口国限制标准而被拒绝进口、没收或强制改变用途所遭受的损失，保险公司负责赔偿。

⑧出口货物到香港或澳门存储仓火险责任扩展条款(File Risk Extension Clause for Storage of Cargo at Destination of Hongkong,Ching)

出口货物到达香港(包括九龙在内)或澳门等目的地，在卸离运输工具后，如直接存放在保险单所载明的过户银行所指定的仓库，保险责任自运输责任终止时开始，至银行收回押款解除货物的权益为止，或自运输责任终止时起，满30天为止。在此期间，对发生的火灾所造成的损失负责赔偿。

【小思考4-5-4】

上海某单位以CIF条件从国外进口某货物一批，卖方已代办了一切险。该批货物在上海卸货后，当晚在码头被偷窃。买方能否向保险公司要求赔偿？

【微型案例4-5-11】

某出口公司出口白报纸5000令，按《中国人民保险公司海洋运输货物保险条款》投保水渍险，货到目的港时，发现有200令纸被水浸泡有水渍。

请问:保险公司是否予以赔偿？

【小思考4-5-5】

我国某公司按CIF条件向中东某国出口一批货物，根据合同投保了水渍险附加偷窃提货不着险。但在海运途中，因两伊战起船被扣押，尔后进口商因提货不着便向我保险公司进行索赔，我保险公司认为不属于保险责任范围，不予赔偿。

请分析是否赔偿？为什么？

(二)除外责任

除外责任，是指保险人不予赔偿的损失和费用。这是为了维护保险人的权益而对承保责任范围作进一步的明确和划分，这种除外责任，一般来说是非意外的，非偶然的，或比较特殊的风险，其责任范围包括:

(1)被保险人的故意行为或过失造成的损失。

(2)由于发货人的包装不善等责任所引起的损失。

(3)被保险货物在保险责任开始之前就已存在品质不良或数量短缺所形成的损失。

(4)被保险货物的自然损耗、品质特性以及市价跌落、运输延迟所引起的损失和费用。

(5)战争险、罢工险等特殊附加险条款所规定的责任范围和除外责任。

【微型案例 4-5-12】

我国向某国出口巧克力糖一批,投保一切险。由于货轮陈旧,速度慢,加上该货轮沿途到处揽载,结果航行 3 个月才到达目的港。卸货后,发现巧克力糖受热时间过长已全部潮解软化,无法销售。

请问:这种情况保险公司是否赔偿?

(三)责任起讫

1. 仓至仓(W/W)条款的含义

《中国人民保险公司海洋运输货物保险条款》对三种基本险的责任起讫作了具体规定。采用了国际保险业中惯用的"仓至仓条款"(Warehouse to Warehouse,简称 W/W),即保险公司所承担的保险责任,是从被保险货物运离保险单所载明的起运港(地)发货人仓库开始,一直到货物到达保险单所载明的目的港(地)收货人的仓库时为止。当货物一进入收货人仓库,保险责任即行终止。

W/W 条款的限制性条件:

(1)当货物从目的港卸离海轮时起算满 60 天,不论货物是否进入收货人仓库,保险责任均告终止。

(2)如上述保险期限内被保险货物需要转交到非保险单所载明的目的地,保险责任则以该项货物开始转交时终止。

(3)被保险货物在运至保险单所载明的目的港或目的地以后,在某一仓库发生分组、分派的情况,则该仓库就作为被保险人的最后仓库,保险责任也从货物运抵该仓库时终止。

(4)被保险人可以要求扩展期限。

(5)当发生非正常运输情况,如运输迟延、绕道、被迫卸货、航程变更等,被保险人及时通知保险人,加交保险费,可按扩展条款办理。

【微型案例 4-5-13】

2012 年 5 月,某公司以 CFR 上海从国外进口一批汽车零件,并据卖方提供的装船通知及时向中国人民保险公司投保了水渍险,后来由于国内用户发生变更,我方通知承运人货改卸黄埔港。在货由黄埔港装火车运往南京途中遇到山洪,致使部分货物受损,我进口公司据此向保险公司索赔,但遭拒绝。请问:保险公司拒赔有无道理?

如果海轮正常于 6 月 1 日抵达上海港并开始卸货,6 月 3 日全部卸在码头货棚中而未运往收货人的仓库。请问:保险公司的保险责任至哪一天终止?

2. 不同价格术语影响 W/W 的责任起讫点

(1)CIF 下,保险责任起讫期间是"仓至仓"。

(2)FOB、CFR 条件下,保险责任起讫期间是"船至仓"。

【微型案例 4-5-14】

有一份 CIF 合同出售大米 50 吨,卖方在装船前投保了一切险加战争险,自南美内陆仓库起,直至英国伦敦买方仓库为止。货物从卖方仓库运往码头途中,发生了承保范围内的损失。

请问：当卖方凭保险单向保险公司提出索赔时，能否得到赔偿？若改为 FOB 或 CFR，则卖方能否得到保险公司的赔偿？

(四)被保险人的义务和索赔期限

1.被保险人的义务

被保险人应按照以下规定的应尽义务办理有关事项，如因未履行规定的义务而影响保险人利益时，保险公司对有关损失有权拒绝赔偿。

(1)当被保险货物运抵保险单所载明的目的港(地)以后，被保险人应及时提货，当发现被保险货物遭受任何损失，应立即向保险单上所载明的检验、理赔代理人申请检验，如发现被保险货物整件短少或有明显残损痕迹应立即向承运人、受托人或有关当局(海关、港务当局等)索取货损货差证明。如果货损货差是由于承运人、受托人或其他有关方面的责任造成的，应以书面方式向他们提出索赔，必要时还须取得延长时效的认证。

(2)对遭受承保责任内危险的货物，被保险人和本公司都可迅速采取合理的抢救措施，防止或减少货物的损失，被保险人采取此项措施，不应视为放弃委付的表示，其所在公司采取此项措施，也不得视为接受委付的表示。

(3)如遇航程变更或发现保险单所载明的货物、船名或航程有遗漏或错误时，被保险人应在获悉后立即通知保险人并在必要时加缴保险费，本保险才继续有效。

(4)在向保险人索赔时，必须提供下列单证：保险单正本、提单、发票、装箱单、磅码单、货损货差证明、检验报告及索赔清单。如涉及第三者责任，还须提供向责任方追偿的有关函电及其他必要单证或文件。

(5)在获悉有关运输契约中"船舶互撞责任"条款的实际责任后，应及时通知保险人。

2.索赔期限

保险索赔时效，从被保险货物在最后卸载港全部卸离海轮后起算，最多不超过两年。

四、伦敦保险人协会海运货物保险条款

在国际保险市场上，英国伦敦保险人协会所制定的《协会货物条款》(Institute Cargo Clauses，简称 ICC)对世界各国影响颇大。目前，世界上许多国家在海运保险业务中直接采用该条款，还有许多国家在制定本国保险条款时参照或采用该条款的内容。

《协会货物条款》最早制定于 1912 年，后来经过修订，1982 年开始使用新的海运货物保险条款。新条款共包括六种险别，即 ICC(A)、ICC(B)、ICC(C)、战争险、罢工险及恶意损害险。前三种为基本险，但只有恶意损害险不能单独投保。

(一)协会货物保险主要险别的承保风险与除外责任

1.ICC(A)条款的承保风险与除外责任

(1)ICC(A)的承保风险

ICC(A)大体相当于中国人民保险公司所规定的一切险,其责任范围最广。协会对ICC(A)采用"一切风险＋除外责任"的办法,即除了"除外责任"项下所列风险保险人不予负责外,其他风险均予负责。

(2)ICC(A)的除外责任

①一般除外责任

包括:归因于被保险人故意的不法行为造成的损失或费用;自然渗漏、自然损耗、自然磨损、包装不足或不当所造成的损失或费用;保险标的内在缺陷或特性所造成的损失或费用;直接由于延迟所引起的损失或费用;由于船舶所有人、租船人经营破产或不履行债务所造成的损失或费用;由于使用任何原子或核武器所造成的损失或费用。

②不适航、不适货除外责任

所谓不适航、不适货除外责任是指保险标的在装船时,如被保险人或其受雇人已经知道船舶不适航,以及船舶、装运工具、集装箱等不适货,保险人不负赔偿责任。

③战争除外责任

包括:由于战争、内战、敌对行为等造成的损失或费用;由于捕获、拘留、扣留等(海盗除外)所造成的损失或费用;由于漂流水雷、鱼雷等造成的损失或费用。

④罢工除外责任

罢工者、被迫停工工人造成的损失或费用,以及由于罢工、被迫停工所造成的损失或费用等。

【微型案例 4-5-15】

我国某公司按 CFR 条件向英国出口一批货物,该公司于 8 月 8 日 10 时装船完毕,即以电传通知买方。买方于当日 17 时在其所在地向保险公司投保英国 ICC(A)险。货物于当日 15 时在公海上着火,该批货物被焚。

请问:这种投保之前遭受的损失,保险公司是否负责赔偿?

2.ICC(B)条款的承保风险与除外责任

(1)ICC(B)的承保风险

ICC(B)大体相当于中国人民保险公司所规定的水渍险,它比 ICC(A)责任范围小,故采用"列明风险"的方法,即在条款的开头开宗明义地把保险人所承保的风险一一列出。因此,ICC(B)承保的风险是灭失或损失合理归因于下列原因之一者:

①火灾、爆炸。

②船舶或驳船触礁、搁浅、沉没或倾覆。

③陆上运输工具倾覆或出轨。

④船舶、驳船或运输工具同水以外的外界物体碰撞。

⑤在避难港卸货。

⑥地震、火山爆发、雷电。

⑦共同海损牺牲。

⑧抛货。

⑨浪击落海。

⑩海水、湖水或河水进入船舶、驳船、运输工具、集装箱、大型海运箱或贮存处所。

⑪货物在装卸时落海或摔落造成整件全损。

（2）ICC（B）的除外责任

它与 ICC（A）条款的除外责任基本相同，但有下列两点区别：

①在 ICC（A）中，仅规定保险人对归因于被保险人故意的不法行为所致的损失或费用，不负赔偿责任；而在 ICC（B）中，则规定保险人对被保险人以外的其他人的故意非法行为所致的风险不负责任。可见，在 ICC（A）中，恶意损害的风险被列为承保风险，即对被保险人之外的任何个人或数人故意损害要负赔偿责任；而在 ICC（B）中，保险人对此项风险却不负赔偿责任。

②在 ICC（A）中，标明"海盗行为"不属除外责任；而在 ICC（B）中，保险人对此项风险不负保险责任。

3.ICC（C）条款的承保风险与除外责任

（1）ICC（C）的承保风险

ICC（C）的承保风险比 ICC（A）和 ICC（B）要小得多，它只承保"重大意外事故"，而不承保"自然灾害及非重大意外事故"。其具体承保风险包括：

①火灾、爆炸。

②船舶或驳船触礁、搁浅、沉没或倾覆。

③陆上运输工具倾覆或出轨。

④船舶、驳船或运输工具同水以外的外界物体碰撞。

⑤在避难港卸货。

⑥共同海损牺牲。

⑦抛货。

【小思考 4-5-6】

ICC（C）和 ICC（B）险的承保范围哪个小？小的范围在哪？

（2）ICC（C）的除外责任

ICC（C）的除外责任与 ICC（B）完全相同。

【小思考 4-5-7】

恶意损害险承保的范围是什么？

4.《协会货物条款》主要险别的保险期限

保险期限亦称保险有效期，是指保险人承担保险责任的起止期限。英国伦敦保险协会海运货物保险条款对保险期限的规定，同我国海运货物保险条款对期限的规定大体相同，也是"仓至仓"。但其规定比我国有关条款的规定更为详细。

（二）战争险的承保风险与除外责任

1. 承保范围

（1）直接由于战争、内战、革命、造反、叛乱，或由此引起的内乱，或任何交战方之间的敌对行为所造成的运输货物的损失。

（2）由于上述原因所引起的捕获、扣押、扣留、拘禁或羁押等所造成的运输货物的损失。

(3)各种常规武器所造成的运输货物的损失。

2. 除外责任

包括 ICC(A)的除外责任之外,还包括:

(1)基于航程或航海上的损失或受阻的任何索赔不负赔偿。

(2)由于敌对行为使用原子或热核制造的武器所造成的损失不负赔偿。

责任起讫适用于"水面"条款,以"水上危险"为限。

(三)罢工险的承保风险与除外责任

1. 承保范围

(1)由于罢工工人、被迫停工工人,或参与工潮、暴动或民变的人员所造成的损失或损害;

(2)罢工、被迫停工、工潮、暴动或民变造成的损失和费用。

(3)由于恐怖分子或出于政治动机等原因的人工所造成的损失或损害。

2. 除外责任

包括 ICC(A)的除外责任之外,还包括:

(1)因罢工、关厂、工潮、暴动或民变造成的各种劳力流失、短缺或抵制引起的损失、损害或费用不负赔偿。

(2)基于航程或航海上的损失或受理的任何索赔不负赔偿。

(3)由于战争、内战、革命、造反、叛乱,或由此引起的内乱或交战方之间的敌对行为造成的损失、损害或费用不负赔偿。

责任起讫为"仓至仓"条款。

(四)恶意损害险的承保风险

若要对恶意损害造成的损失取得保障,可以投保 ICC(A)险,或在投保 ICC(B)险或 ICC(C)险时加保恶意损害险。

五、其他运输方式下的货运保险

在进出口货物贸易中,根据运输方式不同,办理的保险也有所区别。除海洋运输的货物需要办理海运保险外,陆上运输、航空运输、邮包运输的货物也都需要保险。现对中国人民保险公司对其他各种运输方式的货运保险分别进行介绍。

(一)陆上运输货物保险

根据《陆上运输货物保险条款》(1981 年 1 月 1 日修订),陆上运输货物保险的险别分为陆上运输险(Overland Transportation Risks)和陆运一切险(Overland Transportation All Risks)两种。

1. 陆上运输险的责任范围

陆运险的承保责任范围与海洋运输货物保险条款中的水渍险相似,即被保险货物在运输途中遭受暴风、雷电、洪水、地震等自然灾害,或由于陆上运输工具遭受碰撞、倾覆或出轨,或在驳运过程中驳运工具触礁、搁浅、沉没,或由于遭受隧道坍塌、崖崩或火灾、爆炸等意外事故,所造成的全部或部分损失。另外,被保险人对遭受承保责任内风险的货物采取抢救、防止或减少货损而支付的合理费用,保险公司也负责赔偿。

2.陆运一切险的责任范围

除包括上述陆运险的责任外,保险公司对被保险货物在运输途中由于一般外来原因造成的全部或部分损失,也负赔偿责任。

3.陆上运输货物保险的除外责任

(1)被保险人的故意行为或过失所造成的损失。

(2)属于发货人所负责任或被保险货物的自然消耗所引起的损失。

(3)由于战争、工人罢工或运输延迟所造成的损失。

在陆运货物保险中,除陆运基本险外,还有陆运附加险,如陆运战争险、陆运罢工险等。

陆上运输货物保险责任的起讫期限与海洋运输货物保险的"仓至仓"条款基本相同,一般是被保险货物运离保险单所载明起运地仓库或储存处时起生效,直至该项货物运至保险单所载明的目的地最后仓库或储存处时为止,包括正常运输过程中的水上驳运,但被保险货物到达最后货站后未及时入库,保险责任以卸货当晚24时起算满60天为止。

【小思考4-5-8】

投保了陆运一切险的基础上,可以加保其他附加险吗?

(二)航空运输货物保险

航空运输货物保险是指进出口贸易货物经由飞机运输时的保险,其责任范围也包括自然灾害、意外事故、外来原因所引起的货物损失,保险险别由被保险人根据货物的特点来选定。根据《航空运输货物保险条款》的规定,可以分航空运输险和航空运输一切险。

航空运输险的承保责任范围与海运水渍险大体相同;航空运输一切险除包括航空运输险的责任外,还包括对被保险货物在运输途中由于外来原因所造成的包括偷窃、短少等全损或部分损失负赔偿责任。此外,航空运输货物保险的除外责任,与之前所述的海洋运输货物保险的除外责任相同。

保险责任的起讫,是自被保险货物运离保险单所载明的起运地仓库或储存处时开始生效,直至该项货物抵目的地仓库或储存处时为止。如被保险货物未及时入库,则以卸机当晚24时起算满30天为止。

(三)邮包运输保险

邮包运输保险是指对货物在邮运途中有可能发生的意外、灾害或事故所引起的损失进行的保险,造成损失的原因同样有自然灾害、意外事故、外来原因等。根据《邮包运输保险条款》的规定,其基本险别有邮包险和邮包一切险。

保险责任的起讫,是由被保险货物离开起运地点运往邮局,经邮局收讫并签发邮包收据时开始生效,直至该邮包运抵保单所载明目的地邮局送交收件人为止。但保险责任最长期限以邮包到达目的地邮局后,该局发出通知书给收件人的当日午夜 24 时起算满 15 天为止。

以上三种保险都可在投保两种基本险之一的基础上,酌情加保一种或若干种附加险。

六、保险条款的约定和进出口货物保险实务

(一)保险条款的约定

保险条款也是进出口贸易合同中的主要条款之一。其内容繁简不一,主要取决于买卖双方的成交条件和所使用的贸易术语。例如,按 FOB 条件成交,运输途中的风险由买方承担,买方为了转嫁风险,就需要自行办理货运保险,并支付保险费,合同的保险条款相对简单,仅说明由买方办理即可。按 CIF 或 CIP 条件成交时,由于货价构成因素中包括保险费,所以在合同保险条款中必须具体列明下列有关保险事项。

1. 投保人的约定

每笔交易的货运保险由谁办理,取决于双方约定的交货条件和使用的贸易术语。

2. 保险公司和保险条款的约定

进出口货物运输的保险,我国通常采用中国人民保险公司 1981 年 1 月 1 日生效的《货物运输保险条款》。但有时国外客户要求以英国伦敦保险人协会的《协会货物条款》为准,我方也可考虑接受。按 CIF 或 CIP 条件出口时,合同中通常订明:"由卖方向中国人民保险公司投保,并按该公司的保险条款办理。"

3. 保险险别的约定

不同的保险险别承保的责任范围不同,保险费也不同。在险别的选择上,既要考虑足够的经济补偿,又要考虑费用支出。按 CIF 或 CIP 条件成交时,通常按照中国人民保险公司现行的货物运输的保险险别,并根据商品的特点及风险的程度,由双方约定投保的险别。在双方未约定险别的情况下,按惯例,卖方可按最低险别予以投保。

4. 保险金额

保险金额又称投保金额,它是指保险人所承担的最高赔偿金额,也是核算保险费的基础。保险金额一般是以发票价值为基础确定,按照国际保险市场习惯,通常按 CIF 或 CIP 总值加 10% 计算;其所加的百分率称为保险加成率,它作为买方的经营管理费用和预期利润加保。在 CIF 或 CIP 出口合同中,如买方要求以较高加成率计算保险金额投保,在保险公司同意承保的条件下,卖方也可接受。

【小思考 4-5-9】

如果买方要求保险加成超过 10% 时,卖方可以接受吗?

5. 保险单的约定

卖方投保时,通常还被规定卖方应向买方提供保险单,如被保险的货物发生承保范围内的风险损失,买方可凭保险单向保险公司索赔。

6. 其他保险事项

在保险条款中,除约定上述主要内容外,关于被保险人、起运地和目的地、检验代理人等事项,也应一并予以约定。

(二)进出口货物保险实务

1. 出口货物保险实务

按 CIF 或 CIP 条件成交的出口货物,由出口企业向当地保险公司办理投保手续。在办理时,应根据出口合同或信用证规定,在备妥货物并确定装运日期和运输工具后,按规定格式填制投保单,具体列明被保险人名称、保险货物项目、数量、包装及标志,保险金额等事项,并向保险公司领取保险单证。

保险公司向出口企业收取保险费是按下列方法计算的:

保险费＝保险金额×保险费率

出口货物运输保险的保险金额,一般是按货物 CIF 发票金额加一成计算。其计算公式是:

保险金额＝CIF 价格×(1＋加成率)

保险费率是按照不同货物、不同目的地、不同运输工具和不同投保险别,由保险公司根据货物损失率和赔付率,并参照国际保险费水平,结合我国国情而制定的。

【微型案例 4-5-16】

我方以每打 1.8 美元 CIF 纽约出口某商品 60000 打,自装运港至目的港的运费总计 5000 美元,投保金额为发票金额 110％,投保险别为水渍险和战争险,查得水渍险的保险费率为 0.3％,战争险为 0.4％,我方货物成本部分是多少?

2. 进口货物保险实务

按 FOB、CFR 和 CPT 条件成交的进口货物,均由买方办理保险。为了简化投保手续和防止出现漏保或来不及办理投保等情况,我国进口货物一般采取预约保险的做法。各外贸公司同中国人民保险公司签订有海运、空运、邮运、陆运等不同运输方式的进口预约保险合同。按照预约保险合同的规定,各外贸公司对每批进口货物,无须填制投保单,而仅以国外的装运通知代替投保单,即办理了投保手续,保险公司则对该批货物负自动承保责任。

我国进口货物以进口货物的 CIF 价格为准,一般不再加成。如果按照 CFR 或 FOB 价格成交,则按照预约保险合同适用的特约保险费率和平均运费率直接计算保险金额。

(三)保险单据

保险单据是保险公司和投保人之间订立的保险合同,也是保险公司出具的承保证明,是被保险人凭以向保险公司索赔和保险公司进行理赔的依据。在进出口贸易中,保险单据是可以转让的。常用的保险单据有下列几种:

1. 保险单

又称大保单,是一种正规的保险合同。它是保险人根据投保人的申请,逐批签发的,保险单正面载明被保险人的名称,被保险货物的名称、数量或重量,唛头,运输工具,保险的起讫地点,承保险别,保险金额,期限等项目。背面列有保险人的责任范围以及保险人与被保险人各自的权利、义务等方面的详细条款。保险单和指示性的海运提单一样,也可由被保险人背书,随物权的转移而转让。

2. 联合凭证

俗称小保单,是一种简化的保险凭证,保险公司只在出口公司的商业发票上加盖印戳,并注明保险编号、险别、金额即作为承保凭证,其他项目以发票所列为准。这种凭证不能转让,目前仅适用于港澳地区托收单据,以及香港地区中资银行港币来证单据。UCP 500 规定,当信用证要求保险单时,不得以联合凭证代替。

3. 预约保单

又称总保险合同,是一种长期性的货物运输保险合同。在合同中规定承保货物的范围、险别、费率、责任、赔款处理等项目,凡属于合同中约定的运输货物,在合同有效期内自动承保。预保合同的好处是可以减少逐笔投保签订保险单的手续,并防止因漏保或迟保而造成的无法弥补的损失;投保人漏保、迟保,在补办手续后保险公司仍承担赔偿责任;国外保险公司对于预保合同给予优惠费率。

4. 批单

批单是指保险单已经出立后,因原保险内容不符信用证或合同要求,保险公司应投保人的要求而签发批改内容的凭证,它具有变更、补充原保险单的作用。保险单据批改后,保险人即按批改后的内容承担保险责任,批单原则上须粘贴在保险单上,并加盖骑缝章,作为保险单不可分割的一部分。

七、保险索赔

保险索赔是指被保险货物遭受承认范围内的风险而造成损失时,被保险人向保险人提出赔偿要求的行为。

(一)被保险人进行索赔应具备的三个条件

(1)被保险人要求赔偿的损失,必须是承保责任范围内风险造成的损失。

(2)被保险人是保险单的合法持有人。

(3)被保险人必须拥有可保利益。

(二)保险索赔的程序

(1)损失通知。

(2)向有关方面提出索赔。

(3)采取合理的施救、整理措施。

(4)备妥索赔单证。

(5)代位追偿。

CIC规定,索赔时效从被保险货物在最后卸货港全部卸离海轮后起算,最多不超过两年。

（三）赔偿金额的计算

计算赔偿金额时，应需注意：不论损失程度（Irrespective of Percentage，IOP）均予赔偿，还是规定了免赔率。

（1）绝对免赔率（Deductible）：保险人只赔偿超过免赔率的部分，对免赔率以内的损失绝对不赔。

（2）相对免赔率（Franchise）：保险人对免赔率以内的损失不赔，如损失超过免赔率时，则对全部损失都赔。

中国人民保险公司采取绝对免赔率的做法。

八、买卖合同中的保险条款

在国际货物买卖合同中，为了明确交易双方在货运保险方面的责任，通常都订有保险条款，其主要内容有：保险金额、投保险别以及确定适用的保险条款等。

以 FOB、CFR 或 FCA、CPT 条件成交的合同，保险一般由买方办理，其保险条款可以简化。

比如，保险由买方负责（Insurance）。

Insurance：To be covered by the buyer.

以 CIF 或 CIP 成交的出口合同由卖方办理保险手续，而实际风险的承担者为国外进口方，所以应在合同中明确规定保险金额、投保险别、适用的保险条款等。比如：

保险由卖方按发票金额的××％投保××险、××险，以中国人民保险公司1981年1月1日的有关海洋运输货物保险条款为准。

Insurance：To be covered by the seller for...％ of total invoice value against...，...as per and subject to the relevant ocean marine cargo clauses of the People's Insurance Company of China，dated Jan. 1，1981.

任务六　商品检验条款

【知识目标】

了解进出口商品检验内容、检验机构、检验时间、检验地点及检验证书。
掌握进出口商品检验条款主要条款及注意事项。

【能力目标】

能订立合同的商品检验条款。

【引导案例】

我方售货给加拿大的甲商，甲商又将货物转售给英国的乙商。货抵加拿大后，甲商已发现货物存在质量问题，但仍将原货运往英国，乙商收到货物后，除发现货物质量问题外,还发现有 80 包货物包装破损,货物短少严重,因而向甲商索赔,甲商又向我方提出索赔。

请问:我方是否应负责赔偿? 为什么?

案例分析

> 乙商可以向甲商索赔,但甲商不能向我方提出索赔,因为不利用合理机构对货物进行检验,等于放弃了检验权。

"出入境检验检疫"(Entry and Exit Inspection and Quarantine)是指政府行政部门以保护国家整体利益和社会利益为衡量标准,以法律、行政法规、国际惯例或进出口国法规要求为准则,对出入境货物、交通工具、人员及其他事项进行管理和认证,并提供官方检验证明、民间检验公证和鉴定的全部活动。

出入境检验检疫是进出口商品迈向或跨出国门的最后一道门槛和防线。无论是进口还是出口,这道门槛和防线都是非常必要的,因为进出口商品是否与相关法律法规、买卖合同的规定或某些惯例相符,关系到进出口国家、企业及消费者的利益和生命财产的安危。

一、进出口商品检验检疫的概念、作用及内容

(一)进出口商品检验检疫的概念及作用

进出口商品检验检疫简称商检,是指在国际货物买卖中,由国家设置的管理机关或由政府注册的第三者身份的民间工作鉴定机构,对进出口商品的质量、数量、重量、包装、残损、安全性能、卫生方面的指标以及装运技术和装运条件等项目实施检验和鉴定,以确定其是否与贸易合同、有关标准规定相一致,是否符合进出口相关法律和行政法规的规定,有时还要据此明确事故的起因和责任归属。

它的重要性主要体现在以下三个方面:

1. 保证买卖双方顺利履行合同

在进出口贸易业务中,买卖双方身处不同的国家或地区,彼此相隔千山万水,难以当面交接商品;并且商品要经过长途运输,途中可能还会多次装卸,难免会发生货物短损残缺甚至灭失等问题,尤其是在凭单证交接货物的象征性交货条件下,买卖双方对所交货物的品质、数量、重量、包装等问题更容易产生争议,而这也会涉及发货人、运输部门、装卸部门、保险公司等多方面的责任。因此,为了明确责任的归属,查明货损的原因和程度,避免纠纷或出现争议后能够妥善解决,就需要一个有资格的、公正的第三方即商品检验机构对货物进行检验或鉴定,以维护国际贸易双方的合法权益。

2. 把好进口商品质量关

在进出口贸易中,一国需要从其他国家及地区进口多种商品或生产要素,此时本国的检验机构就应当对进口商品的质量、数量、包装等进行检验检疫,把好质量关,以防止

有些不法商人以旧充新、以次充好,避免和防止品质低下的商品进入国内,有效地维护消费者的权益。同时,还可以防止动植物传染病、寄生虫病和植物危险性病虫害传播,保障农林渔业生产和人民健康。

3. 把好出口商品质量关

在进出口贸易中,一国通过对出口商品的检验,能够及时发现出口商品的不足,促使生产企业采取措施改进技术水平和工艺流程,以提高产品的质量、包装等问题,增强产品在国际市场上的竞争力,提高企业知名度,也可有效避免外国进口商的索赔及退货,促进本国出口贸易的增长。

由此可见,进出口商品检验检疫不仅能够促进进出口贸易的正常发展,而且还关系到本国的国民经济能否顺利发展、生态环境能否保持平衡、人民的身体健康和动植物生长能否得到保证,从而成为买卖双方交易洽谈贸易合同的一项不可缺少的内容。许多国家和有关国际组织也都纷纷立法予以保证。

【小思考 4-6-1】

在进出口贸易业务中,货物的接收等同于买方接受货物吗?

【微型案例 4-6-1】

我某公司同日本两公司签订了出口羊绒衫合同。合同规定羊绒含量为 100%。出口羊绒衫商标也标明"100% 羊绒"。而事实上,出口羊绒衫尚无国家标准,其他有关标准也并无羊绒含量检验项目规定;此外,在合同与成衣上标明"100% 羊绒"也很不科学,因为从技术上讲,纯羊绒加工成衣质量并不好,所以一般称羊绒衫,并不指"100% 羊绒"。对方两公司对我出口羊绒衫进行检验后,因羊绒含量不符合合同规定提出索赔。最后我方向日方赔偿了数十万美元。

(二)进出口商品检验检疫的内容

进出口商品检验检疫的内容包括:品质检验、数量和重量检验、包装检验、卫生检验和残损鉴定。

1. 品质检验

品质检验的范围很广,大体上包括外观质量检验与内在质量检验两个方面。外观质量检验主要是对商品的外形、结构、色泽、气味、触感、表明加工质量、表明缺陷等的检验;内在质量检验一般指有效成分的种类含量、有害物质的限量,商品的化学成分、物理性能、机械性能、工艺质量、使用效果等的检验。

2. 数量和重量检验

数量和重量检验是指按合同规定的计算单位和计算方法对商品的数量和重量进行检验。

3. 包装检验

包装检验是根据外贸合同、标准和其他有关规定,对进出口商品的外包装和内包装以及包装标志进行检验。包装检验首先核对外包装上的商品包装标志(标记、号码等)是否与进出口贸易合同相符。对进口商品主要检验外包装是否完好无损,包装材料、包装方式和衬垫物等是否符合合同规定要求。对外包装破损的商品,要另外进行验残,查明货损责任方以及货损程度。对发生残损的商品要检查其是否由于包装不良所引起。对出口商品的包装检验,除包装材料和包装方法必须符合外贸合同、标准规定外,还应检验商品内外包装是否牢固、完整、干燥、清洁,是否适于长途运输和保护商品质量、数量的习惯要求。

4. 卫生检验

卫生检验是对肉类罐头食品、奶制品、禽蛋及蛋制品、水果等货物是否无菌、无寄生虫等进行检验。

5. 残损鉴定

残损鉴定是指对受损的残损部分予以鉴定,分析致残原因及其对商品使用价值的影响,估计损失程度,出具证明等。

二、检验时间和地点

检验时间和地点是指在什么时间、什么地点行使对货物的检验权。所谓检验权,是指买方或卖方有权对所交易的货物进行检验,其检验的结果即作为交付和接收货物的依据。确定检验的时间和地点实际上就是确定买卖双方由谁行使对货物的检验权,也就是确定检验结果以哪一方提供的检验证书为准。这直接关系到买卖双方的切身利益,因而是交易双方商定检验条款时的核心所在。

在进出口贸易业务中,各国的规定和做法各不相同。目前,通常有以下几种规定:

(一)在出口国检验

这种做法可分为在产地(工厂)检验和在装运港(地)检验。

1. 产地(工厂)检验

以商检机构或直接由买方验收人员出具的检验证书作为货物品质、重量等的最后依据,此法主要针对那些"非法定检验商品"。在这种方式下,以商检机构检验结果为依据,一般适用于技术含量不高,通常不会出现质量问题的普通商品;而对于质量要求较严,又容易出现纰漏的商品,则由买方亲自检验合格以后再发货比较妥当。这样,对于卖方,可以避免日后因质量问题引发争议和索赔;对于买方,在很大程度上杜绝了购入假冒伪劣的可能性。

2. 装运港(地)检验

装运港(地)检验又称"离岸品质、离岸重量,(Shipping Quality and Shipping Weight),以出口地商检机构出具的检验证书作为货物品质、重量等的最后依据,但如果买方能够证明货物是由于卖方违约或由于货物固有的瑕疵造成的品质问题的情况除外。这种方法对于卖方相对有利,而对于买方却相对不利。因为按照这种规定方法:①通常只有在到货品质完全不符合买卖合同的规定、出现重大质量问题的时候,买方才能完全推翻出口地商检部门的检验结果,如果商品的质量有问题,但又不是十分严重,或者问题面不是很广,占整个商品的比例不大,买方就会处于困难境地。②现在的国际贸易中的大多数买卖采用的都是"象征性交货"方式,买方收到货物的时候,货款早就支付给了卖方。等到这个时候,即使发现货物出现质量问题,买方在毫无办法制约卖方的条件下去找卖方交涉,其维权的难度之大,是可以想象的。

(二)在进口国检验

这种做法可分为目的港(地)检验和买方营业处所(最终用户所在地)检验。

1. 目的港(地)检验

目的港(地)检验又称为"到岸品质、到岸重量"(Landed Quality and Landed Weight),是指货物运达目的港或目的地时,由合同规定检验机构在规定的时间内,就地对商品进行检验,并以该机构出具的检验证书作为卖方所交货物品质、重量(数量)的最后依据。采用这种方法时,买方有权根据货物运抵目的港或目的地时的检验结果,就属于卖方责任的品质、重量(数量)不符点,向卖方索赔。

2. 买方营业处所(最终用户所在地)检验

买方营业处所(最终用户所在地)检验,是指货物运抵目的港(地)买方营业处所或最终用户所在地后的一定时间内,由双方约定的检验机构对货物进行品质、数量、包装等内容的检验,并以其出具的检验证书作为卖方交货的最后依据。对于一些因使用前不便拆开包装,或因不具备检验条件而不能在目的港或目的地检验的货物,如密封包装货物、精密仪器等,通常都是在买方营业处所或最终用户所在地,由合同规定的检验机构在规定的时间内进行检验。货物的品质和重量(数量)等项内容以该检验机构出具的检验证书为准。

按照上述两种检验规定,卖方必须承担到货品质、数量的责任。若商检机构在目的港、目的地或买方营业处所或最终用户所在地对货物进行检验,出具的检验证书证明货物与合同有不符点且属于卖方责任所致,则买方有权凭检验证书向卖方提出索赔,卖方不得拒绝。

以进口地商检机构出具的检验证书作为货物品质的最后依据,这种做法对于买方相对有利,而对卖方却相对不利,它使卖方日后遭遇到品质争议和索赔的概率更高了。因为买方如果存心要找卖方的麻烦,他可以"串通"当地的检验部门"作伪证",做出一份"到货品质不合格"的检验证明来,这可以说是一件轻而易举的事情。而在这种合同条款下,此时货物远在异国他乡,卖方人地不熟,没法验证,又不能返工,换货谈何容易,只好咬牙做降价处理,"心甘情愿"地承担经济损失。所以,如果卖方对自己的产品质量没有足够的信心和把握,最好还是在发货以前先让买方派人检验合格以后再行装运比较安全可靠。

(三)出口国检验、进口国复验

以出口国的检验证书作为买方收取货物的凭证之一,以进口国复验的证书作为向卖方索赔的依据。这是一种比较折中的做法,不偏袒任何一方,买卖双方都比较易于接受,特别是针对一般的进出口商品或者买卖双方是关系比较融洽的老客户。这种规定的惯常做法是,卖方在装运货物之前提请出口国检验部门对商品进行检验和证明,卖方凭出口国检验部门出具的检验证明书向买方交付货物。买方收到货物以后,如果认为货物没有大的质量或数量方面的问题,就给予默认并不再实施检验。只有当买方认定货物质量或数量存在严重问题时,他才先向卖方"声明"货物有问题,随后实施检验,再依据检测结果向卖方提出索赔。

(四) 装运港(地)检验重量、目的港(地)检验品质

这种检验方法也称离岸重量、到岸品质(Shipping Weight and Landed Quality)。它是指货物的重量以装运港或装运地的检验机构验货后出具的重量检验证书,作为卖方交货重量的最后依据;而目的港或目的地的检验机构验货后出具的品质检验证书,作为卖方交货品质的最后依据。这种做法多用于国际大宗商品交易中,目的是为了调和买卖双方在商品检验上的矛盾,才将商品的重量和品质检验分别进行。货物到达目的港或目的地后,若经检验货物在品质方面与合同规定不符,且此责任可归属于卖方,则买方可凭质量检验证书,向卖方提出异议和索赔;此时买方无权对货物的重量向卖方提出异议。

【小思考 4-6-2】

技术密集型产品,较适用于哪种检验条款?

【微型案例 4-6-2】

某合同商品检验条款中规定以装运港商检报告为准。但在目的港交付货物时,买方委托的检验机构经检验却发现货物原装时的品质与约定规格不符。买方经当地商检机构检验并凭其出具的检验证书向卖方索赔,卖方却以上述商检条款拒赔。

请问:卖方拒赔是否合理?

三、检验机构

在进出口贸易中,商品的检验工作一般由专业的检验机构负责办理。由于检验检疫机构做出的检验结果对买卖双方的关系重大,因此在合同中必须明确规定由哪个机构承担检验检疫工作,该商检机构出具的检验证书才能为买卖双方所接受。

(一)国际上的商检机构

国际上的进出口商品检验机构主要有官方的、非官方的和半官方的三种类型。官方的检验机构是由国家或地方政府设置的,根据国际颁布的有关法律法令,对特定的进出口商品特别是有关安全、卫生、检疫、劳保、环保等方面的商品执行强制检验和检疫和监督管理的机构。如美国粮谷检验署(FGES)、美国食品药品管理局(FDA)、法国国家试验检测中心、日本通商产业检查所等,都是由国家政府设置的官方检验机构。非官方检验机构是由私人创办、具有专业检验和鉴定技术能力的公证行或检验公司,如英国劳埃氏公证行等。半官方检验机构一般是有一定权威、由国家政府授权、代表政府行使某项商品检验或某一方面检验管理工作的民间机构,如美国担保人实验室(UL)等。

(二)我国的商检机构

中华人民共和国国家质量监督检验检疫总局(AQSIQ)是我国最主要的官方检验机构。主管全国质量、计量、出入境商品检验、出入境卫生检疫、出入境动植物检疫和认证认可、标准化等工作,是行使行政执法职能的国务院直属机构。国家质检总局在各

省、自治区、直辖市及进出口商品口岸、集散地都设立进出口商品检验局及其分支机构。其主要职能如下：

1. 法定检验

法定检验是根据国家有关法令规定，由出入境检验检疫局对大宗的、关系国计民生的重点进出口商品、容易发生质量问题的商品、涉及安全卫生的商品以及国家指定由商检机构统一执行检验的商品等实施强制性检验或检疫，以维护国家的信誉及利益。

国家检验检疫机构及其各地的检验分支机构依法对指定的进出口商品实施法定检验，检验的内容包括商品的质量、规格、重量、数量、包装及安全卫生等项目。经检验合格并签发证书后方准出口或进口。法定检验的商品范围包括：

(1)有关法规中规定的商品。

(2)对进出口食品的卫生检验和进出境的动植物检疫。

(3)对装运出口易腐烂变质食品、冷冻品的船舱、集装箱等运输工具的适载检验。

(4)对出口危险货物包装容器的性能检验和使用测定。

(5)对有关国际条约规定或其他法律、行政法规规定须经商检机构检验的进出口商品实施检验。

(6)国际货物买卖合同中规定由检验检疫机构实施检验时，当事人应及时提出申请，由检验检疫部门按照合同规定对货物实施检验并出具检验证书。

对进出口商品实施检验检疫，可以严把质量关，确保进出口商品符合合同要求，防止次劣有害商品进入国内，保障我国生产建设安全和人民健康，维护国家的利益。

2. 鉴定业务

进出口贸易鉴定业务是凭进出口贸易关系人(贸易合同的买方或卖方、运输、保险、仓储、装卸等各方)的申请或委托，由第三方公证检验鉴定机构对申请的有关内容进行检验鉴定，出具权威的鉴定证书，作为进出口贸易关系人办理进出口商品交接、结算、计费、理算、报关、纳税和处理争议索赔的有效凭证。

鉴定业务的范围包括对进出口商品的质量、规格、重量、数量、包装的鉴定以及海损鉴定、集装箱鉴定、进出口商品的残损鉴定、出口商品的装运技术鉴定、价值证明及其他业务。鉴定业务与法定检验的一个主要区别是凭申请或委托办理，而非强制性的。因此各鉴定机构要想取得用户的信任，发展自己的业务，必须要做到态度公正、结果科学准确、服务良好周到。

3. 监督管理

监督管理即检验检疫机构依据国家法规对进出口商品通过行政和技术手段进行控制管理和监督。我国检验检疫机构从以下六个方面对进出口商品实施监督管理：

(1)对法定检验范围以外的进出口商品的抽查检验。

(2)对重点的进出口商品生产企业实行派驻质量监督员制度。

(3)对进出口商品的质量认证工作，准许认证合格的商品使用质量认证标志。

(4)指定、认可符合条件的国外检验机构承担特定的检验鉴定工作，并对其检验鉴定工作进行监督抽查。

(5)对重点的进出口商品及其生产企业实行质量许可制度。

(6)对经检验合格的进出口商品加施商标和封识管理。

检验检疫机构的监督管理,对于维护我国在进出口贸易活动中的国家声誉、保障进出口贸易各有关方面的正当权益、促进我国进出口贸易的发展有着重要的意义。

【小资料 4-6-1】

1998 年以前,我国的出入境检验检疫工作由我国国家进出口商品检验局、农业部动植物检疫局、卫生部卫生检疫局三个部门分工负责。1998 年 3 月,全国人大通过的国务院机构改革方案决定将上述三个部门合并组建中华人民共和国出入境检验检疫局,即通常所说的"三检合一"。

2001 年 4 月 10 日,国务院决定将国家质量技术监督局与国家出入境检验检疫局合并,成立了中华人民共和国质量监督检验检疫总局,简称国家质检总局,是国务院的正部级行政管理机构。

【微型案例 4-6-3】

2001 年,我国某进出口公司与国外 A 公司签订了一份由中方出口化工产品的进出口合同。合同中规定"商品的质量、数量和重量以中国国家进出口商品检验局检验证书或卖方出具的证明书为最后依据"。中方在收到 A 公司开来的信用证后,发货交单,其中商检证书是由我国山东进出口商品检验局签发,检验结果为合格。3 个月后,外方向我提出索赔要求,理由是出口商出具的商检证书不是合同规定的商检机构出具的,且经过进口地商检部门的检验,我方提交的货物与合同不符。在此案例中,我方主要失误在哪里?

此外,我国还设立了专门从事动植物、食品卫生、药品、船舶、飞机、计量器具等检验检疫机构。

【小资料 4-6-2】

中国检验认证集团

中国检验认证集团(CCIC)是经国家质量监督检验检疫总局(AQSIQ)许可、国家认证认可监督管理委员会(CNCA)资质认定的第三方检验认证机构。目前,CCIC 在全球拥有约 300 家机构,200 家合作实验室,员工逾 16000 人,运营网络覆盖 20 余个国家和地区,遍布全球主要港口、城市及货物集散地。

【小思考 4-6-3】

我国某出口公司与外商达成交易,出口茶叶一批,对方国家海关规定所有货物必须经过 SGS(瑞士通用公证行)检验方可入关,进口商要求在目的港做 SGS,才愿意订立合同开立信用证。

请问:我方业务员应如何处理这笔业务?

三、商检证书的种类及作用

(一)商检证书的种类

商检证书的种类繁多,常见的有以下证书,如表 4-4 所示:

表 4-4 主要商检证书归类

序号	证书汉语名称	证书英语名称	证书的主要功能及说明
1	品质证	Certificate of Quality	证明商品的品名、质量、规格、等级、成分、性能等情况
2	数量或重量证	Certificate of Quantity/Weight	对商品的数量、毛重、净重、皮重的鉴定,证明货物与提单、发票、保险单上注明的重量(数量)一致。重量证多用于散装货物
3	兽医证	Certificate of Verterinary	证明出口动物产品或动物类食品经过检疫合格的证书。适用于冻畜肉、冻禽、禽畜罐头、冻兔、皮张、毛类、绒类、猪鬃、肠衣等出口商品
4	健康证/卫生证	Certificate of Health/Sanitary	证明含有动物、蛋类产品、添加剂、可允许除害剂残渣等成分的食品在装运时状态良好,适宜食用
5	合格证	Certificate of Commodity	证明产品已经经过检验和核实,确认符合进口国规定的技术标准,并与事先规定的相关指标一致
6	产地证	Certificate of Origin	证明出口商品主要原辅材料及加工制造的原产地
7	检疫证	Certificate of Quarantine	证明可供食用的出口动植物产品、食品(如肠衣、罐头食品、乳制品等)经过卫生检疫
8	熏蒸/消毒证	Certificate of Fumigation/Disinfection	证明出口的动植物制品(如猪鬃、羽毛、羊毛、羽绒制品、针叶木等)或装运木质包装材料已经过熏蒸、灭虫或消毒处理
9	测温证	Certificate of Temperature	证明冷冻商品的温度
10	验残证	Certificate of Damaged Cargo	证明进口商品残损情况,以供索赔时使用
11	包装检验证书	Inspection and Certificate of Packing	证明进出口商品的包装质量及标志状况
12	动植物检疫证	Animal/Phytosanitary Certificate	证明出口的动植物如牛肉、水果、蔬菜、木制产品等已经过查验,确认没有沾染害虫或动植物疾病
13	分析证	Certificate of Analysis	证明商品成分的分析结果。多用于化工产品的出口,检测并注明某些化学成分的指标含量

【微型案例 4-6-4】

进口方委托银行开出的信用证上规定:卖方须提交"商品净重检验证书"。进口方在收到货物后,发现除质量不符外,卖方仅提供重量单。进口方立即委托开证行向议付行提出拒付,但货款已经押出。事后,议付行向开证行催付货款,并解释卖方所附的重量单即为净重检验证书。

请问:(1)重量单与净重检验证书一样吗?(2)开证行能否拒付货款给议付行?

(二)商检证书的作用

检验证书的作用主要有以下几点:

（1）证明交接商品合格的依据。用以证明货物在出口装运时是经过检验并且符合出口质量检验或买卖合同规定的标准的。

（2）海关验关放行的依据。有关法定检验商品的商检证书是进出口海关凭以验关放行的必需的报关文件之一，缺少了就不能受理报关。

（3）卖方办理结算货款的依据。在某些特殊情况下，买卖合同或相关信用证规定，必须将买卖商品的某些项目如品质、数量或重量等的检验证书作为提交银行的单据之一，如果缺少了这类检验证书，卖方就难以获得货款。

（4）办理索赔与理赔的依据。索赔和理赔是谁也不愿意发生的头疼事，但又经常无法避免。买方向卖方索赔，他得出具货物不合要求的证明，而检验证书是最有力的证据；卖方也只有在"货物确实存在品质缺陷或数量短小"的铁的事实面前才会理赔。卖方在面对索赔时，如果能够出具证据确凿、理由充足的"货物不存在品质或数量问题"的检验证书，也完全可以理直气壮地拒绝理赔。

【微型案例 4-6-5】

我国某出口公司与德国外商达成交易，出口羊毛一批，合同内规定在中国检验检疫，在货到德国汉堡港口后 20 天内复检。货物达到德国汉堡后，德国外商没有提出异议，但当德商将羊毛制成成衣后，发现成衣前后有色差，影响衣服的销售，德商认为我方交货质量有严重问题，要求退货并损害赔偿。

请问：德国外商的要求合理吗？为什么？

四、买卖合同中的商品检验条款

商品检验条款的订立，其主要意义在于确定商品的质量、数量（重量）和包装等是否符合贸易合同的规定，凭以验证卖方是否履行了合同规定的交货义务，如发现卖方所交货物与合同规定不符时，买方可以拒绝收货、拒绝付款或提出相应的索赔要求。所以，订立好商品检验条款，做好进出口商品检验工作，对维护贸易双方权益，保证交易的顺利进行具有重大意义。

（一）商品检验条款的主要内容

进出口双方商定商品检验条款时应把货物检验工作与所进出口货物本身的特点、各国的有关法律规定及国际贸易惯例等因素结合起来、综合确定。一般，商品检验条款的主要内容包括以下几个方面：

（1）检验的时间和地点。

（2）检验机构。

（3）检验标准与方法。

（4）复验的期限和机构。

（5）商品检验的内容。

（6）检验证书的种类。

(二)制定商品检验条款的注意事项

1. 关于质量标准

我国出口商品的品质规格一般应按照我国法律、法规规定的检验标准或其他必须执行的检验标准执行，如对方提出要按照对方或第三国的标准执行时，我们应和有关部门仔细研究后再定；对出口商品的品质规格，不要规定得太过绝对化，若没有上下浮动范围，会对执行不利；对某些出口商品的品质规格项目，在签约时应考虑是否符合该商品的实际情况，以免日后被动。进口商品一般按生产国的标准进行检验，或按买卖双方协商同意的标准和方法进行检验，或按国际标准和国际习惯进行检验。

2. 关于复验时间、地点及复验费用的负担

复验时间的长短直接关系到品质数量等的索赔期限。若超过规定的期限提出索赔，卖方就有权拒赔。因此，复验期限在合同中要有明确的规定。这主要根据商品的特性和检验所需时间的长短不同而异。例如，农副产品的复验时间可短一些，机电仪器产品和成套设备的复验时间要长一些。我国进口商品的检验条款要考虑到检验技术条件和复杂性，对复验时间要有一个充分的估计。复验地点的选择与时间也有密切关系，若地点选择不恰当，实际检验的时间就得不到保障。我国进口商一般以货到目的港卸货后或货物运抵目的地收货人的仓库之日起若干天内向卖方提出索赔，一般不要把条款拟成"从进口之日起计算"或"到岸之日起计算"，更不要拟成"从发运之日起计算"。为了避免不必要的纠纷，合同中还应明确规定复验费用由谁负担的内容。

3. 质量保证期

质量保证期应根据商品的不同特点和贸易条件而定，一般情况下定为一年，时间起点最好定为"从买方收货后检验、验收启用之日起计算"或"安装调试完毕之日起计算"。

4. 关于检验机构和检验证书的要求

在订立检验条款时，对检验机构应当有明确的规定。若在我国检验，应订明"由中华人民共和国国家质量监督检验检疫总局进行检验"。在出口合同中，如允许买方有复验权，我方最好争取在合同中规定"须以卖方同意的公证机构出具的检验报告作为索赔的依据"。这样可以防止在某些公证机构偏袒对方时，我方有权要求另行委托其他比较合适的公证机构进行复验，以求公正鉴定，维护我国商家的正当权益。

5. 出口的机械仪器等商品的配套工具的检验

出口的机械仪器等商品的配套工具，每套的件数、品名及品质规格条件等应在合同或附件上订明确，以利于验收。

(三)进出口合同检验条款的规定

1. 出口合同检验条款的规定

在我国出口贸易中，一般采用在出口国检验、进口国复验的办法。检验条款实例如下：

"双方同意以装运港国家出入境检验检疫机构签发的品质和数量(重量)检验证书作为信用证项下议付所提交单据的一部分，买方有权对货物的品质、数量(重量)进行复

验。复验费用由买方负担。如发现品质或数量（重量）与合同规定不符，买方有权向卖方索赔，并提交经卖方同意的公证机构出具的检验报告。索赔期限为货到目的港××天内。"

"It is mutually agreed that the Certificate of Quality and Weight（Quantity）issued by State Administration for Entry-Exit Inspection and Quarantine of People's Republic of China at the port of shipment shall be part of the documents to be presented for negotiation under the relevant weight（quantity）of the cargo. Should the quality and weight（quantity）be found not in conformity with that of the contract, the Buyer are entitled to lodge with the Seller a claim which should be supported by survey reports issued by a recognized surveyor approved by the Seller. The claim, if any, shall be lodged within * * days after arrival of the cargo at the port of destination. "

2. 进口合同检验条款的规定

检验条款实例如下：

"双方同意以检验机构出具的品质及数量（重量）检验证书作为在信用证项下付款的单据之一，但货物品质及数量（重量）的检验按下列规定办理：

货物到达目的港××天内经国家出入境检验检疫机构复验，如发现品质及数量（重量）与本合同不符时，除属于保险公司或船公司责任外，买方可凭国家出入境检验检疫局出具的检验证书，向卖方提出索赔或退货。所有因索赔或退货引起的一切费用（包括检验费）及损失，均由卖方承担。在此情况下，凡货物适于抽样者，买方可应卖方要求，将货物的样品寄交卖方。"

"It is mutually agreed that the Certificate of Quality and Quantity or Weight issued by surveyor shall be part of the documents for payment under the relevant L/C. However, the inspection of quality and quantity（weight）shall be made in accordance with the following principles：

"In case quality, quatity or weight of goods be founded not in conformity with those stipulated in this contract after reinspection by State Administration for Entry-Exit Inspection and Quarantine of People's Republic of China within * * days after arrival of the goods at the port of destination, the Buyers shall return the goods to or lodge claims against the Sellers for compensation of losses upon the strength of Inspection Certificate issued by the said Bureau, with the exception of these claims for which the insures or the carriers are liable. All expenses（including insures fees）and losses arising from the return of the goods or claims should be borne by the Sellers. In such case, the Buyers may, if so requested, send a sample of the goods in question to the Sellers, provided that the sampling is feasible. "

任务七　争议的预防和处理条款

【知识目标】

掌握索赔及其处理。

掌握不可抗力的认定、范围和处理办法。

了解仲裁的性质、仲裁协议的作用及仲裁机构。

【技能目标】

学会拟定合同中的索赔、不可抗力和仲裁条款。

能够运用所学知识加以分析和解决各种争议。

【引导案例】

彩电引发的索赔

我国 A 公司向日本富士株式会社订购彩电 800 台,合同规定,彩电价格为每台 600 美元 CIF 宁波,2000 年 6 月 30 日长崎港装货。货物装船时外包装有严重破损,富士株式会社向船舶公司出具了货物品质的保函。船长应富士株式会社的请求,出具了清洁提单,富士株式会社据此从银行取得了货款。货物到达宁波后,A 公司发现,电视机外包装箱有严重破损,船舶公司出示了富士株式会社提供的保函,认为该事应向富士株式会社索赔。

案例分析

> 此案例说明在日常进出口贸易中,贸易双方发生争议和索赔的事件屡屡发生。首先,船舶公司应当承担责任,因为富士株士会社的保函没有对抗第三人的效力。其次,富士株士会社应当承担责任,因为船舶公司之所以出具清洁提单,是因为富士株士会出具了保函,因而富士株士会社依保函对船舶公司承担责任。再次,保险公司不负赔偿责任,因为据海商法的规定,除合同另有约定以外,对包装不当造成货物损失的,保险人不负赔偿责任。最后,A 公司的损失可以要求船舶公司赔偿,因为它没有如实签发提单。

一、违约和违约救济

出口交易在结汇之后基本完成整个业务处理过程,但有时会出现一些意外的情况。例如,由于出口方没有完全尽到交货责任,以致发生事故,造成损失,进口方因为提出赔偿的要求;或者由于进口方在履约过程中出现问题,如不按时开立信用证、不按时付款赎单、无理拒收货物等,致使出口方遭受损失。当事人不履行合同义务或不按合同履行义务,如果不是出于不可抗力或其他的免责原因,均构成违反合同,也叫违约。

(一)违约

1. 违约的定义

违约是指合同的一方当事人没有履行或没有完全履行合同规定的义务的行为。例如,在合同成立后,卖方未按合同规定的时间、地点交付货物,或交付了不符合合同规定的货物;或者买方不按合同规定的时间支付货款,等等,都属于违约行为。

2. 违约的种类

根据违约主体的不同,违约行为一般可分为以下四种:

(1)卖方违约

卖方违约指卖方不按合同规定的交货期交货;不交货;所交货物的品质、数量、包装等与合同(或信用证)规定不符;所提供的货运单据种类不齐,份数不足等。

(2)买方违约

信用证支付方式下买方不按期开证或不开证;不按合同规定付款赎单;无理拒收货物;在 FOB 条件下,不按合同规定如期派船接货等。

(3)买卖双方均负有违约责任

如合同条款规定不明确,致使双方理解差异或解释不统一而引起纠纷;在履约中,双方均有违约行为。

(4)第三方违约

与贸易双方有关联的第三方,如承运人、保险人违约。

对于这些违约行为,交易双方均有权向违约方提出赔偿的要求,甚至解除合同。

3. 不同的违约行为承担不同责任

不同的违约行为应承担不同的法律责任,各国法律对此都有规定。如《英国货物买卖法》从违反合同条款的角度将违约分为违反要件和违反担保两种。违反要件是指违反合同的主要条款,受害方因而有权解除合同并要求损害赔偿。违反担保通常是指违反合同的次要条款,受害方有权要求损害赔偿,但不能解除合同。

【小资料4-7-1】

《联合国国际货物销售合同公约》按照违约的后果和严重程度将违约分为根本性违约和非根本性违约。《公约》规定,如果一方当事人根本性违约,另一方当事人可以宣告合同无效并要求损害赔偿。如果是非根本性违约则不能解除合同,只能要求损害赔偿。

【小思考4-7-1】

有一份出售成套设备的合同,合同规定分五批交货。但在第三批交货时,买方发现交货的品质有严重缺陷,根本达不到合同所规定的技术标准。因此,买方主张全部合同无效。在上述情况下,买方有无这种权利?为什么?

答:买方可以宣告全部合同解除。因为成套设备的各部分都是相互依存的,如果其中一部分设备根本不符合合同规定的技术标准,那么整套设备可能都不能发挥应有的效用。

(二)违约救济

违约救济是合同当事人一方出现违约时,受损害的一方为弥补损失,要求对方承担违约责任所采取的措施。除属于不可抗力原因造成违约外,违约方都要承担违约责任。守约方为维护自身的合法权益,往往要援引有关法律规定来解释合同,主张权利,即采用法律救济方法,以追究违约方的法律责任。

救济方法是指合同当事人的合法权利被他人侵害时,法律给予受损害一方的补偿方法。纵观各国法律规定,其基本救济方法可概括为以下三种:

1. 实际履行

实际履行包含两重含义:一重含义是指一方当事人未履行合同义务,另一方当事人有权要求他按合同规定完整地履行合同义务,而不能用其他的补偿手段,如金钱来代替;另一重含义是指一方当事人未履行合同义务,另一方当事人有权向法院提起实际履行之诉,由法院强制违约当事人按照合同规定履行其义务。

2. 损害赔偿

损害赔偿是指违约方用金钱或实物来补偿另一方由于其违约遭受到的损失。各国法律都认为损害赔偿是一种重要的救济方法。在国际贸易中,损害赔偿是使用最广泛的救济方法。

3. 解除合同

解除合同是指合同当事人免除或终止履行合同义务的行为。

由于各国法律体系不同,对违约救济方法的规定差异较大。尤其是英美法与大陆法之间的差异更大。为了调和两大法系之间的矛盾,《联合国国际货物销售合同公约》从法律原则上,对违约救济方法作了比较具体的规定,这对订立、履行合同和处理履约争议,具有重要的法律和实践意义。

按照法律的一般规则,受损害一方当事人在采取其他违约救济措施时,都不影响该方当事人向违约一方提出损害赔偿的权利。但是,各国法律对损害赔偿的规定往往涉及违约一方赔偿责任的成立、赔偿范围和赔偿办法等问题,而且差异很大。因此,为维护我方的权益,根据有关法律和国际惯例,订好国际货物买卖合同中的违约索赔条款,是十分重要的。

(三)违约金和定金

1. 违约金和定金的含义

违约金是指一方当事人违反合同,依据约定或法定条款向另一方当事人支付一定数额的金钱的责任。违约金有约定和法定之分,进出口贸易中通常由合同当事人约定。就其性质而言,违约金又有惩罚性违约金和补偿性违约金之分,多数以补偿性为原则。

定金是指合同一方当事人根据合同的约定预先付给另一方当事人一定数额的金额,以保证合同的履行,它是作为债权的担保而存在的。定金与预付款不同,预付款是合同当事人预先付给对方一定数额的价款,即对合同义务的预先履行,其本身就是预付的价款或价款的一部分,而不是对合同履行的担保。在买卖合同中,只要约定了定金条款,无论合同当事人哪一方违约,都要承担与定金数额相等的损失。也就是说,如支付定金的一方违约,即丧失定金的所有权,定金则由另一方当事人所有;如收取定金的一方违约,则除返还定金外,还需付给对方同定金数相等的款额。这种规定和做法,就称为定金罚则。

2. 约定违约金和定金条款的意义

在进出口贸易中,由于种种原因,违约情况时有发生,为了促使合同双方当事人自觉地履行合同义务,以提高履约率,采取违约金和定金制度是行之有效的举措。为了贯彻"重合同、守信用"的原则,我国合同法第115条对定金的有关问题作了具体规定:"当事人可以依照《中华人民共和国担保法》约定一方向对方给付定金作为债权的担保。债务人履行债务后,定金应当抵作价款或者收回。给付定金的一方不履行约定的债务的,无权要求返还定金;收受定金的一方不履行约定的债务的,应当双倍返还定金。"实践表明,此项规定,对提高履约率、维护合同当事人的合法权益、减少贸易纠纷和解决争议都有重要的意义。

3. 运用违约金和定金条款的注意事项

(1) 违约金和定金的数额应合理

双方应实事求是地约定一个合理的数额,约定过高无异于加重处罚,很难做到;约定过低不能有效地起到约束作用,甚至对违约造成的实际损失难以弥补。

(2)违约金和定金条款的规定应明确具体

如定金的数额,支付定金的时间和方式,债务人履行债务后,定金是收回还是抵作价款等,都应在合同中具体订明。

(3)在合同中同时约定违约金和定金的情况下,如出现一方违约,对方只能选择其中之一适用,不能同时并用。

【微型案例 4-7-1】

有一产地交货合同,出售新鲜荔枝 10 吨,总值 150000 美元,买方支付定金 1000 美元。合同规定买方必须在 5 月 25 日至 31 日之间派冷藏集装箱车到产地接运货物。卖方虽多方催促对方派车,但直至 6 月 7 日均未见对方派车接收货物。于是卖方不得不在 6 月 8 日把这批货物卖给另一买方,得价只有 100000 美元。

请问:在上述情况下,卖方可有何种权利?为什么?

二、异议

(一)异议的定义

异议(Disputes),又称争议,是指签订合同的一方认为另一方未能全部或部分履行合同约定的义务或承担相应责任而引起的合同当事人之间的纠纷。在进出口贸易中,合同双方产生争议是屡见不鲜的。根据争议的主体不同,进出口贸易中的争议主要分为货物买卖双方之间的争议、贸易商与银行之间的争议、贸易商与运输方之间的争议、贸易商与保险公司之间的争议。

(二)争议产生的原因

在进出口贸易中,买卖双方在履行合同中发生争议是经常的、不可避免的。发生争议的原因主要有:贸易双方签订的合同条款内容不明确或不完整;贸易双方中的一方违反了合同规定的义务;贸易双方对不可抗力理解不一致等。

1. 合同原因

贸易争议涉及合同本身原因主要有以下几种情况:

(1)合同内容不严密

其主要表现为:合同内容与协商内容不一致;合同条款的规定不严密,责任不明确;双方权利义务不对等,片面地规定约束一方的条款,对双方的约束力不同。

(2)合同条款之间不协调

其主要表现为:合同条款之间有矛盾。例如,贸易条件为 FOB 或 CFR,而保险条款没有明确,保险由买方自理。

(3)对国际惯例的理解不同

在进出口买卖合同中订立的合同条款受某一国际贸易惯例约束,但买卖双方对国际惯例的理解不一致,极易导致争议发生。

2. 违约原因

引起争议的违约原因可以分为卖方违约和买方违约两种:

(1)卖方违约

卖方违约主要表现为:

①卖方未能按照合同规定按时交货。

②卖方少交货物或少装货物。

③发票数量与实际装货数量不一致。

④货物品质规格与合同规定不符。

⑤货物由于包装不慎或包装物不符合合同规定而导致货物破损。

⑥货物因包装不良或包装物问题而导致货物漏失。

⑦因水分蒸发或卖方行为不当而使货物短少或超过溢短装规定。

⑧金属货物由于包装不当在运输、仓储过程中因受潮而引起锈损。

⑨不提供或未能按合同和信用证规定提供单据或单据内容不符等。

(2)买方违约

买方违约主要表现为:

①买方故意不开或延迟开立信用证。

②买方开来的信用证故意不符合合同的规定。

③买方不按时付款赎单,无理拒收货物。

④在买方负责运输的情况下,不按时派船、指定承运人和指定交货地点等。

3. 对不可抗力的理解不一致

不可抗力又称人力不可抗拒,是指在买卖双方签订合同以后,不是由于合同当事人任何一方的过失或疏忽,发生了当事人所不能预见的、无法避免的和无法事先采取预防措施的意外事故,导致合同不能履行或不能如期履行。

【小资料 4-7-2】

引起不可抗力事件的原因是指洪水、暴风、干旱、暴风雪、地震等人类无法控制的自然界力量所引起的灾害以及战争、罢工、政府禁止有关商品进出口等。

在进出口买卖合同中通常会对不可抗力有所规定,但对于不可抗力事故本身以及不可抗力事故引起的后果在什么情况下可以解除合同,在什么情况下不能解除合同而只能延迟合同的履行等问题上,往往由于交易双方理解不一致而引起争议。

三、索赔与理赔

(一)索赔与理赔

1. 索赔与理赔的含义

索赔(Claim)是指在进出口货物买卖过程中,由于一方违反进出口买卖合同的规定,直接或间接地给另一方造成损失,而由受损方向违约方提出弥补其损失的要求。理赔(Settle)是指违约方受理或接受受损方提出的赔偿要求的表示。

在进出口货物买卖中,任何一方违反合同的规定,不履行自己的义务,一般来说就构成违约行为。违约的一方需要承担损害赔偿责任,对方有权利提出赔偿要求,甚至解除合同。只有当履约过程中发生了不可抗力事故,致使一方不能履约或不能如期履约时,才可根据合同规定或法律规定免责。因此,索赔与理赔实际上是一个问题的两个方面,在受害一方是索赔,在违约一方就是理赔。一般来说,理赔多发生于出口方,而索赔则发生于进口方。当然出口发生索赔,进口发生理赔的情况也是存在的。

2. 索赔的对象

在进出口交易中,对索赔应该负责任的对象主要有卖方、买方、承运人、保险公司。各索赔对象应负的主要责任分别有:

(1)卖方应承担的责任

①货物品质规格不符。

②货物数量短少。

③包装不善导致货物受损。

④延期交货。

⑤其他不符合合同条款的行为致使买方受到损失。

(2)买方应承担的责任

①不按期开立信用证。

②付款不及时。

③租船或派船不及时。

④不及时提货或无理拒收货物。

⑤其他不符合合同条款的行为致使卖方受到损失。

(3)承运人应承担的责任

①货物装到运输工具上,因堆积不良造成的货物损失。

②运输过程中处理不当发生的货物损失。

③运输工具脱离航线或更改船期造成的损失。

④货物数量少于提单载明的数量。

⑤收货人持有清洁提单而货物发生残损短缺。

⑥倒签或预借提单等违法行为。

(4)保险公司应承担的责任

①在承保范围之内的货物损失。

②承运人不予赔偿的损失或赔偿额不足以补偿货物的损失而又属于承保范围以内的损失(保险公司赔偿后可以向承运人追偿)。

(5)其他责任者应承担的责任

①货物卸船后从卸货码头搬运入库时货物损害,属于码头装卸公司的责任。

②货物卸船入库或入货场后发生的损害,属于当地港务管理机构或货场的责任。

③货物卸船后自码头提货或自码头仓库或场地提货运到内陆目的地,在运输过程中发生损害,属于承运公司的责任。

④公证机构对货物公证检验疏忽或不当等过失引起损害,属于公证机构的责任。

(二)进出口买卖合同中的索赔条款

进出口买卖合同中的索赔条款主要有两种规定方式:一种是异议索赔条款;另一种是罚金条款。在一般的进出口买卖合同中,多数只订立异议索赔条款,并与检验条款相结合,但在大宗货物买卖和机器设备之类的进出口买卖合同中,除订立异议索赔条款外,还要约定罚金条款。

1. 异议索赔条款

异议索赔条款(Discrepancy and Claim Clause)是进出口买卖合同中对于处理违约责任以及索赔的规定。它主要适用于货物品质、规格和数量方面的索赔。这类索赔由于事先对违约的环节、性质和程度难以确定,所以在合同中对索赔的金额不事先作具体的规定,而是根据实际损失的大小确定。就其条款内容而言,主要包括索赔依据与索赔期限。

(1)索赔依据

索赔依据主要规定提出索赔必须具备的证据以及出证的机构。索赔所需要的证据主要有:

①检验报告或其他证明损失的文件。

②保险单正本、商业发票、装箱单、运输提单和货损货差证明单等。

③索赔单据以及其他必要的单证或文件。

如果证据不全、不清,出证机构不符合要求,都可能遭到对方的拒赔。

索赔依据包括法律依据和事实依据两个方面。法律依据是指进出口买卖合同、信用证、双方往来传真或电子邮件,以及有关国家的法律规定和国际贸易惯例。事实依据是指违约的事实真相及其书面证明,以求证明违约的真实性。

（2）索赔期限

索赔期限是指损害方在损害发生时，向违约方提出索赔的有效期限。也就是说，货物受损后并不是在任何时间遭受损害的一方都可以向另一方提出索赔，只有在合同规定的有效期内提出索赔要求方才有效，才有可能获得损害赔偿。如果逾期提出索赔，除非对方同意，否则，对方完全可以不予理赔。

索赔期限的长短依据不同商品的特点而有所不同。农副产品及易发生品质变化的商品，索赔期限都较短，一般情况下为货物到达目的地后 30 天或 45 天；对于质量比较稳定的商品，如机电产品，其索赔期限相对较长，通常规定为货物到达目的地后 60 天或 90 天，一般不超过 180 天。在保险索赔问题上，根据中国人民保险公司的规定，索赔期限从保险标的物到达最后卸货港卸离海船时算起，最长不得超过 2 年。

规定索赔期限时，应对索赔期限的起始时间做出具体规定。通常有以下几种起算办法：货物到达目的港后起算若干天；货物到达目的港卸离海船后起算若干天；货物到达买方营业地或用户所在地后起算若干天；货物经过检验后起算若干天；等等。

2. 罚金条款

罚金条款（Penalty Clause）又称罚则，是指在进出口买卖合同中规定的一方当事人如果未履行或未完全履行合同规定的义务时，应向另一方当事人支付一定数量约定罚款金额的条款。它主要适用于卖方延期交货、买方迟开信用证或延期接货、延迟付款、无理拒收货物或拒付货款等情况。此时，由违约方向对方支付预先约定的金额，以补偿对方的损失。可见，罚金从其性质上来看就是违约金。

罚金条款一般应包括其适用范围、计算方法以及最高限额等。例如，有的合同规定：如果卖方不能如期交货，每延误 7 天，买方应收取 0.5％的罚金，不足 7 天按 7 天计算；延误 10 周，买方有权撤销合同，并要求卖方支付延期交货罚金，罚金数额不得超过货物总额的 5％。需要注意的是，卖方支付罚金后并不能解除继续履行合同的义务。如果买方要求继续履行合同，卖方则必须继续履行合同；如果卖方拒不履行其交货义务，仍要承担因此而给买方造成的损失。

明确规定罚金的起算日期是十分必要的。罚金的起算日期主要有两种规定方法：一种是合同规定的交货期或信用证有效期终止后立即起算。另一种是规定一个优惠期，即在合同规定的有效期限终止后再宽限一段时间，在优惠期内免予罚款，待优惠期届满后起算罚金。

我国《合同法》规定，当事人可以在合同中约定，一方违反合同时，向另一方支付一定数额的违约金……又规定，合同中约定的违约金，视为违反合同的损失赔偿，但是，约定的违约金过高于或者低于违反合同所造成的损失的，当事人可以请求仲裁机构或者法院予以适当减少或者增加。

除上述两种赔偿条款外也可以根据具体情况作其他的规定。如买方不开或者迟开信用证；在 FOB 出口合同中，买方不派船或不按时派船，可以规定卖方有权解除合同或延迟交货，并要求给予损害赔偿。

对于进口合同，除索赔条款与检验条款合并订立之外，可单独订立"索赔处理"

条款。

例如有的进口合同规定:"如货物不符合本合同规定,应由卖方负责,同时买方按本合同规定在索赔期限内或质量保证期限内提出索赔,卖方在取得买方同意后,按以下方式予以补救:①同意买方退货,将退货金额以成交的计价货币偿还买方,并负担因退货而发生的一切直接损失和费用,包括利息、银行费用、运费、保险费、商检费、仓租费、码头装卸费以及为保管退货而发生的一切其他必要费用;②按照货物次劣程度、损害的范围和买方遭受的损失,降低货价;③调换有瑕疵的货物,换货必须里外全新并符合本合同规定的规格、质量和性能,卖方负担因此而产生的一切费用和买方遭受的一切直接损失。被换的货物质量仍应符合本合同规定的质量要求,保证期为 1 年。"

【小思考 4-7-2】

某公司以 C1F 鹿特丹食品 1000 箱,即期信用证付款,货物装运后,凭已装船清洁提单和已投保一切险和战争险的保险单,向银行收妥货款。货到港后经进口方复验发现下列问题:货物共有 10 个批号,抽查 20 箱,发现其中 2 个批号涉及 200 箱内含沙门氏细菌,超过进口国标准;收货人只实收 998 箱,短少 2 箱;有 15 箱货物外表状况良好,但箱内货物共短少 60 千克。试分析以上情况,进口人应分别向谁索赔,并说明理由。

答:(1)应向卖方索赔,因为原装货物有内在缺陷。(2)应向承运人索赔,因承运人签发了已装船清洁提单,就要在目的港如数交足。(3)可向保险公司索赔,货物短少属于一切险的责任范围。

(三)处理索赔应注意的问题

就我国进出口贸易实践看,我们的对外索赔大多发生在进口业务中。进口业务对外索赔时应注意以下几个问题:

1. 备妥索赔证据

对外索赔时,应查明损害事实,分清责任,备妥必要的索赔证据和单证,如港口卸货验收记录、用货部门的验收、安装使用中发现问题的现场情况记录等,确定损害事实,明确国外卖方的责任;备妥提单、发票、保险单、装箱单、磅码单正本和副本、检验机构出具的货损检验证明或由承运人签字的短缺或残损证明及索赔清单,并列明索赔依据和索赔金额,一并向卖方提出索赔。

2. 确定索赔金额

对索赔项目金额的确定,既不能使我们蒙受不应有的损失,也不能脱离实际损失情况,提出无理要求。如果在进出口买卖合同中订立有损害赔偿的金额,应按照合同中预先约定的金额提出赔偿;如果合同中事先没有约定损害赔偿金额,则应核算实际损失情况,加上必要的费用来确定赔偿金额。

3. 制定索赔方案

提出索赔时,要考虑行业的习惯做法,国外客户与我方的业务往来情况,损害的具体情况,以及索赔的可操作性等,合理制定索赔方案。一般来说,如果卖方拒绝交货,赔偿的金额应按合同价格与违约行为发生时的国际市场价格的差价计算;如果卖方交货的品质和规格与合同不符,应要求卖方交付替代货物或对货物进行修理补救等;如果要退换还应包括退货的运费、仓储费、卸货费和保险费等;如果委托我方修理,应合理计算材料费与修理费等。

4. 及时提出索赔

在做好索赔准备后,就要及时向对方提出索赔。注意合同规定的索赔期限,防止因逾期而招致拒赔。

5. 索赔资料归档

索赔结束后,对索赔的往来函电、传真件、电子邮件以及各种记录认真做好登记工作,以备查阅,并从中吸取经验教训。

【微型案例 4-7-2】

某公司以 CFR 条件向德国出口一批小五金工具。合同规定货到目的港后 30 天内检验,买方有权凭检验结果提出索赔。我公司按期发货,德国客户也按期凭单支付了货款。半年后,我公司收到德国客户的索赔文件,称上述小五金工具有 70% 已锈损,并附有德国某内地一个检验机构出具的检验证书。对德国客户的索赔要求,我公司应如何处理?

四、不可抗力

(一)不可抗力的含义及产生不可抗力事件的原因

不可抗力(Force Majeure)是指买卖合同签订后,不是由于当事人的过失或疏忽,而是由于发生了合同当事人无法预见、无法预防、无法避免和无法控制的事件,以致不能履行或不能如期履行合同,发生意外事件的一方可以免除履行合同的责任或推迟履行合同。不可抗力是一项免责条款。

【小资料 4-7-3】

《联合国国际货物销售合同公约》第 79 条规定:"当事人对不履行义务,不负责任,如果他能证明此种不履行义务,是由于某种非他所能控制的障碍,而且对于障碍,没有理由预期在订立合同时能考虑到或能避免或克服它或它的后果。"我国的《合同法》规定不可抗力"是指不能预见、不能避免并不能克服的客观情况"。

一般认为构成不可抗力事件应当具备以下条件:

①意外事件必须发生在合同成立之后。

②意外事件不是由于合同当事人的过失或疏忽造成的。

③意外事件的发生及其造成的后果是当事人无法预见,即无法避免和无法克服的。

引起不可抗力事件的原因有自然原因和社会原因两种。自然原因是指洪水、暴风、干旱、暴风雪、地震等人类无法控制的自然界力量所引起的灾害;社会原因是指战争、罢工、政府禁止有关商品进出口等。但不能错误地认为,所有自然原因和社会原因引起的事件都属于不可抗力事件。对于不可抗力事件的认定必须慎重,并与诸如商品价格变动、汇率变化等正常的贸易风险严格区别开来,同时要把不可抗力与某些社会现象,如怠工、关闭工厂、船期变更区别开来,防止当事人随意扩大不可抗力事件范围,推卸应承担的责任。

(二)不可抗力的法律后果和处理方法

发生不可抗力事件后,遭受事件的一方可以免陈述的赔偿责任。发生不可抗力事件后,合同是否继续履行,要根据不可抗力事件对履行合同的影响程度而定。如果不可抗力事件完全排除了继续履行合同的可能性,则可以解除合同;如果不可抗力件的发生只是暂时影响合同的履行,一旦件消除必须继续履行合同。

发生不可抗力事件后,应按约定的处理原则和办法及时进行处理。究竟如何处理,应视事件的原因、性质、规模及其对履行合同所产生的实际影响程度而定。按照有关的法律原则和国际贸易惯例,如果发生不可抗力事件,致使合同无法得到全部、部分或如期履行,有关当事人可依据法律或合同的规定,免除其相应的责任,即可解除合同或变更合同,并对由此而给另一方当事人造成的损害免负赔偿责任。《联合国国际货物销售合同公约》规定,一方当事人享受的免责权利只在履约障碍存在期间有效。如果合同未经双方同时宣告无效,则合同关系继续存在;一旦履行障碍消除,双方当事人仍须继续履行合同义务。再者,一方当事人对于上述障碍不履行合同义务的免责,只以免除损害赔偿的责任为限,而且不妨碍另一方行使《公约》规定的要求损害赔偿以外的任何权利。

【小思考 4-7-3】

我国某出口公司于 2002 年 5 月以 CIF 纽约条件与美国某公司订立了 200 套家具的出口合同,合同规定 2002 年 12 月交货。11 月底,我方企业出口商品仓库发生雷击火灾,致使一半左右的出口家具烧毁。我方企业以发生不可抗力为由,要求免除交货责任,美方不同意,坚持我方按时交货。我方无奈经多方努力,于 2003 年 1 月初交货,美方要求索赔。试问:(1)我方要求免除交货责任的要求是否合理,为什么? (2)美方的索赔要求是否合理,为什么?

【微型案例 4-7-3】

卖方 A 工厂出售一批原料给买方 B 工厂,合同规定 6 月份交货。但 5 月 10 日 A 工厂失火,生产设备及仓库全部烧毁。到 7 月 1 日 B 未见来货,便向 A 查问,并催促交货。这时 A 才把失火的情况通知 B,并以不可抗力为理由,撤销合同。B 由于急需原料生产,于是立即从市场补购替代物。根据市场价格资料表明:5 月 15 日至 6 月 15 日的时价与合同价接近,此后市场价格逐步上涨,到了 7 月 1 日,市场价格比合同价上涨40%,试问买方 B 在补购替代品后,能否要求 A 赔偿损失?

(三)不可抗力条款的签订

为避免因发生不可抗力事件引起不必要的纠纷,维护当事人的利益,通常在买卖合同中制订不可抗力条款,国际货物买卖合同中的不可抗力条款主要包括下列一些内容:

1. 不可抗力事件的性质与范围

不可抗力事件的性质与范围直接关系到买卖双方的经济利益,容易引起双方的争议,因而买卖合同中对不可抗力事件范围的规定必须明确。常见的规定方法有三种:

(1)概括式规定

这种方法比较笼统,不具体规定哪些事件属于不可抗力事件,不宜采用。举例如下：

"由于不可抗力的原因，致使卖方不能部分或全部装运或延迟装运合同货物，卖方对于这种不能装运或延迟装运本合同货物不负有责任。"

"If the shipment of the contracted goods is prevented or delayed in whole or in part due to Force Majeure, the Seller shall not be liable for the nonshipment or late shipment of the goods of this contract."

（2）列举式规定

这种方法详细列举了不可抗力事件，但可能出现遗漏，也不是最佳办法。举例如下：

"由于战争、地震、火灾、水灾、雪灾、暴风雨的原因，致使卖方不能全部或部分装运或延迟装运合同货物，卖方对于这种不能装运或延迟装运本合同货物不负有责任。"

"If the shipment of the contracted goods is prevented or delayed in whole or in part by reason of war, earthquake, fire, flood, heavy snow and storm, the Seller shall not be liable for the nonshipment or late shipment of the goods of this contract."

（3）综合式规定

这种办法在详细列举可能发生的不可抗力事件的同时，再加上"双方同意的其他不可抗力事件"的文句。该办法既具体明确，又有灵活性，是可取的办法。举例如下：

"如因战争、地震、火灾、雪灾、暴风雨或其他不可抗力事故，致使卖方不能全部或部分装运或延迟装运合同货物，卖方对于这种不能装运或延迟装运本合同货物不负有责任。"

"If the shipment of the contracted goods is prevented or delayed in whole or in part by reason of war, earthquake, fire, flood, heavy snow, storm or other causes of Force Majeure, the Seller shall not be liable for the nonshipment or late shipment of the goods of this contract."

2. 不可抗力事件的处理

（1）解除合同或变更合同

变更合同是指由一方当事人提出并经另一方当事人同意，对原订合同的条件或内容作适当的变更修改，包括延期履行、分期履行、替代履行和减量履行。至于究竟是解除合同还是变更合同，应视不可抗力事件对履行合同的影响程度而定。一般原则是：如果不可抗力事件的发生使合同履行成为不可能，则可解除合同；如果不可抗力事件只是暂时阻碍了合同履行，只能采用变更合同的办法。

（2）免责的有效期间

《公约》规定，不可抗力事件的免责"在障碍存在的期间有效"。如若合同未经双方同意宣告无效，则合同关系继续存在，一旦履行障碍消除，双方仍须继续履行合同义务。

（3）通知和证明

我国《合同法》规定："当事人一方因不可抗力不能履行合同的，应当及时通知对方，以减轻可能给对方造成的损失，并应当在合理期限内提供证明。"即不可抗力事件发生后，不能履约的一方必须及时通知另一方，提供必要的证明文件，并在通知中提出处理意见,否则不予免责并自负后果。

3. 不可抗力事件发生后通知对方的期限与方式

在不可抗力条款中要具体规定事件发生后通知对方的期限与方式。举例如下:

"一方遭受不可抗力事件之后,应以电报或电传方式,并应在 15 天内以航空挂号信提供事件的详细情况及其对合同履行影响程度的证明文件。"

"Should the Seller be involved in Force Majeure, the Seller shall notify the Buyer by cable or telex within 15 days by registered airmail with a certification attesting the specification of the event or events as well as the degree of influence upon the fulfillment of the contract."

4. 不可抗力事件的出证机构

不可抗力事件发生后,遭受事件的一方应在规定时限内向对方提供由指定机构出具的证明文件,作为不可抗力事件的证明。在国外,出具不可抗力事件证明的机构通常是事故发生地的商会、公证机构或政府主管部门。在我国,则是由中国国际贸易促进委员会出具证明文件。

5. 国际货物买卖合同中有关不可抗力条款的比较全面的表述

"由于战争、地震、火灾、水灾、雪灾、暴风雨或其他不可抗力事故,致使卖方不能全部或部分装运或延迟装运合同货物,卖方对于这种不能装运或延迟装运本合同货物不负有责任。但卖方须用电报或电传方式通知买方,并应在 15 天内以航空挂号信件向买方提供由中国国际贸易促进委员会出具的证明此类事件的证明书。"

"If the shipment of contracted goods is prevented or delayed in whole or in part by reason of war, earthquake, fire, flood, heavy snow, storm or other causes of Force Majeure, the Seller shall not be liable for nonshipment or late shipment of the goods of this contract. However, the Sellers shall notify the Buyer by cable or telex and furnish the letter within 15 days by registered airmail with a certificate issued by the China Council for the Promotion of International Trade attesting such event or events."

五、仲裁

(一)仲裁及仲裁机构

1. 仲裁

仲裁(Arbitration)是指买卖双方达成协议,自愿将有关争议交给双方所同意的仲裁机构进行裁决,而且这个裁决是终局的,对双方都有约束力,双方必须遵照执行。

2. 仲裁机构

仲裁机构是指受理案件并做出裁决的机构。在国际上,仲裁机构有两种:一种是临时仲裁机构;另一种是常设仲裁机构。

(1)临时仲裁机构

临时仲裁机构是指由争议双方共同指定的仲裁员自行组织成临时仲裁庭。临时仲裁庭是为审理某一具体案件而组成的,案件审理完毕,仲裁庭即告自动解散。如采用临时仲裁,仲裁协议需就指定仲裁员的办法、人数、规则等问题做出明确规定。

（2）常设仲裁机构

常设仲裁机构是指根据一国的法律或者有关规定设立的,有固定名称、地址、仲裁员和仲裁规则的仲裁机构。仲裁规则规定进行仲裁的程序和具体做法,包括如何申请仲裁、如何答辩、如何反申请、如何指定仲裁员、如何审理、如何做出裁决以及裁决的效力等。一般来说,双方当事人约定由哪个常设仲裁机构仲裁,就应按照该机构的仲裁规则予以仲裁,若当事人另有约定且仲裁委员会同意的,从其约定。

世界上很多国家和一些国际性、区域性组织都设有从事国际商事仲裁的常设机构,这些机构一般是民间组织。

【小资料4-7-4】

主要国际商事仲裁机构有:设在法国巴黎国际商会总部的国际商会仲裁院、设在瑞典斯德哥尔摩的斯德哥尔摩商会仲裁院、设在瑞士苏黎世的苏黎世商会仲裁院、设在美国纽约的美国仲裁协会和中国香港国际仲裁中心等。

中国国际经济贸易仲裁委员会是我国常设的涉外经济贸易仲裁机构,也是当今世界主要的国际商事仲裁机构之一。仲裁委员会设在北京,在深圳和上海分别设立了分会。中国国际经济贸易仲裁委员会受理争议的范围是:产生于契约性或非契约性的经济贸易争议,这些争议包括国内的或涉外的争议;涉及香港特别行政区、澳门或台湾地区的争议;外商投资企业相互之间以及外商投资企业与中国法人、自然人或经济组织之间的争议;涉及在中国利用外国的、国际组织的或香港、澳门、台湾地区的资金、技术或服务进行项目融资、招标投标、工程建筑等活动的争议。

（二）仲裁协议

1. 书面仲裁协议

仲裁协议有书面形式和口头形式之分。在我国,解决国际贸易争议的仲裁协议必须是书面的。以书面形式订立仲裁协议,也已为许多国家的立法、仲裁规则及一些国际公约所规定。《联合国国际贸易法委员会仲裁规则》绪则第1条明确提出,如合同双方当事人已书面同意,凡与该合同有关的争议应按《联合国国际贸易法委员会仲裁规则》交付仲裁时,该争议应按本规则予以解决,但双方当事人如书面约定对此有所修改时,从其约定。《承认及执行外国仲裁裁决公约》第2条也规定:"当事人以书面协定承允彼此间所发生或可能发生之一切或任何争议,如涉及可以仲裁解决事项之确定法律关系,不论是否为契约性质,应提交仲裁时,各缔约国均应承认此项协定。"并指出书面仲裁协议包括"当事人所签订或在互换函电中所载明之契约仲裁条款或仲裁协定"。

2. 书面仲裁协议的形式

书面仲裁协议的形式主要有以下三种:

（1）合同中的仲裁条款。是指双方当事人在签订合同时订立的、表示同意将可能发生的争议提交仲裁裁决的内容。

（2）提交仲裁的协议。它是后订立的,表示同意将已经发生的争议提交仲裁裁决的协议。这种协议可以采用协议书的形式,也可以通过双方的往来函件、电报或电传来表示。

（3）援引式仲裁协议。是指由双方当事人在争议发生之前或争议发生之后,通过援引方式达成的仲裁协议,即当事人一般不直接拟定协议的具体内容,而只是同意有关争议按照某公约(或双边条约、多边条约、标准合同)中的仲裁条款所述内容进行仲裁。

3. 仲裁协议的作用

按照我国和多数同家仲裁法的规定,仲裁协议的作用主要有以下三方面:

（1）约束双方当事人解决争议的行为。

仲裁协议表明双方当事人在发生争议时自愿以仲裁方式解决,而不得向法院起诉。

（2）授予仲裁机构对仲裁案件的管辖权。

任何仲裁机构都无权受理没有仲裁协议的案件,这是仲裁的基本原则。

（3）排除法院对于争议案件的管辖权

世界上大多数国家的法律都规定,仲裁协议对签约的当事人具有约束力,都承认仲裁协议具有排除法院司法管辖权的作用,法院不得受理就同一争议事项提出诉讼的案件。

上述三方面的作用既相互联系,又相互制约,其中最关键的是第三条,即排除法院对有关争议案件的管辖权,如果一方违反仲裁协议,自行向法院提起诉讼,另一方可停止司法诉讼程序,把争议案发还仲裁机构处理。

(三)国际买卖合同中的仲裁条款

国际买卖合同中的仲裁条款是指双方当事人在其签订的合同中约定将日后可能发生的争议提交仲裁的条款,通常包括仲裁范围、仲裁地点、仲裁机构、仲裁程序和规则及仲裁裁决的效力等内容。

1. 仲裁范围

仲裁范围是指当事人提交仲裁解决的争议范围,也是仲裁庭依法管辖的范围。凡日后所发生的争议超出所规定的范围时,仲裁庭无权受理,即使对超出范围的那部分争议予以受理或审理,但所做出的裁决不具有法律效力,因而得不到强制执行。所以在仲裁协议中一定要明确,是将有关合同的一切争议事项都提交仲裁,抑或仅将某几项争议提交仲裁。

2. 仲裁地点

仲裁地点是指仲裁所选择的地点,一般是指仲裁的所在国。在什么地点进行仲裁是买卖双方十分关心的问题,因而也是仲裁条款中一项重要的内容。在商定此项条款时,买卖双方一般都愿意在本国仲裁,这样做,一方面是因为当事人对其本国的仲裁机构和有关程序规则比较了解,且没有语言障碍,还可以节省费用;另一方面是因为仲裁地点与仲裁所使用的程序法,甚至与买卖合同所适用的实体法都有着密切的关系。按照许多国家法律的解释,凡程序方面的问题,除非仲裁协议另有规定,基本上都适用审判地的法律,即在哪个国家仲裁就适用哪个国家的法律。至于确定双方当事人权利、义务关系的实体法,若在仲裁协议中未做出规定,则仲裁庭将根据仲裁所在地国家的法律规则确定应适用的实体法。因此,仲裁地点不同,所使用的法律可能不同,仲裁的结果也有可能不同。如何争取到在本国仲裁,取决于许多因素,如法律有无强制性规定、贸易对象的具体情况以及自己在洽谈交易中所处的地位等。我国进出口贸易合同的仲裁条款中关于仲裁地点的规定,一般采用下述三种方法之一:

(1)首先力争规定在我国仲裁。

(2)如若争取不到在我国仲裁,可以选择在被诉方所在国仲裁。

(3)规定在双方同意的第三国仲裁。

【小思考 4-7-4】

为什么贸易当事人都倾向于选择本国的仲裁机构?

这是因为当事人对其本国的仲裁机构及有关程序规则比较了解,且没有语言障碍,还可以节省费用。另一方面是因为仲裁地点与仲裁所使用的程序法,甚至与买卖合同所适用的实体法都有着密切的关系。

3. 仲裁机构

如前所述,仲裁机构可以是常设仲裁机构,也可以是临时仲裁机构。选用哪种仲裁机构,取决于双方当事人的共同意愿。常设机构因其组织稳定、制度健全、人员齐备及选用方便,有利于仲裁的顺利进行,从而被国际上大多数仲裁争议案件所选用。选用常设仲裁机构时,应考虑其信誉、仲裁规则的内容、费用水平及所用语言等因素。如果仲裁地点无常设仲裁机构,或者当事人双方为解决特定争议,而愿意指定仲裁员专审争议案件时,当事人可选用临时仲裁庭予以仲裁。

4. 仲裁程序与规则

仲裁程序与规则是指进行仲裁的程序和具体做法,包括如何提交仲裁申请,如何进行答辩,如何指定仲裁员,如何组成仲裁庭,如何进行仲裁审理,如何做出裁决及如何交纳仲裁费等。这样做的目的是为当事人和仲裁员提供一套仲裁时的行为准则,以便在仲裁时有所遵循。

仲裁规则与仲裁机构有着密切的关系。一般情况下,合同的仲裁条款中规定在哪个仲裁机构进行仲裁,就应该遵守哪个机构制定的仲裁规则。但也有不少国家允许当事人选用仲裁地点以外的其他国家的仲裁机构的仲裁规则,但以不违反仲裁地国家仲裁法中的强制性规定为前提。至于临时仲裁机构所适用的仲裁规则由双方当事人自行约定。

5. 仲裁效力

仲裁效力是指仲裁机构对争议案件审理后所做的裁决对双方当事人是否有终局性的约束力,以及能否向法院上诉,要求变更裁决。

包括中国在内的绝大多数国家都规定,仲裁裁决具有终局效力,对双方当事人均具约束力,任何一方都不得向法院起诉要求变更,也有少数国家允许不服裁决的当事人向法院上诉,但法院一般只审查程序,不审查实体,即只审查仲裁裁决在法律手续上是否完备,而不审查裁决是否正确。只有在发现仲裁员未按仲裁程序规则审理案件时,法院才可以撤销裁决。

仲裁裁决做出之后,如果败诉方拒不履行仲裁裁决,而仲裁机构又不具有强制执行的权利,胜诉方则可以向法院提出申请,要求强制执行。

6. 仲裁费用

仲裁费用一般由败诉方承担,但有的也规定由仲裁庭酌情决定。

7. 仲裁条款的表述

国际货物买卖合同中有关仲裁条款的比较全面的表述为:

"凡因执行本合同所发生的或与本合同有关的一切争议,双方应通过友好协商办法解决,如果协商不能解决,应提交××国××地××仲裁机构,并根据其仲裁程序规则进行仲裁,仲裁裁决是终局的,对双方都具有约束力,仲裁费用由败诉方负担。"

"All disputes arising out of performance of, or relating to this contract, shall be settled amicably through friendly negotiation. In case no settlement can be reached through negotiation, the case shall then be submitted to … for arbitration, in accordance with its rules of arbitration. The arbitral award is final and binding upon both parties. The charges arising from the arbitration shall be undertaken by the losing party."

上述格式中关于"××国××地××仲裁机构"一句,有三种不同的填写方法:①如确实在我国仲裁,则写作"应提交中国国际经济贸易仲裁委员会仲裁",仲裁地点可选定"在北京""在上海"或"在深圳"。②如确定在被告国仲裁,则写作"应提交××国(被告国名称)××地××仲裁机构"。③若选定在第三国仲裁,则写作"应提交××国(第三国名称)××地××仲裁机构"。

【微型案例 4-7-4】

申诉人(买方)和被诉人(卖方)签订了共计买卖 450 吨涤纶丝的两份合同。申诉人付清了全部 450 吨涤纶丝的货款,被诉人逾期数月,只交付了 300 吨涤纶丝,其余的货物未交付。申诉人申请仲裁,要求被诉人退还未交付的 150 吨涤纶丝的货款和利息并按合同中关于迟交或不交货罚款的规定,向申诉人支付罚款。被诉人辩称:货物迟交系船运方面发生故障所致;150 吨货物未交付是因为货物的两家客户曾与他达成协议,但两家客户未按协议办事,导致他没能交付全部货物。

请分析仲裁结果。

▶▶项目五
合同的履行

任务一　出口合同的履行

【知识目标】

熟悉履行一般货物出口合同的四个基本环节:货、证、船、款。

【技能目标】

能够办理备货和报检工作。

能够拟写开证申请书,正确审核信用证。

能够办理出口货物的租船订舱、投保、报关等工作。

能够办理进口货物的报关手续。

【引导案例】

因单证不符,银行拒付的责任在谁

我国某公司与外商按 CIF 条件签订一笔大宗商品的出口合同,合同规定装运期为 8 月份,但未规定具体开证日期。外商拖延开证,我方见装运期快到,从 7 月底开始,连续多次电催外商开证。8 月 5 日,我方收到开证的简单通知,因怕耽误装运期,即按简电办理装运。8 月 28 日,外方开来信用证正本,正本上对有关单据作了与合同不符的规定。我方审证时未予注意,交银行议付时,银行也未发现,开证行即以单证不符为由,拒绝付款。

✎ 案例分析

进出口贸易中,买卖合同经双方认可成立生效后,有关当事人必须全面履行合同规定的责任、义务。合同规定的每一条款,采用的每一惯例,都有具体内容和要求。双方当事人应重合同、守信用。若违反合同约定,就会产生争议,给对方造成损失,致使合同难以正常履行。

本例就是在履行出口合同中发生的致损案。由于买方延迟开证,而我方未能及早催证,更没有认真地、逐字逐句地加以审证,结果导致开证行拒付。可见,在进出口合同的履行中,有众多环节需要注意,以避免造成损失。

出口合同的履行是指出口方按照合同的规定,履行交货等一系列义务直到收回货款的整个过程。我国的出口贸易大多采用 CIF 或 CFR 条件成交,并按信用证支付方式收款。履行出口合同环节较多,手续比较繁杂。为了提高履约率,出口企业必须力求把各项工作做到精确细致,通盘考虑,密切配合,尽量避免出现脱节或疏漏现象。现就按此类合同的履行程序进行介绍。

履行出口合同的程序,一般包括备货、报验、催证、审证、改证、租船、订舱、装运、报关、投保、制单、结汇等工作环节。在这些工作环节中,以货(备货)、证(催证、审证和改证)、船(租船、订舱)、款(制单、结汇)四个环节的工作最为重要。

一、备货

备货是指出口公司根据合同和信用证的规定,按时、按质、按量准备应交付的货物,以保证顺利出运。

在实际业务中,通常是出口公司根据合同和信用证规定,向生产加工或仓储部门下达联系单,要求有关部门对应交的货物进行清点、加工整理、包装和刷制运输标志以及办理申报检验和领证等工作。在有关部门准备货物的过程中,出口方应随时关注其工作进展,掌握并核查货物准备工作的进程。在核查货物时应注意以下几个问题:

1. 备货时间要严格按约定的装运期限安排

货物备妥的时间,必须符合出口合同与信用证规定的交货期和装运期限。为防止船等货或货等船的情况发生,应结合船期将拟装运的货物备妥,并应适当留有充足的时间。

合同货物是全部一次装运,还是分期、分批装运,也必须按合同规定办理。除非合同另有规定,卖方必须将合同货物全部一次装运。若在买卖合同中已经约定在一定期限内授权卖方酌情掌握是否分期或分批装运,或者具体规定了分期或分批装运的时间和方法,卖方就必须按合同规定的分期时间和每批数量装运。

2. 货物的品质、规格必须与合同约定相符

货物品质是进出口货物买卖合同的主要交易条件之一,故卖方必须按合同品质条款的规定备货。否则,买方有权拒收货物,提出索赔,甚至撤销合同。

3. 货物数量必须与合同和信用证规定一致

货物的数量是国际货物买卖合同中的主要交易条件之一。按约定数量交货,是卖方的重要义务。为确保按合同规定的数量交货,在备货过程中,如发现货物数量不符合合同规定,应及时采取有效措施予以补足。此外,还要注意合同规定采用何种度量衡制度和计量方法。

4. 货物的包装、唛头必须符合合同、信用证规定和运输要求

在备货过程中,对货物的内、外包装和装潢,均须认真进行核对和检查,如发现包装不良或有破损情况,应及时进行修整或更换包装,以利于取得清洁提单和顺利收汇。包装标志也应该按合同规定或客户要求刷制。

5. 所备货物必须符合法律的要求

《联合国国际货物销售合同公约》第 41 条规定,卖方所交货物,必须是第三方不能提出任何权利或要求的货物。我国《合同法》第 132 条也规定,卖方出售的货物,应当属于卖方所有或者卖方有权处分的货物。

二、报验

为保证所备货物符合合同约定的质量和数量及相关法律规定,针对不同的出口货物进行检验,也是备货工作的重要内容。要做好申请报验和领证工作。

1. 报验的相关要求

(1)凡属国家规定或合同约定由中国国家质量监督检验检疫总局检验的商品,货物备齐后,应申请检验,只有取得合格的检验证书,海关才准予放行。

(2)凡属法定检验的出口货物,必须根据国家有关进出口商品检验检疫方面的法规,在规定的时间和地点,持出口合同、信用证副本、发票、装箱单等有关单证向检验检疫机构报验,经检验检疫合格后,由检验检疫机构发给检验证书。出口方应在检验证书规定的有效期限内将货物装运出口。如果超过有效期装运出口,应向检验检疫机构申请展期,由检验检疫机构复验合格后,才能出口。

【小资料 5-1-1】

我国自 2001 年 1 月 1 日起全面实施先报验、后报关的通关模式。对实施检验检疫的货物,必须先在入境货物通关单和出境货物通关单上加盖"检验检疫专用章",海关凭此放行货物。

(3)凡不属于法定检验范围的出口货物,如出口合同约定由检验检疫机构检验的,需按合同规定,持买卖合同等有关单证向检验检疫机构报验;经检验合格并获得能证明货物符合约定的证书之后,方可凭此向买方收取货款,并以此作为交接货物的依据。

(4)不属于法定检验范围的出口货物,出口合同也未约定由检验检疫机构出证的,则应视不同情况,分别采取委托检验检疫机构检验、由生产部门和供货部门进行检验、由外贸企业自行检验的方式检验,检验合格后,方可装运出口。

2. 报验时应注意的问题

(1)申请检验应及时,必要时提前申请,以给商检机构充分的时间。

（2）申请报验后，如出口公司发现"出口报验申请书"填写有误或有修改，应填写"更改申请单"。

（3）经检验合格已发放检验证书的出口商品，应在检验证书的有效期内报运出口。

3. 检验证书的有效期

一般货物是从发证之日起2个月内有效，鲜果、鲜蛋类检验证书为2~3个星期内有效，植物检疫证书的有效期为3个星期。如果检验证书的有效期届满而货物仍未装运出口，出口商应向商检机构申请展期，由商品检验机构重新对货物实施检验，合格后方能将货物装运出口。

三、催证、审证和改证

在凭信用证付款的交易中，落实信用证是履行出口合同的重要环节。出口商在积极准备货物的同时应催促进口方尽早按合同规定开立信用证，并对收到的信用证进行仔细审核。若发现信用证条款中有与双方签订的买卖合同不符或是有出口方不能接受的内容，须向进口方及时提出修改。

（一）催证

催证是指以某种通信方式催促买方办理开证手续，以便卖方履行交货义务。在按信用证付款条件成交时，买方有义务根据合同规定按时开立信用证，一般情况下信用证应在装运月开始前15天以上开立并送达出口方手中。尤其是大宗交易或按买方要求特制的商品交易，买方及时开证更为必要；否则，卖方无法安排生产和组织货源。在实际业务中，国外进口方遇到国际市场发生变化或自身发生资金短缺情况时，往往拖延开证或不开证。因此，卖方应结合备货情况认真做好催证工作，及时提请买方按约定时间办理开证手续。催证时间一般应掌握在装运期开始之前。如发现客户货物不符，或市场情况有变，也可提前催证。如经我方一催再催，客户仍不来证，说明对方有毁约意图，我方要及时研究对策。

【微型案例 5-1-1】

金华某公司于2012年1月与国外客户签订出口合同，以CIF条件出售药品一批，当年6月装运，支付方式是即期不可撤销信用证。合同签订后金华公司即着手进行货物的生产等备货的各项工作，同时催促对方开立信用证，但国外客户迟迟未开来信用证。当年5月，装运时间临近且货物已经备好待运，金华公司两次催促客户，同时为货物办理托运手续。6月7日客户来函"信用证已由我地银行开出"，金华公司即将货物出运，取得全套货运单据，但仍未收到客户开来的信用证，后客户声称资金周转有困难，要求降价并改用托收的支付方式，金华公司为收回货款只好答应，最后导致3万美元损失。试分析此案的教训。

（二）审证

审证是指出口商即信用证的受益人对国外银行开来的信用证内容进行审核的行为。在实际业务中，由于工作疏忽、电文传递错误、贸易习惯不同、市场行情的变化或进口商故意等各种原因,往往会出现买方开立的信用证条款与合同规定不符,或在信用证中加列一些实际上无法满足信用证付款条件的"软条款"等情况。这些情况可能是买方的疏忽,也可能是故意欺诈。一旦卖方接受这些信用证条款,就有可能造成很大的损失。因此,审核信用证是一项很重要的工作,出口企业和有关银行应依据合同共同对来证进行认真的核对和审查。

就银行而言,要侧重审核信用证的真实性和开证行的政治背景、资信能力、付款责任以及索汇路线等方面的内容。卖方则应着重审核信用证内容与买卖合同是否一致。但为了安全起见,卖方也应尽可能地对信用证内容进行全面审核或复核性审查。在审证时,应着重注意下列事项:

1. 开证银行

(1)开证行的政治背景和对我国的态度。凡是政策规定我国不与之进行经济贸易往来的国家其银行开来的信用证,均应拒绝接受。

(2)开证行的资信情况。它与能否及时安全收汇有密切的关系。对于资信较差的银行,可分别采取适当的安全措施,如要求另一家银行保兑,加列电报索偿条款,分批装运、分批结汇等,通过这些措施可以减少收汇的风险。

(3)核查电开信用证的密押是否相符,信开信用证的签字或印鉴是否真实,以确定信用证的真伪。

(4)偿付路线是否合理,偿付条款是否恰当。

(5)信用证中的保证条款,如责任文句是否明确等。

2. 信用证可否撤销及其是否生效

(1)信用证必须是不可撤销的。可撤销的信用证对卖方的安全收汇不利,若出口方收到的信用证明确表明是可撤销的,就一定要修改。

(2)收到的信用证必须已经生效。有的来证虽然未注明"可撤销"字样,但却增加了一些限制性或保留性的条件,如"待获得有关当局签发的进口许可证后才能生效",或"待收到货样或函/电确认后生效",在上述情况下则只有等这些条件满足后,方可办理出运。

3. 信用证的金额

(1)信用证的金额,除冠有"大约"字样外,不能超额支用,其币别与金额必须与合同相符。如果合同中订有商品数量的"溢短装"条款时,信用证金额也应规定相应的机动幅度。

(2)如信用证列有商品数量或单价的,应复核总值是否正确,如信用证金额不足,应要求开证人增加金额,以确保收汇。

(3)应核查有无佣金,如何规定,是否符合合同规定等。如所开的金额已扣除佣金,就不能在信用证上再出现议付行内扣佣金的词句。

4. 对货物描述的审核

审核信用证中货物名称、货号、规格、包装、合同号码、订单号码等内容是否与买卖合同完全一致。

5. 开证人、受益人的名称是否正确

这两个名称是出口单证中必不可少的,如来证开错应及时修改以免制单和寄单遭遇困难,影响收汇。

6. 有效期、交单期和装运期

(1)有效期。按《跟单信用证统一惯例》的规定,一切信用证均须规定一个到期日和一个交单付款、承兑的地点,或除了自由议付信用证外的一个交单议付的地点。规定的付款、承兑或议付的到期日,被解释为交单到期日。未注明到期日(即有效期)的信用证是无效的。信用证的有效期还涉及到期地点的问题。一般有三种情况:在出口地到期,在进口地到期,在第三国到期。这三种情况中,第一种规定方法对出口人最有利,而第二、三种情况,到期地点均在国外,对出口商来说,由于寄单费时,且有延误可能,因而风险较大。为此,出口商应争取在出口地到期,若争取不到,则必须提前交单,以防逾期。

(2)交单期。信用证还应规定一个运输单据在出单日期后必须提交符合信用证条款的单据的特定期限,即"交单期"。若信用证无此期限的规定,按惯例,银行有权拒收迟于运输单据日期 21 天后提交的单据,无论如何,单据必须不迟于信用证的到期日提交。

(3)装运期。装运期是指卖方将货物装上运往目的地(港)的运输工具或交付给承运人的日期。事实上不同的运输方式所使用的运输单据的出单日期所表示的交货期是不同的。若信用证未规定装运期,卖方最迟应在信用证到期日前几天装运。信用证中可以没有装运期,只有有效期,在实际业务中叫作"双到期"。如办不到,要修改有效期。有效期和装运期应有一定的合理间隔(一般在 10 天左右),以便在装运后有足够的时间做好制单、审单、交单等工作。

7. 运输条款是否可以接受

(1)装运港(地)和目的港(地)。信用证运输条款中的装运港(地)和目的港(地),应与合同相符,交货地点也必须与价格条款相一致。如不符则应修改。

(2)若来证指定运输方式、运输工具或运输路线以及要求承运人出具船龄或船籍证明,应及时与承运人联系。

(3)分批装运和转运问题。多数来证是允许转运及(或)分批的(其中包括信用证中未注明可否转运及/或分批)。这对我方较为有利。但也有信用证列明不许转运及/或不准分批,在这种情况下我们应及时了解在装运期内是否有直达船到目的地,能否提供直运提单及了解货源情况,是否可以在装运期内一次出运。如上述有办不到的,应修改信用证。对信用证列有必须分批,且规定每批出运的日期和出运数量,或类似特殊的分运条款,应根据货源情况决定是否可以接受。对于分期装运,惯例规定,除非信用证另有规定,若一期未能按期完成,本期及以后各期均告失效。若要续运,必须修改信用证。

(4)信用证中指定唛头。如货已备妥,唛头已刷好而信用证后到,且信用证指定的唛头与原唛头不一致,应要求修改唛头。否则,需按信用证重新刷制。

8. 保险条款是否可以接受

若来证要求的投保险别或投保金额超出了合同的规定,卖方应及时和保险公司联系,若保险公司同意且信用证也表明由此而产生的超保费用由买方承担并允许有信用证项下支取,则卖方可接受。

如成交价为 CFR,而来证要求卖方办理保险。在这种情况下,只要来证金额已包括保险费,或允许加收保险费,则可不必修改。凡成交价为 FOB 或 CFR 者,来证往往要求卖方在装运前以航邮或电传通知开证人投保并凭邮局收据或电传副本办理结汇,应及时办理。

9. 其他条款

(1)银行费用条款

此项条款 UCP 600 也做出明确的规定,即银行费用(一般包括议付费、通知费、保兑费、承兑费、修改费、邮费等)由发出指示的一方负担。如信用证项下是由开证申请人申请开立的信用证,同时又由开证行委托通知行通知议付,因此来证由受益人承担全部费用(all banking charges are for account of beneficiary),显然是不合理的。关于银行费用,可由出口商在与进口商谈判时加以明确。

(2)信用证中的单据条款,尤其是信用证中的软条款

对来证中规定的单据种类及其份数和填制方法等,要进行仔细审核,如发现不正常规定或难以办到的事项应要求对方修改;商业发票需由买方签字等条款内容应慎重对待。

【微型案例 5-1-2】

我国某外贸公司以 CIF 鹿特丹与外商成交出口一批货物,投保了一切险及战争险。合同中的支付条款只简单填写"信用证方式支付"。国外来证条款中有文句"该证项下的款项在货到鹿特丹后由我行支付"。受益人在审证时未发现,因此未请对方修改删除。我方在交单结汇时,银行也未提出异议。不幸 60% 的货物在运输途中被大火烧毁,船到目的港后开证行拒付全部货款。对此,应如何处理?为什么?

(三)改证

1. 改证的含义

修改信用证是对已开立的信用证中的某些条款进行修改的行为。如果在审证过程中发现信用证与合同规定不符,应区别问题的性质,分别同有关部门研究,妥善处理。一般来说,如发现有不能接受的条款,应及时提请开证申请人修改。直到收到银行修改通知书后,才能办理发货,绝不能凭进口方的通知办事。

修改信用证可由开证申请人提出,也可由受益人提出。如由开证申请人提出修改,经开证银行同意后,由开证银行发出修改通知书通过原通知行转告受益人,经各方接受修改书后,修改方为有效;如由受益人提出修改要求,则应首先征得开证申请人同意,再由开证申请人按上述程序办理修改。即:受益人—开证人—开证银行—通知银行—受益人。

2. 改证时应注意的问题

(1)对信用证中可改可不改的,或经过适当努力可以办到而并不造成损失的,则可酌情处理。对通知行转来的修改通知书内容,如经审核不能接受的,应及时表示拒绝。

（2）在同一信用证上如有多处需要修改的，尽量一次提出需要修改的内容，避免一证多改。

（3）在收到修改信用证通知后，要对修改内容进行认真审核，如不同意接受，应及时退回。

（4）如果涉及对一份信用证的两个或以上内容的修改时，要接受必须全部接受，否则全部拒绝；不能只接受其中一部分，而拒绝另一部分。

（5）必须在收到开证行发来的修改通知书以后才能对外发货。

（6）可以采用"锁证"的做法，即将修改通知书与原信用证订在一起，以防止修改通知书丢失。

【微型案例 5-1-3】

中方某公司与加拿大商人在 2012 年 10 月份按 CIF 条件签订了一份出口 10 万码法兰绒合同，支付方式为不可撤销即期信用证。加拿大商人于 5 月通过银行开来信用证，经审核与合同相符，其中保险金额为发票金额的 110％。我方正在备货期间，加拿大商人通过银行传递给我方一份信用证修改书，内容为将保险金额改为发票金额的 120％。我方没有理睬，按原证规定投保、发货，并于货物装运后在信用证有效期内，向议付行议付货款。议付行议付货款后将全套单据寄开证行，开证行以保险单与信用证修改书不符为由拒付。

请问：开证行拒付是否有道理？为什么？

四、租船、订舱和装运

按 CIF 或 CFR 条件成交时，卖方应及时办理租船订舱工作。如果出口货物数量较大，需要整船运输，则需要办理租船手续；如出口货物数量不大，不需要整船运输，则需洽订舱位。在办理国际货运的实际业务中，除运输工具承运人外，还有专门为船舶与货运服务的船舶代理公司、货运代理公司、储运公司、报关经纪行、卡车运输公司和其他的运输与物流管理公司等，为办理货运提供了多种选择的便利。

租船订舱的基本程序（以向中国对外贸易运输公司租船订舱为例）为：

1. 查看船期表，外贸公司填写托运单（Booking Note，B/N），作为订舱依据

托运单又称订舱委托书，是托运人根据贸易合同和信用证条款，向承运人办理货物托运的单证。外运公司根据托运单的内容，结合船期、航线、停靠港口及舱位情况考虑后，同意承运就在托运单上盖章，自己留存一份，退回一份给托运人，承、托双方的运输合同即告成立。

2. 船公司或其代理人在接受托运人的托运单后，发给托运人装货单（Shipping Order，S/O）

装货单又称下货纸，是船公司或其代理人在接受托运人的托运申请后，发给托运人或货运代理人的凭证。

订舱手续完成后，外运公司将托运单的一联交给外轮代理公司，外轮代理公司确定船名、船期后签发装货单。装货单的作用是：①命令船长接受该批货物装船的通知；②

通知托运人货已经配载的船名、船期,以便其准备货物;③便于托运人向海关办理出口申报手续,海关凭此验放货物。

3.货物装船以后,由船长或大副签发收货单(Mate's Receipt)

收货单又称大副收据,是船公司签发的证明货物已装船的临时收据,托运人凭它向外轮代理公司交付运费并换取已装船提单。收货单上如有大副批注,在换取提单时外轮公司要将该批注转注在提单上,当这些批注是对货物表面状况的批注时,提单就成为不清洁提单。

4.托运人到船公司换取正式提单(Bill of Lading,B/L)

(1)正式提单样本见表5-1:

表 5-1　正式提单样本(Bill of Lading)

①SHIPPER		⑩B/L NO.
②CONSIGNEE		C O S C O 中国远洋运输(集团)总公司 CHINA　　　　　　　　　　　　OCEAN SHIPPING(GROUP)CO.
③NOTIFY PARTY		
④PLACE OF RECEIPT	⑤OCEAN VESSEL	ORIGINAL
⑥VOYAGE NO.	⑦PORT OF LOADING	
⑧PORT OF DISCHARGE	⑨PLACE OF DELIVERY	COMBINED TRANPORT BILL OF LADING

⑪MARKS ⑫NOS.&KINDS OF PKGS ⑬DESCRIPTION OF GOODS ⑭G.W.(kg) ⑮MEAS(m³)

⑯TOTAL NUMBER OF CONTAINERS OR PACKAGES(IN WORDS)					
⑰FREIGHT & CHARGES	REVENUE TONS	RATE	PER	PREPAID	COLLECT
PREPAID AT	PAYABLE AT	⑱PLACE AND DATE OF ISSUE			
TOTAL PREPAID	⑲NUMBER OF ORIGINAL B(S)L				
LOADING ON BOARD THE VESSEL ⑳DATE		㉑LOADING ON BOARD THE VESSEL BY			

(2)提单填写说明

①托运人(Shipper/Consignor)

即与承运人签订运输契约、委托运输的货主,在贸易中是合同的卖方。在信用证支付方式下,一般以受益人为托运人;托收方式下,以托收的委托人为托运人。另外,根据UCP500第31条规定:除非信用证另有规定,银行将接受表明以信用证受益人以外的第三者为发货人的运输单据。

②收货人(Consignee)

收货人要按合同和信用证的规定来填写。一般的填法有下列几种:

　　a.记名式:在收货人一栏直接填写上指定的公司或企业名称。该种提单不能背书转让,必须由收货人栏内指定的人提货或收货人转让。

　　b.不记名式:即在收货人栏留空不填,或填"To Bearer"(交来人/持票人)。这种方式承运人交货凭提单的持有人,只要持有提单就能提货。

　　c.指示式:指示式的收货人又分为不记名指示和记名指示两种。

　　不记名指示,是在收货人一栏填"To Bearer",又称空白抬头。该种提单,发货人必须在提单背面背书,才能转让。背书又分为记名背书和不记名背书(空白背书)两种。前者是指在提单背面填上"Deliver to..." "Endorsed to...",然后由发货人签章;后者是发货人在背面不做任何说明只签章即可。记名背书后,其货权归该记名人所有,而且该记名人不可以再背书转让给另外的人。不记名背书,货权即归提单的持有人。

　　记名指示,是在收货人一栏填"To Order of Shipper",此时,发货人必须在寄单前在提单后背书;另外,凭开证申请人指示,即L/C中规定"To Order of Applicant",在收货人栏就填"To Order of＊＊＊Co";凭开证行指示,即L/C中规定"To Order of Issuing Bank",则填"To Order of＊＊＊Bank"。

　　在实际业务中,L/C项下提单多使用指示式。托收方式也普遍使用不记名指示式。若做成代收行指示式,要事先征得代收行同意。因为根据URC522中第10条a款规定:除非先征得银行同意,货物不应直接运交银行,亦不应以银行或银行的指定人为收货人。如未经银行事先同意,货物直接运交银行,或以银行的指定人为收货人,然后由银行付款或承兑后将货物交给付款人时,该银行并无义务提取货物,货物的风险和责任由发货人承担。

　　③被通知人(Notify Party)

　　原则上该栏一定要按信用证的规定填写。被通知人即收货人的代理人或提货人,货到目的港后承运人凭该栏提供的内容通知其办理提货,因此,提单的被通知人一定要有详细的名称和地址,供承运人或目的港及时通知其提货。若L/C中未规定明确地址,为保持单证一致,可在正本提单中不列明,但要在副本提单上写明被通知人的详细地址。托收方式下的被通知人一般填托收的付款人。

　　④接收地(Plale of Receipt)

　　指货物交到指定收货人的地方。

　　⑤船名(Ocean Vessel)

　　即由承运人配载的装货的船名,班轮运输多加注航次(Voyage No.)。如果货物需转运,填写第二程船的船名;如果货物不需转运,填写第一程船的船名。

　　⑥航次(Voyage No.)

　　指某条船的航次。

　　⑦装运港(Port of Loading)

　　填实际装运货物的港名。L/C项下一定要符合L/C的规定和要求。如果L/C规定为"中国港口"(Chinese Port),此时不能照抄,而要按装运的我国某一港口实际名称填。如果货物需转运,填写装运港/中转港名称。如货物在广州装运,需在香港转船,则在此栏目填写"GUANGZHOU/HONGKONG"。

⑧卸货港（Port of Discharge）

原则上，L/C项下提单卸货港一定要按L/C规定办理。但若L/C规定两个以上港口者，或笼统写"××主要港口"如"European Main Ports"（"欧洲主要港口"）时，只能选择其中之一或填明具体卸货港名称。

如果L/C规定卸货港名后有"In Transit to ××"只能在提单上托运人声明栏或唛头下方空白处加列。尤其我国只负责到卸货港而不负责转运者，不能在卸货港后加填，以说明卖方只负责到卸货港，以后再转运到何地由买方负责。另外，对美国和加拿大O.C.P.（Overland Common Points）地区出口时，卸货港名后常加注"O.C.P.××"。例如L/C规定："Los Angeles O.C.P. Chicago"，可在提单目的港填制：Los Angeles O.C.P.；如果要求注明装运最后城市名称时，可在提单的空白处和唛头下加注"O.C.P. Chicago"，以便转运公司办理转运至Chicago。

⑨目的地（Place of Delivery）

指货物最终运到的地点。

⑩提单号码（B/L No.）

一般位于提单的右上角，是为便于工作联系和核查，承运人对发货人所发货物承运的编号。其他单据中，如保险单、装运通知的内容往往也要求注明提单号。

班轮提单背面的条款，通常印有运输条款，这些条款是明确承运人与托运人之间以及承运人与收货人及提单持有人之间的权利和义务的重要依据。这些条款最初由船方自行规定，后来由于船方加入越来越多的免责条款，使货方的利益失去保障，为了缓解船、货双方的矛盾，并照顾双方利益，国际上为统一提单背面条款的内容，曾先后签署了有关提单的国际公约。

⑪唛头（Shipping Marks /Marks & Nos.）

如果信用证有明确规定，则按信用证缮制；信用证没有规定，则按买卖双方的约定，或由卖方决定缮制，并注意做到单单一致。

⑫包装与件数（No. & Kind of Packages）

一般散装货物栏只填"In Bulk"，大写件数栏可留空不填。单位件数与包装都要与实际货物相符，并在大写合计数内填写英文大写文字数目。如总件数为320 CARTONS填写在该栏项下，然后在总件数大写栏（Total Numbers of Packages in Words）填写：Three Hundred And Twenty Cartons Only。如果货物包括两种以上不同包装单位（如纸箱、铁桶），应分别填列不同包装单位的数量，然后再表示件数：300 Cartons。

⑬商品名称（描述）（Description of Goods）

原则上提单上的商品描述应按信用证规定填写并与发票等其他单据一致。但若信用证上货物的品名较多，提单上允许使用类别总称来表示商品名称。如出口货物有餐刀、水果刀、餐叉、餐匙等，信用证上分别列明了各种商品名称、规格和数量，但包装都用纸箱，提单上就可以笼统写：餐具　＊＊＊Cartons。

⑭毛重和体积(Gross Weight & Measurement)

除非信用证有特别规定,提单上一般只填货物的总毛重和总体积,而不表明净重和单位体积。一般重量均以千克表示,体积用立方米表示。

⑮计量单位(MEAS)

指货物的计量单位。

⑯总件数(Total Number of Containers and Packages)

指货物按集装箱或包装箱计算的总数量。

⑰运费支付(Freight & Charges)

信用证项下提单的运费支付情况,按其规定填写。一般根据成交的价格条件分为两种:若在 CIF 和 CFR 条件下,则注明"Freight Prepaid"或"Freight Paid";FOB 条件下则填"Freight Collect"或"Freight Payable at Destination"。租船契约提单有时要求填"Freight Payable as Per Charter Party"。有时信用证还要求注明运费的金额,按实际运费支付额填写即可。

⑱签发地点与日期(Place and Date of Issue)

提单的签发地点一般在货物装运港所在地,日期则按信用证的装运期要求,一般要早于或与装运期为同一天。有时由于船期不准,迟航或发货人造成迟延,使实际船期晚于规定的装期,发货人为了符合信用证规定,做到单证相符,要求船方同意以担保函换取较早或符合装运期的提单,这就是倒签提单(Ante-Dated B/L);另外,有时货未装船或未开航,发货人为及早获得全套单据进行议付,要求船方签发已装船提单,即预借提单(Advanced B/L)。这两种情况是应该避免的,如果发生问题,或被买方察觉,足以造成巨大经济损失和不良影响。

⑲提单签发的份数(No. of Originals B/L)

信用证支付方法下提单正本的签发份数一般都有明确规定,因此,一定要按信用证的规定出具要求的份数。例如信用证规定:"Full set 3/3 original clean on board ocean Bill of Lading..."这就表明提单签发的正本三份,在提交给银行议付时必须是三份正本。若在提单条款上未规定份数,而是在其他地方指明"... available by beneficiary's draft at sight drawn on us and accompanied by the following documents in duplicate",表明信用证所要求提交的单据,当然包括提单,全都是一式两份。又如信用证规定:"Full set of clean on board Bill of Lading issued...",此种规定没有具体表明份数,而是指"全套",根据 UCP 600 第 23 条 a(4)款规定:"包括一套单独一份的正本提单,或如果签发正本超过一份,则包括出立的全套正本。"因此,对此类规定,就要看实际船方签发正本的份数而定。

⑳日期(Date)

指提单签发日期。

㉑(Loading on Board the Vessel by)

即货船名称。

【小资料 5-1-2】

有关提单的国际公约主要有：1924 年订立的《关于统一提单的若干法律规则的国际公约》，简称《海牙规则》，该规则于 1931 年生效，目前为大多数国家采用，全世界大多数船公司制定的提单条款都以海牙规则为依据；1968 年签署的《布鲁塞尔议定书》，简称《维斯比规则》，是对《海牙规则》的修改和补充；1978 年签署的《联合国海上货物运输公约》，简称《汉堡规则》，是对前两个规则的重大修改。

五、报关

报关是指货物通过关境前向海关办理申报手续的行为。按照我国《海关法》规定：凡是进出国境的货物，必须经由设有海关的港口、车站、国际航空站进出，并由货物的发货人或其代理人填写"出口报关单"向海关如实申报，并应随附商业发票、装货单、商检证书、出口许可证等单据文件，必要时提供合同、信用证副本，请求办理查验放行手续。经过海关对货、证核查无误后，在装货单上加盖"放行"章后，货物才可提取或装运出口，承运船舶凭经海关盖章放行的装货单接货装船。

目前，我国的出口企业在办理报关时，可以自行办理报关手续，也可以通过专业的报关经纪行或国际货运代理公司来办理。无论是自行报关，还是由报关行来办理，都必须填写出口货物报关单，必要时，还需提供出口合同副本、发票、装箱单或重量单、商品检验证书及其他有关证件，向海关申报出口。

六、投保

买卖双方如按 CIF 价格成交，卖方在装船前，须及时向保险公司办理投保手续，填制投保单。出口商品的投保手续一般是逐笔办理。投保人投保时，应将货物名称、保额、运输路线、运输工具、开航日期、投保险别等一一列明。保险公司接受投保后，即签发保险单或保险凭证。

货物装运完毕，应及时向对方发出装船通知，目的是为了使买方了解装运情况，并做好收货付款的准备。

七、制单结汇

出口货物装运之后，出口商即应按信用证要求缮制单据，并在信用证规定的交单有效期内，向有关银行办理议付、结汇手续。出口商填写"出口结汇申请书"，开具发票，连同整套货运单据送交当地银行办理结汇手续。

(一)信用证项下的结汇方式

出口商通过银行办理信用证项下出口结汇，包括收妥结汇、定期结汇和买单结汇三种方式。

1. 收妥结汇

收妥结汇是指议付行收到出口商的出口单据后，经审查无误，将单据寄交国外付款行索取货款的结汇做法。这种方式下，议付行都是待收到付款行的货款后，才按当日外汇牌价,按照出口商的指示,将货款折成人民币拨入出口商的账户。

2. 定期结汇

定期结汇是指议付行根据向国外付款行索偿所需时间,与出口商商定,预先确定一个固定的结汇期限,该期限到期后,无论是否已经收到国外付款行的货款,议付行都主动将票款金额折成人民币拨交出口商。

3. 买单结汇

买单结汇又称出口押汇,是指议付行在审单无误的情况下,按信用证条款贴现受益人(出口商)的汇票或者以一定的折扣买入信用证项下的货运单据,从票面金额中扣除从议付日到估计收到票款之日的利息,将余款按议付日外汇牌价折成人民币拨交出口商。议付行向受益人垫付资金、买入跟单汇票后,即成为汇票持有人,可凭票向付款行索取票款。银行之所以做出口押汇,是为了给出口商提供资金融通的便利,这有利于出口商的资金周转。

【小资料 5-1-3】

实践表明,由议付行买单结汇是一种广为使用的行之有效的结汇方式。按《跟单信用证统一惯例》规定,银行如仅审核单据,而不付出对价,不能构成议付。应在信用证付款条件下推广议付货款的做法,这有利于发展我国的出口贸易。

(二)信用证项下结汇的主要单据

出口商提供的结汇单据应严格符合信用证的要求。一般来说,信用证结汇的主要单据有下列几种。

1. 汇票

汇票是非常重要的一种单据。汇票一般开具一式两份,两份具有同等效力,其中一份付讫,另一份则自动失效。汇票内容应按信用证规定填写,如信用证内没有规定具体文句,可在汇票上注明开证行名称、地点、信用证号码及开证日期。

2. 发票

发票种类很多,通常指的是商业发票,此外,还有其他各种发票,如海关发票、领事发票和厂商发票等。商业发票是卖方开立的载有货物名称、数量、价格等内容的清单,是买卖双方交接货物和结算货款的主要单证,也是进出口报关完税必不可少的单证之一。我国各进出口公司的商业发票没有统一格式,但主要项目基本相同,主要包括发票编号、开制日期、数量、包装、单价、总值和支付方式等项内容。

【小思考 5-1-1】

在制作发票时应注意哪些事项?

3. 提单

提单是各种单据中最重要的单据,是确定承运人和托运人双方权利与义务、责任与豁免的依据。各船公司所印制的提单格式各不相同,但其内容大同小异,其中包括:承运人、托运人、收货人、通知人的名称、船名、装卸港名称、有关货物和运费的记载,以及签发提单的日期、地点及份数等。

4. 保险单

按 CIF 条件成交时,出口商应代为投保并提供保险单。保险单的内容应与有关单据的内容相一致。

5. 产地证明书

产地证明书是一种证明货物原产地或制造地的证件。不用海关发票或领事发票的国家要求提供产地证明,以便确定对货物应征收的税率。有的国家限制从某个国家或地区进口货物,因而要求以产地证明书来证明货物的来源。

6. 普惠制单据

普惠制是一项旨在促进发展中国家向发达国家出口的优惠关税制度。目前,已有新西兰、加拿大、日本、欧盟国家等给予我国以普惠制待遇。对这些国家的出口货物,须提供普惠制单据,作为进口国海关减免关税的依据。

7. 装箱单和重量单

装箱单和重量单是用来补充商业发票内容的不足的,便于国外买方在货物到达目的港时供海关检查和核对货物。装箱单又称花色码单,列明每批货物的逐件花色搭配;重量单则列明每件货物的毛重和净重。

8. 检验证书

各种检验证书分别用以证明货物的品质、数量、重量和卫生条件。在我国,这类证书一般由检验检疫机构出具,如合同或信用证无特别规定,也可以依据不同情况,由进出口公司或生产企业 4 出具。但应注意,证书的名称及所列项目或检验结果,应与合同及信用证规定相同。

(三)缮制结汇单据的注意事项

提高缮制结汇单据的质量,对保证安全、迅速收汇具有十分重要的意义,特别是在信用证付款条件下,必须单证一致、单单相符,否则,银行和进口商就有可能拒收单据和拒付货款。为了确保安全、迅速收汇,缮制单据时,必须体现正确、完整、及时、简明、整洁的要求。

八、出口收汇核销与出口退税

(一)出口收汇核销

所谓出口收汇核销,是指国家外汇管理部门在每笔出口业务结束后,对出口是否安全、及时收取外汇以及其他有关业务情况进行监督管理的一种制度。根据我国政策及有关法律法规的规定,外贸企业应将出口所得外汇卖给国家,以便国家将外汇集中用于国家建设。出口企业私自将外汇截留境外进行逃汇、套汇是违法犯罪行为,须承担相应的法律责任。

出口收汇核销的凭证是由国家外汇管理局制发的"出口收汇核销单"。它是由国家外汇管理局编号,出口单位、受托行及解付行填写,海关凭以受理报关,外汇管理部门凭以核销收汇的凭据。

出口收汇核销的方式有逐笔核销、批次核销和自动核销三种。凡已运用"出口收汇核报系统"的地区,自 2003 年 10 月 1 日起按《出口收汇核销管理办法》及《出口收汇核销管理办法实施细则》的规定执行;尚未运用"出口收汇核报系统"的地区,仍执行原出口收汇核销管理的有关规定。核销的一般程序是:

1. 申领核销单

有出口收汇货物的单位,应该到当地外汇管理部门申领经过外汇管理部门加盖"监督收汇"章的出口收汇核销单。根据我国 2003 年 9 月 8 日颁布的《出口收汇核销管理办法实施细则》,出口单位在到外汇管理部门领取核销单前,应当根据业务实际需要先通过"口岸电子执法出口收汇系统"向外汇管理部门提出核销单申请。

2. 向海关申报

货物出口时,将出口收汇核销单与其他需要的报关单据一起向海关申报,海关凭核销单放行货物。出口单位到海关报关前,应当通过"口岸电子执法系统出口收汇系统"向报关地海关进行核销单的口岸备案。海关结关后应根据出口单位申请向出口单位签发注有核销单编号的报关单,同时将核销单电子底账的核注情况和报关单电子底账等数据通过"口岸电子执法系统"数据中心传送至国家外汇管理局。出口单位在报关出口后通过"口岸电子执法系统出口收汇系统"将已用于出口报关的核销单向外汇管理部门交单。

3. 办理收汇手续

货物装运出口后,出口单位将海关签章后退交的出口收汇核销单、报关单以及其他有关单据送银行办理收汇手续;出口单位应当按照出口合同约定的收汇时间和方式以及报关单注明的成交总价,及时、足额地收回货款。即期收汇项下应当在货物报关出口后 180 天内收汇,远期收汇项下应在远期备案的收汇期限内收汇。

4. 核销收汇

出口单位出口货物后,应当在预计收汇日期起 30 天内,持规定的核销凭证集中或逐笔向外汇局提交出口收汇核销报告。外汇管理部门收到出口单位报告的核销凭证(包括电子数据)后,应通过"出口收汇核报系统"及其他相关系统核对出口单位报告数据的真实性。外汇管理部门为出口单位办理核销手续后,应当在相应的核销专用联、核销单退税专用联上加盖"已核销"印章。

外汇管理部门定期将已核销电子数据上传至"口岸电子执法系统"数据中心,供商务、海关、税务等相关主管部门查询使用。

出口单位报关后,如货物因故未能出口而要求退关时,海关在核销单上签署意见并盖章,由出口单位向外汇管理部门退回核销单及其存根。

(二)出口退税

为了避免双重征税,同时降低本国出口商品的出口成本,增强我国出口产品在国际市场上的竞争力,自 1985 年起,我国开始实行出口退税政策。目前国家对经营出口商品的出口企业退还商品在国内已缴纳的增值税和消费税。对出口产品实行退税政策是国际惯例,是国家支持出口的重要手段。根据 WTO 规则要求,各成员国可以根据自身的经济发展需要和国家财政能力,对出口商品实行出口退税并确定恰当的退税水平,但退税的最大限度不能超过出口产品在国内已征的税款。自 2004 年 1 月 1 日起,我国实行的出口退税率为 17%、13%、11%、8%、5%五档;财政部、国家税务总局出台了《关于调低部分商品出口退税率的通知》,自 2007 年 7 月 1 日起将出口退税率下调至 11%、9%、5%三档,同时取消了部分商品的出口退税。

申请出口退税必须具备规定的条件。出口企业向税务机关申请退税须提供"两单两票",即海关盖有"验讫章"的出口货物报关单、银行的出口结汇水单、出口销售发票和出口产品购进发票。另外,出口企业还须每半年提供一次经当地外汇管理部门出具的"已核销"证明。只有所有单据齐全、准确,税务机关经审核无误后才能退还已经缴纳的国内税。

申请出口退税的出口企业,在向海关申报时,除正常单据外,还应提供一份与普通出口货物报关单格式一致的浅黄色"出口退税报关单"。货物出口后 15 日内,出口企业向海关申领"出口退税报关单",凭以办理出口退税手续。对于高税率出口产品,海关将"出口退税报关单"封入关封,交出口企业送交当地税务机关办理出口退税手续。

根据国家税务总局、海关总署的统一部署,自 2003 年 1 月 1 日起,在全国正式启用"口岸电子执法系统"出口退税子系统,并依据该系统报关单"证明联"电子数据申报办理出口货物的退(免)税。

任务二 进口合同的履行

【知识目标】

了解进口合同的履行程序。
熟悉进口单据的缮制。

【技能目标】

能依据所给资料缮制进口单据。
能模拟进口合同的履行。

【引导案例】

某英国商人向中国出口某化工原料 2 万吨,价格条件为 CIF 上海。交货前,海湾事件发生,英国商人如交货就要通过南非好望角航线,不能走苏伊士运河,故要求中方或提高价格或解除合同。中方对此应如何处理?

🔍 案例分析

> 合同未规定运输走什么航线,走好望角也属可行的航线,在此情况下,卖方如不交货应负违约责任,故中方应坚持卖方交货,不同意提价,如卖方拒不交货,可要求卖方赔偿损失。

进口合同的履行,是指进口人按照合同规定履行付款等一系列义务,直至收取货物的整个过程。我国进口货物大多数是按 FOB 条件并采用信用证付款方式成交。此条件下,进口方履约的一般程序包括:开立信用证、租船订舱、接运货物、办理货运保险、审单付款、报关提货、验收与拨交货物和办理索赔等。

一、开立信用证

在采用信用证支付方式的进口业务中,买方开立信用证是履行合同的前提条件,因此,签订进口合同后,进口商应按合同规定办理开证手续。进口方向银行办理开证手续时,必须按合同内容填写开证申请书,银行则按开证申请书内容开立信用证。信用证是以合同为依据开立的,它与合同内容应当一致,以减少和避免修改信用证。

信用证的开证时间,应按合同规定办理。如合同规定在卖方确定交货期后开证,买方则应在接到卖方上述通知后开证;如合同规定在卖方领到出口许可证或支付履约保证金后开证,则买方应在收到卖方已领到许可证的通知或银行转知保证金已收到后开证。

二、租船订舱和催装

进口货物按 FOB 贸易术语成交时,由买方安排运输,负责租船订舱。一般手续是,买方在接到卖方的备货通知后,填写进口订舱联系单,连同合同副本送运输公司,委托其安排船只和舱位,订立运输合同。目前,我国大部分进口货物是委托中国对外贸易运输公司、中国租船公司或其他运输代理机构代办运输,也有直接向中国远洋运输公司或其他办理国际货物的实际承运人办理托运手续。办妥后要及时将船期、船名、航次通知国外出口方,以便对方及时备货并准备装船。同时,为了防止船、货脱节的情况发生,买方应及时催促卖方做好备货装船工作,特别是对于数量大或重要的进口货物,更要抓紧催促卖方按时装船发货,必要时,可请买方驻外机构就地协助了解和督促卖方履约,或派员前往出口地点检验督促,以利于接运工作的顺利进行。

三、办理货运保险

凡由买方办理保险的进口货物,接到卖方的装运通知后,应及时将船名、提单号、开航日期、装运港、目的港以及货物的名称和数量等内容通知有关保险公司,按预约保险合同规定对货物承担自动承保的责任。在买方没有与保险公司签订预约保险合同的情况下,进口货物就得逐笔投保。应当注意的是,买方接到卖方的发货通知后就应立即向保险公司办理投保手续,否则,若货物在投保前的运输途中发生损失,保险公司不负赔偿责任。

四、审单付款

货物装船后,卖方即凭提单等有关单据向当地银行议付货款。议付行寄来单据后,经银行审核无误即通知买方付款赎单。如经银行配合审单发现单证不符或单单不符,应及时进行处理。

五、进口报关手续

买方付款赎单后,货物运抵目的港,即应及时向海关办理申请手续。经海关查验有关单据、证件和货物并在提单上签章放行后,即可凭以提货。关于这一环节的工作,主要包括下列事项:

(一)进口货物的申报

进口货物抵达目的港后,收货人或其代理人应向海关交验有关单证,办理进口货物申报手续。未经海关准予注册登记的单位和未经海关考核认可的人员,不得直接向海关办理报关手续。收货人或其代理人向海关申报时,应填写进口货物报关单,并向海关提供各种有效的单据,如提货单、装货单或运单、发票、装箱单、进口货物许可证以及海关认为必须交的其他有关证件。超过法定申报时限(指自运输工具进境之日起 14 天内)未向海关申报的,由海关按日征收进口货物 CIF(或 CIP)价格的 0.05% 的滞报金。超过 3 个月未向海关申报的,由海关提取变卖,所得货款在扣除运输、装卸、储存等费用和税款后,余款自变卖之日起 1 年内,经收货人申请可予以发还。

(二)接受海关查验货物

进口货物一般都要接受海关查验,以确定申报进口的货物是否与报关单证所列明的一致。海关以进口货物报关单、进口许可证等为依据,对进口货物进行实际的核对和检查,一方面是为了确保货物合法进口,另一方面是通过确定货物的性质、规格、用途等,以进行海关统计,准确计征进口关税。查验货物应在海关指定的时间和场所进行。海关查验货物时,进口货物的收货人或其代理人应当到场,并负责搬移货物,开拆和重封货物的包装。海关认为必要时,可以径行开验、复验或者提取货样。特殊情况下,由报关人申请,经海关同意,也可由海关派员到收货人的仓库、场地查验。

(三)缴纳关税

海关按照《中华人民共和国海关进出口税则》的规定,对进口货物计征进口税。货物在进口环节由海关征收(包括代征)的税种有:关税、增值税、消费税、进口调节税、海关监管手续费等。其中,进口关税是货物在进口时由海关征收的一个基本税种。进口关税以 CIF 价格为基数计算。如果是以 FOB 价格进口,还要加上国外运费和保险费。其公式为:进口关税税额＝CIF 价格×关税税率。

增值税和消费税等都是货物在进口环节由海关代征的税种。

六、进口货物的报验与检验

进口货物的收货人在各检验检疫机构申请检验时,要正确填写进口货物报验单,并提供合同和有关单证与资料。为了保证买方在规定时效内对外提出索赔,凡属下列情况的货物,均应在卸货口岸就地报验:一是合同写明须在卸货港检验的货物;二是货到检验合格后付款的;三是合同规定的索赔期限很短的货物;四是卸货时已发现残损、短少或有异状的货物。

法定检验的进口货物经登记后,收货人即应在规定的时间和地点,持买卖合同、发票、装箱单和货运单等有关单证向检验检疫机构报验。检验检疫机构对已报验的货物,应在索赔期限内检验完毕,并出具相应的检验检疫证书。

【小资料5-2-1】

非法定检验的进口货物,如合同规定由检验检疫机构检验的,应按法定检验货物办理报验和检验;如合同未规定检验检疫机构检验,但卸货口岸已发现有残损、短缺情况,应及时向口岸检验检疫机构申请检验出证。其他情况下,由收货人按合同规定验收。

七、提取与拨交货物

进口货物的报关、纳税等手续办完后,即可在报关口岸按规定提取货物或拨交货物。如用货单位在卸货口岸附近,则就近拨交货物;如用货单位不在卸货地区,则委托货运代理将货物转运内地,并拨交给用货单位。在货物拨交后,外贸公司再与用货单位进行结算。如用货单位在验收货物中发现问题,应及时请当地检验检疫机构出具检验证明,以便在有效索赔期内对外索赔。

八、进口索赔

在履行进口合同过程中,若因卖方未按期交货,或货到后发现品质、数量和包装等方面有问题,致使买方遭受损失,可向有关责任方提出索赔。对此,买方必须注意下列事项:

(一)在查明原因、分清责任的基础上确定索赔对象

索赔对象主要有三方:

1. 向卖方索赔

凡属下列情况者,均可向卖方索赔:原装数量不足;货物的品质、规格与合同规定不符;包装不良致使货物受损;未按期交货或拒不交货;等等。

2. 向轮船公司索赔

凡属下列情况者,均可向轮船公司索赔:货物少于提单所载数量;提单是清洁提单,而货物有残缺情况,并且属于船方过失所致;货物所受的损失,根据租船合约有关条款应由船方负责;等等。

3. 向保险公司索赔

凡属下列情况者,均可向保险公司索赔:由于自然灾害、意外事故或运输中其他事

故的发生致使货物受损,并且属于承保险别范围以内的;凡轮船公司不予赔偿或赔偿金额不足以抵补损失的部分,并且属于承保险别范围以内的。

(二)提供索赔证据

对外提出索赔需要提供证件,首先应制备索赔清单,随附商检局签发的检验证书、发票、装箱单、提单副本。其次,对不同的索赔对象还要另附有关证件。向卖方索赔时,应在索赔证件中提出确切根据和理由,如系 FOB 或 CFB 合同,尚须附保险单一份;向轮船公司索赔时,须另附由船长及港务局理货员签证的理货报告及船长签证的短卸或残损证明;向保险公司索赔时,须另附保险公司与买方的联合检验报告等。

(三)掌握索赔期限

1. 向卖方提出索赔的时效

(1)合同中具体规定索赔时效的,则买方应在合同规定的索赔时效内向卖方提出索赔,通常是买方在此期限内正式发出索赔通知。

(2)如果合同中没有明确规定索赔期,则合同中的品质保证期被认为是买方提出索赔的有效期限。

(3)如果合同中没有规定索赔期或品质保证期,则按《联合国国际货物销售合同公约》的规定:买方必须在发现或理应发现不符情况后一段合理时间内通知卖方,否则就丧失索赔的权利。但无论如何,最长的索赔时效为买方收到货物之日起两年。

2. 向运输公司提出索赔的时效

(1)《海牙规则》规定:收货人最迟应在卸货港收到货物以前或当时,将货物灭失或损害的情况书面通知承运人,向其索赔。如果货物损坏或灭失情况不明显,应在三日内提出索赔通知。有关货物灭失或损坏的诉讼时效为一年,从货物交付之日或应交付之日起计算。

(2)《汉堡规则》规定:如果货物灭失或损坏明显,收货人应在货物移交给收货人的下一个工作日提出书面索赔通知。如果货物损坏或灭失不明显,可延长至 15 天。有关货物灭失或损坏的诉讼时效为两年,经双方协商,还可以延长。

3. 向保险公司提出索赔的时效

(1)中国人民保险公司规定:被保险人发现保险货物受损后,应立即通知当地的理赔、检验代理人进行检验。

(2)中国人民保险公司规定的索赔时效为两年,即从被保险货物在最后卸载港全部卸离海轮后起算,最多不超过两年。

(四)索赔金额

索赔金额应适当确定,除包括受损商品价值外,还应加上有关费用(如商品检验费、装卸费、银行手续费等)。

参考文献

1. 聂书云,刘伟.国际贸易实务与实训[M].北京:北京理工大学出版社,2009.

2. 赵江红,海艳.国际贸易实务[M].重庆:重庆大学出版社,2004.

3. 乌英格,徐春秋.国际贸易理论与实务[M].北京:教育科学出版社,2013.

4. 韩宇红.国际贸易综合实训[M].北京:北京理工大学出版社,2009.

5. 侯学文.国际贸易实务[M].北京:清华大学出版社,2009.

6. 黎明,杨艳.国际贸易概论[M].青岛:中国海洋大学出版社,2012.

7. 饶贵生,阙细春.国际贸易实务[M].南昌:江西高校出版社,2010.

8. 曹岚,邓迪夫.国际贸易项目化教程[M].天津:南开大学出版社,2010.

9. 刘文广,张晓明.国际贸易实务[M].北京:高等教育出版社,2006.

10. 陈伟明,方爱华.国际贸易实务项目化教程[M].北京:冶金工业出版社,2010.

11. 席庆高.国际贸易实务[M].青岛:中国海洋大学出版社,2011.

12. 黎孝先.国际贸易实务(第四版)[M].北京:对外经济贸易大学出版社,2007.

13. 赵轶.进出口贸易实务[M].北京:清华大学出版社,2008.

14. 严云鸿.国际贸易理论与实务[M].北京:清华大学出版社,2007.